シンプルで、心地よい暮らし

無印良品の収納・家事大事典

X-Knowledge

はじめに

片づけが苦手、家事や仕事や育児に追われて掃除をする時間がない。
そんな人に向けて、無印良品のアイテムを使った
収納・掃除・洗濯など家事のアイディアを厳選しました。
シンプルなデザインで使いやすい無印良品なら
あなたの理想の暮らしに一歩近づけます。

本書では、整理収納アドバイザーをはじめ、
大人気インスタグラマーから
無印良品のアイテムを使って
すっきり暮らしていくための工夫を取材しました。

実際に使っている方のリアルな声も掲載。
あなたの悩みを解決してくれるアイディアが必ず見つかります。

気になるアイディアをぜひマネしてみてください。
今日から読んだ方の暮らしが、さらに心地よいものになれば幸いです。

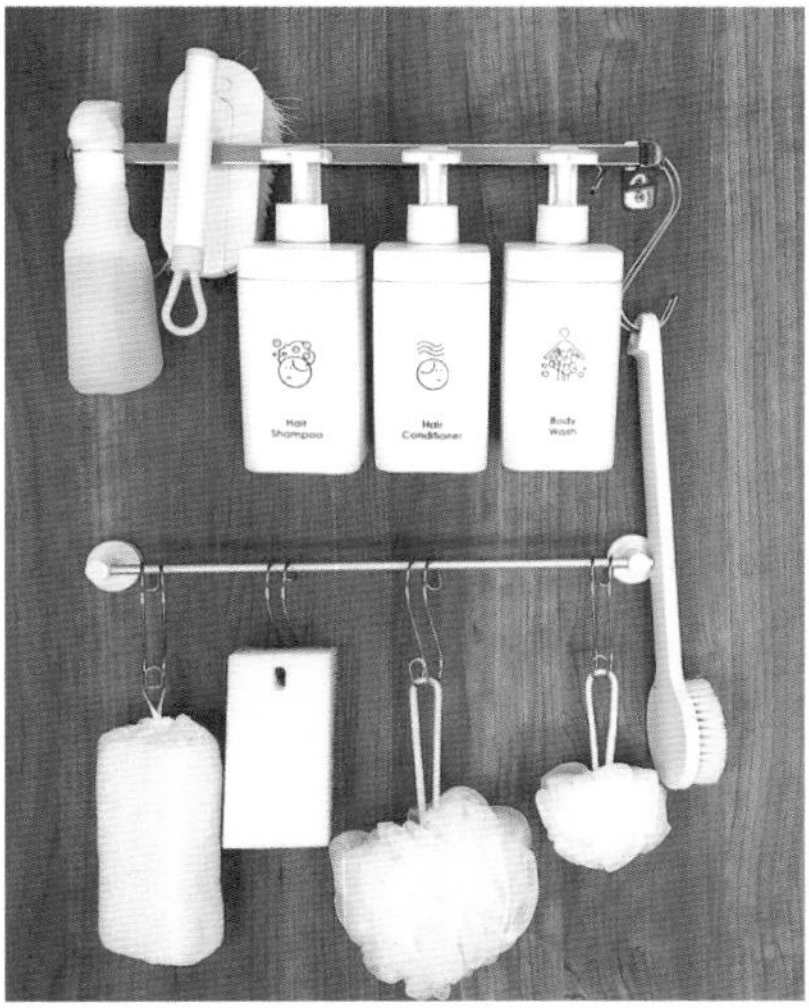
Hair Shampoo
Hair Conditioner
Body Wash

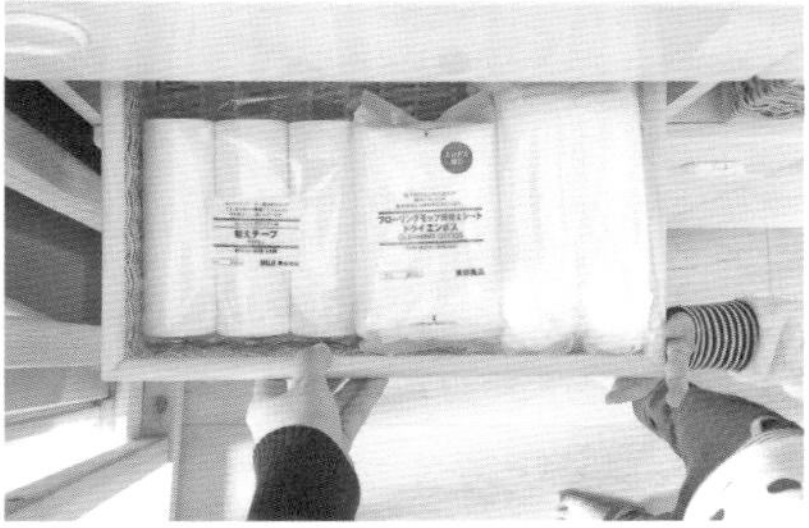

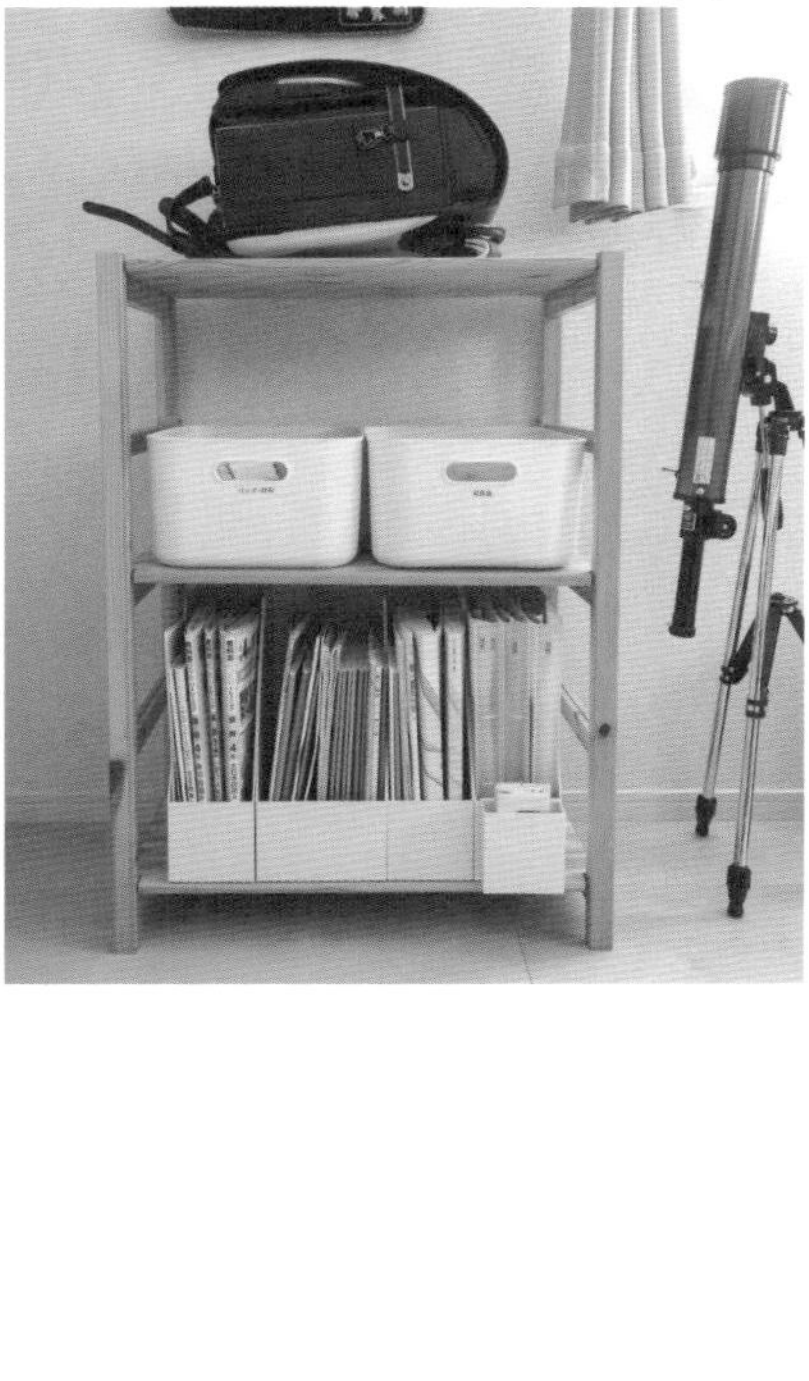

本書の見方

本書では無印良品のアイテムを使った収納、掃除・洗濯などの実例を掲載しています。実際の写真を使用し、それぞれアイテムの詳細や、使っている方のコメントも掲載しています。

定番のアイテムはもちろん、隠れた名品を使ったアイディアも紹介しているので面倒くさがり屋な人、時間がない人でも本書を読んでマネすればすっきりと心地よい暮らしを実現できます。

1
2
3
Category｜片づけ&収納
子どもでも面倒な片づけがはかどります！
多様なサイズが展開されているやわらかポリエチレンケースは、大きさも形状も異なるおもちゃのケースにぴったり。やわらかいので、やんちゃな子どもたちが扱っても安心です。そのままおもちゃを放り込んでもいいですが、わが家では中にいろいろなサイズのポリプロピレンメイクボックスを入れて整理しています。大きめのボックスの中身もきちんと仕分けできるので、おもちゃをひっかきまわして部屋が汚れる……なんて心配からも解放されます。また、表にはラベルをペタリ。子どもたちが見て中身がわかるので、片づけもはかどるんです。
↓Yさん
4
5
1
2
3
4
1 やわらかポリエチレンケース・深 約幅25.5×奥行36×高さ32cm 価格：1090円
2 やわらかポリエチレンケース・中 約幅25.5×奥行36×高さ16cm 価格：690円
3 やわらかポリエチレンケース・ハーフ・小 約幅18×奥行25.5×高さ8cm 価格：490円
4 ポリプロピレンメイクボックス・½ 約15×22×8.6cm 価格：290円
6
7
32

1

役立つ家事

どんな家事に役立つかが、ひと目でわかります。

2

使い方のアイディア

紹介する使い方のアイディアとコツをひとことでまとめました。

3

解説

アイテムの使用方法や便利な活用法を詳しく紹介しています。

4

実例

どのようにアイテムを使っているのか、実際の写真を掲載しています。

5

商品番号

実用写真のなかでどの商品が使われているか、商品写真の番号と照らし合わせて確認することができます。

6

アイテム写真

どのアイテムが使われているか実物の写真を掲載しています。

7

アイテムの詳細

アイテムの名前や価格、大きさや長さを掲載しています。

8

場所の説明

家のどこでアイテムを使っているか、使用場所を掲載しています。

8

片づけ&収納 | Living

バスケットひとつで片づく仕組みをつくる!

子どもと一緒に片づけられるように、リビング隣のバスケット内にプリント置き場を設けることに。かさばるプリントは、ステンレスワイヤーバスケットに入れてまとめておけば、親子で一緒に閲覧できて便利です。「不便だと思ったり、ライフステージが変わったりしたときは、そのたびごとに収納の場所を見直します」とmujikkoさん。成長する子どもや、夫婦の仕事の状況が変わったときは、暮らしにあわせて柔軟に仕組みを変えていくのが、無理なく片づいた部屋を保つ秘訣なのです。

→mujikko-RIEさん

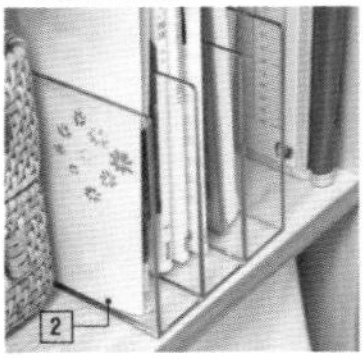

1

ステンレス
ワイヤーバスケット4
約幅37×奥行き26×高さ18cm
価格：1990円

2

アクリル仕切りスタンド
3仕切り・約13.3×21×16cm
価格：1190円

33

Staff

ブックデザイン/奥山志乃(細山田デザイン事務所)
掲載協力/整理収納アドバイザー・すはらひろこ
執筆/滑川穂乃佳　村田智子(エックスワン)
写真/fort
印刷所/シナノ書籍印刷株式会社
協力/良品計画

本書をお読みになる前に

※本書は2019年発行の『無印良品ですっきり暮らしと収納のアイデア』、2018年発行の『無印良品の片づけ・掃除・洗濯』、2017年発行の『シンプルに暮らす 無印良品で片づく部屋のつくり方』(著・すはらひろこ)を合本し、大幅に加筆・改訂したものです。

本書に掲載されている情報は、2024年3月現在のものです。商品の価格や仕様などは、変更になる場合があります。無印良品のアイテムに関しては、無印良品ホームページ(https://www.muji.net/)をご確認ください。クレジット表記のある商品については、すべて税込です。価格などが表示されていない私物に関しては、現在は入手できないものもあります。本書の使用方法を実践いただく際は、構造や性質、商品の注意事項をお確かめのうえ、自己責任のもと行ってください。上記につきまして、あらかじめご了承ください。

片づけ上手さんたちの無印良品を使ったルール&アイディア大公開!

収納・掃除苦手さん必見!
「時間がない!」
「片づけ方がわからない!」を
暮らしの達人がオススメする
無印良品アイテムを使って解決

今回アイテムを紹介してくれた無印愛好家さん

理想の家で
癒しの空間をつくる
整理&収納術を紹介!
整理収納アドバイザー
安藤秀通さん

家族みんなで
片づけができる
収納法を
お教えます!
大人気インスタグラマー
Minaさん

好きなモノを置くことを
あきらめない!
北欧風の収納術。
北欧式整理収納アドバイザー
Kaoriさん

見た目も使い勝手も
完璧なボックスが
すっきり見せ！

子どもが自分で
片づけやすい
仕組みをつくる

程よく抜け感がある
シェルフなら
圧迫感ゼロ！

整理収納アドバイザー

安藤秀通さんに聞く
無印良品で
理想の部屋づくり。

自分の人生に必要なものを選び取ることで理想の暮らしが叶います。

ルームスタイリスト・整理収納アドバイザーとして活躍している安藤さん。現在はパートナーと都内でリノベーションしたマンションに2人暮らしをしています。そんな安藤さん、元々はTシャツを700枚も持っていたり、使い切れないモノで部屋がいっぱいの状態だったそうです。そこで今回は安藤さん流の暮らしのルールを教えていただきました。

「まず家の中が片づかないと悩んでいる人は、整理することから始めましょう」と安藤さん。「不要なモノを手放すことで本当にあなたにとって必要なモノが見え、快適な暮らしへとつながるんです」。余計にモノを持ちすぎないことで、家のなかのスペースができるのはもちろん、心の豊さへともつながっていくのだと教えてくれました。

めくればすぐ何が
入っているか見える

丈夫で見た目がスタイリッシュなのがお気に入りです。「トタンボックス」シリーズにはラベリングをして生活感が出ないようにしています

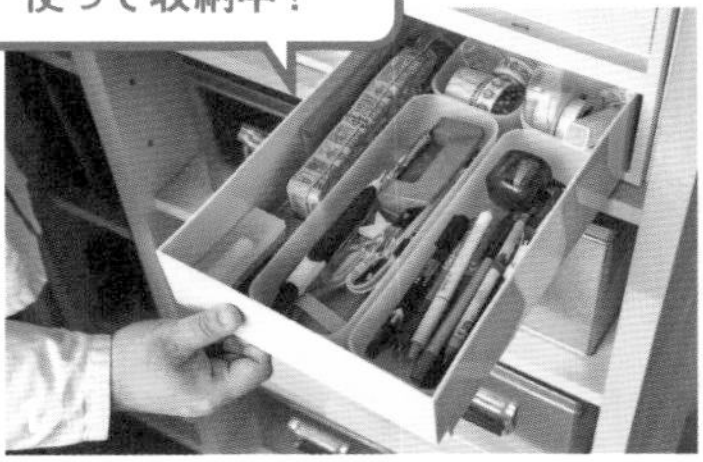

引出しの中も

使って収納中！

1 引出しのなかの文房具は「ポリプロピレン整理ボックス」を使ってそれぞれ分けておけばごちゃごちゃしません

2 収納場所に困りがちなパソコンやiPadは「アクリル仕切りスタンド」を活用すれば、見た目も取り出しもスマートです

Profile

現在都内の47㎡のリノベーションしたマンションに男性パートナーと2人暮らし。もともとは美術館や水族館のミュージアムショップ運営会社でディスプレイや企画営業として勤務。現在は独立し、ルームスタイリスト・整理収納アドバイザーとして活動。部屋づくりの情報を詰め込んだセミナーは幅広い世代から支持を集めている。ほかにも企業依頼や地域公共施設でのセミナーなど活躍の幅は広く、2023年には初の書籍も発売。
Instagram：@hidemaroom

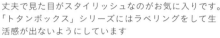

＼安藤さんこだわりの洗面所大公開！／

仕切りを使って
収納すれば
朝の準備で慌てない!
1

シンプルな見た目で
インテリアになじむ
2

1「ポリプロピレンケース・引出式」なら管理がしやすく、丁寧に畳まなくてもすっきり見えるのが便利です
2「敏感肌用クリーム化粧水」は肌にやさしく、見た目もごちゃごちゃしていないので出しっぱなしでも気になりません

タオルは
フェイスタオルのみ
4

ラタンボックスなら
たっぷり入る
3

3「重なるラタン長方形バスケット・中」にストック品を収納。見た目もおしゃれなうえに大きさもしっかりあるので重宝しています
4「ステンレスワイヤーバスケット」シリーズは抜け感もありつつ、通気性もバツグン。タオルの取り出しもスムーズに

「洗面所は移動0歩で洗濯が終わる導線を意識しています。」

洗面所の収納は安藤さんのこだわりがとくに詰まっている場所のひとつです。「洗面所は洗濯が移動0歩で終わる導線を意識して収納アイテムを配置しています」。

「洗面所で洗濯、乾燥が終了したらそのまま洗濯機の上で靴下やタオル、下着やハンカチを畳みます。そして後ろの引出しやバスケットに収納すれば洗濯は完了です」。畳んで、クローゼットまで持っていって、しまうという手間を、収納場所を工夫することで移動0歩で終わる仕掛けに。その結果、自分や家族の負担を格段に減らすことができるのです。

また、無印良品の引き出しには中に仕切りがあり、しっかり畳まなくても整って見えるのも安藤さんのお気に入りポイントのようです。

ストック類の収納はひと目で残量や種類がわかるように工夫しています。

種類や量を
把握しやすく!

「重なるラタン角型バスケット・大」の中に「スチール仕切板」やボックスを入れ、種類ごとに立てて収納しています。管理がしやすく、ムダ買いも防ぐことができます

ボックスごと
食卓に持っていけば
片づけもラクちん!

納豆やジャムなどは「冷蔵庫内 整理トレー 大」を使って個別収納に。ジャムを入れているのは「ポリプロピレン整理ボックス」。食卓にボックスごと持っていけて便利です

レシピを吊るせば
見ながら調理が叶う!

料理のレシピは「ステンレスひっかけるワイヤークリップ」を使って吊るしています。レシピのほかにもお気に入りの魚型の鍋敷きやクロスなどもここへ収納

食材や食器、キッチンツールなど必然的にモノが多くごちゃつきがちなキッチン。そんなたくさんのモノを適当に収納してしまうと、管理がしにくく、ムダ買いしてしまったり、食材を腐らせてしまったりと残念なことに……。「ストック類を上手に管理するために、それぞれ種類ごとにボックスに立てて収納しています。こうすることでひと目で残量や種類を把握することができます」と安藤さん。

同じく、冷蔵庫の中も無印良品の「冷蔵庫内 整理トレー」や「ポリプロピレン整理ボックス」を使ってすっきりと収納されていました。

ちょっとしたすき間の時間に手軽に掃除ができる仕組みでお部屋のキレイはキープできます。

これひとつで
いろいろ付け替えられて
汎用性バツグン

「ヘッドが付け替えられる木製ポール」はほうきだけでなくいろいろなヘッドに付け替えて使うことができます

気づいたときに
サッと汚れを
拭きやすい！

浮かないデザインが

1「ポリプロピレンウェットシートケース」ならフタが開けやすいので、こまめな掃除がしやすく重宝しています。
2 無印良品のお掃除洗剤シリーズはサイズ感がコンパクト。見た目もムダがないデザインで生活感が出ません

シンプルで生活感を感じさせないデザインが特徴の無印良品の掃除用品。「カラフルで目立つ洗剤が多い中、ムダがないデザインはどこに置いても浮かず、インテリアになじんでくれます」と安藤さんも絶賛愛用中。

　また安藤さんのお気に入りポイントは実用性の高さ。「ヘッドが付け替えられる木製ポール」は、ヘッドがいろいろ付け替えられるため、これ一本あれば家中掃除することができるそう。同じく、汎用性が高い重曹やクエン酸、すき間時間のお掃除に欠かせないウェットシートケースもマストアイテムとして大活躍しているそうです。

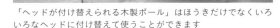

大人気インスタグラマー

Minaさんに聞く

無印良品で子どもと一緒にすっきり暮らす工夫。

モノの定位置はしっかり決めて散らかっても片づけやすいことを意識しています。

無印良品の「スタッキングシェルフ」シリーズにさまざまな種類の「スタッキングチェスト」を組み込んで小物類を収納。引き出しの中は詰め込みすぎないようにしています

子どもの写真はアルバムに月ごとに保存

1 息子たちの写真はたくさん入れても分厚くなりにくい「ポリプロピレンアルバム3段」に毎月保管しています
2 手作りの身支度カードを「ステンレスワイヤーバスケット2」に入れて息子1人でも朝の準備ができるように

現在家族4人で暮らすMinaさん。日々忙しい暮らしの中で、整えられた部屋をキープするために実践されていることとは……。そのこだわりが詰まった収納テクニックをお聞きしました。

まず、Minaさんが意識していることは「片づけやすい空間」にすること。「自分だけではなく家族みんながモノの場所を把握できるように収納することがポイントです」とMinaさん。「とくに和室の押し入れは家族のモノを集結させているため、細々したモノが多いですが無印良品のケースですっきり見せる収納が叶っています」という言葉通り、無印良品のアイテムを使って理想の収納が作り上げられていました。

Profile

夫、長男10歳、次男4歳の4人と犬1匹で暮らしている人気インスタグラマー。インスタグラムでは家族みんなが使いやすく快適に暮らしていくための収納法を日々投稿している。無印良品を使い始めたきっかけは出産を機におうちにいる時間が増えたこと。ナチュラルインテリアをベースにしたあたたかみのあるお部屋は多くのフォロワーから支持されている。これまでには、テレビやメディアなど多数出演経験あり。
Instagram：@minapon1018

「毎日使うキッチンの収納は自分の料理の気分も上がるツールと収納術がいっぱいです。」

ステンレスなら
統一感がある

ボックスで
すっきりさせる

1 キッチンツールも料理のモチベーションが上がる無印良品の「ステンレス」シリーズを愛用中です
2 シンク下の背の高い洗剤の収納には「再生ポリプロピレン入りスタンドファイルボックス」シリーズがシンデレラフィット（※ぴったり収まること）

Ｍｉｎａさん流キッチン収納のルールは、限られたスペースを有効活用すること、そしてシンプルなステンレスのキッチン用品のように自分の気分が上がるアイテムを使うこと。

このルールのとおり、モノが多くごちゃつきがちなシンク下には、「再生ポリプロピレン入りスタンドファイルボックス」シリーズを使い背の高い洗剤類がすっきりと取り出しやすく収納されていました。

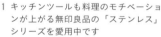

「無印良品はシンプルであたたかみのあるデザインだから家中どこでもなじんで大活躍しています！」

使い方自由自在な
スタッキング
シェルフを本棚に！

「スタッキングシェルフ・ワイド・2段」には息子たちの図鑑や地球儀を入れて、子ども用本棚として活用中です

「重なるブリ材

自然な風合いだからこそ、キッチン、ダイニングなど、どこに置いておいてもなじんでくれます

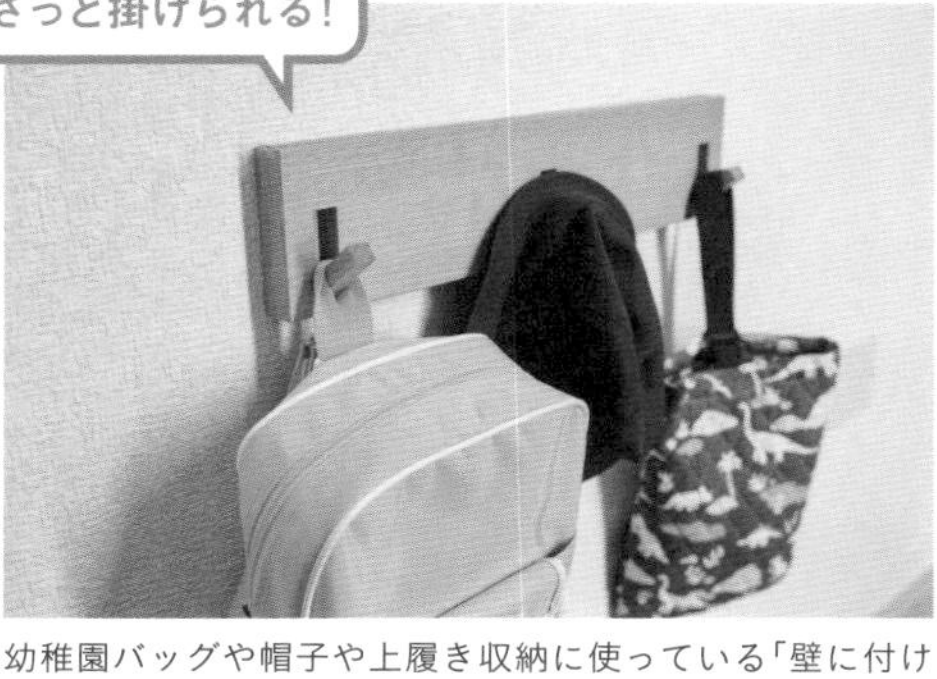

幼稚園バッグや帽子や上履き収納に使っている「壁に付けられる家具3連ハンガー」は取り付けがとても簡単です

息子の幼稚園アイテムの収納に「壁に付けられる家具3連ハンガー」、お菓子の収納には「重なるブリ材長方形ボックス」と無印良品のアイテムが大活躍。

また、リビングには子どもたちが気になったときにすぐに調べられるように「スタッキングシェルフ・ワイド・2段」が子ども用本棚として設置されています。

シェルフ下段は
ファイルボックス
で整理

空間に余裕を
持たせるのが
ポイント!

「やわらかポリエチレンケース・中」を使って余裕のある収納に。スペースがあるとモノを引き出す必要がないので、中が雑多になりません

「ラベリングや簡単な収納法など子どもが片づけやすい仕組みのおかげで自分で上手に片づけをしてくれます。」

子ども部屋では子どもが一人でもスムーズに片づけができるよう、さまざまな収納の工夫を発見しました。

「パイン材ユニットシェルフ」シリーズを使ったランドセル収納には、「やわらかポリエチレンケース・中」を使い、余裕のある収納がつくられていました。「モノを入れすぎず、余裕をもたせることで、モノの出し入れがしやすくなります」とMinaさん。また、下段には「再生ポリプロピレン入りスタンドファイルボックス」シリーズを使い、テキストやテスト用紙を子ども本人が取り出しやすく整理されています。

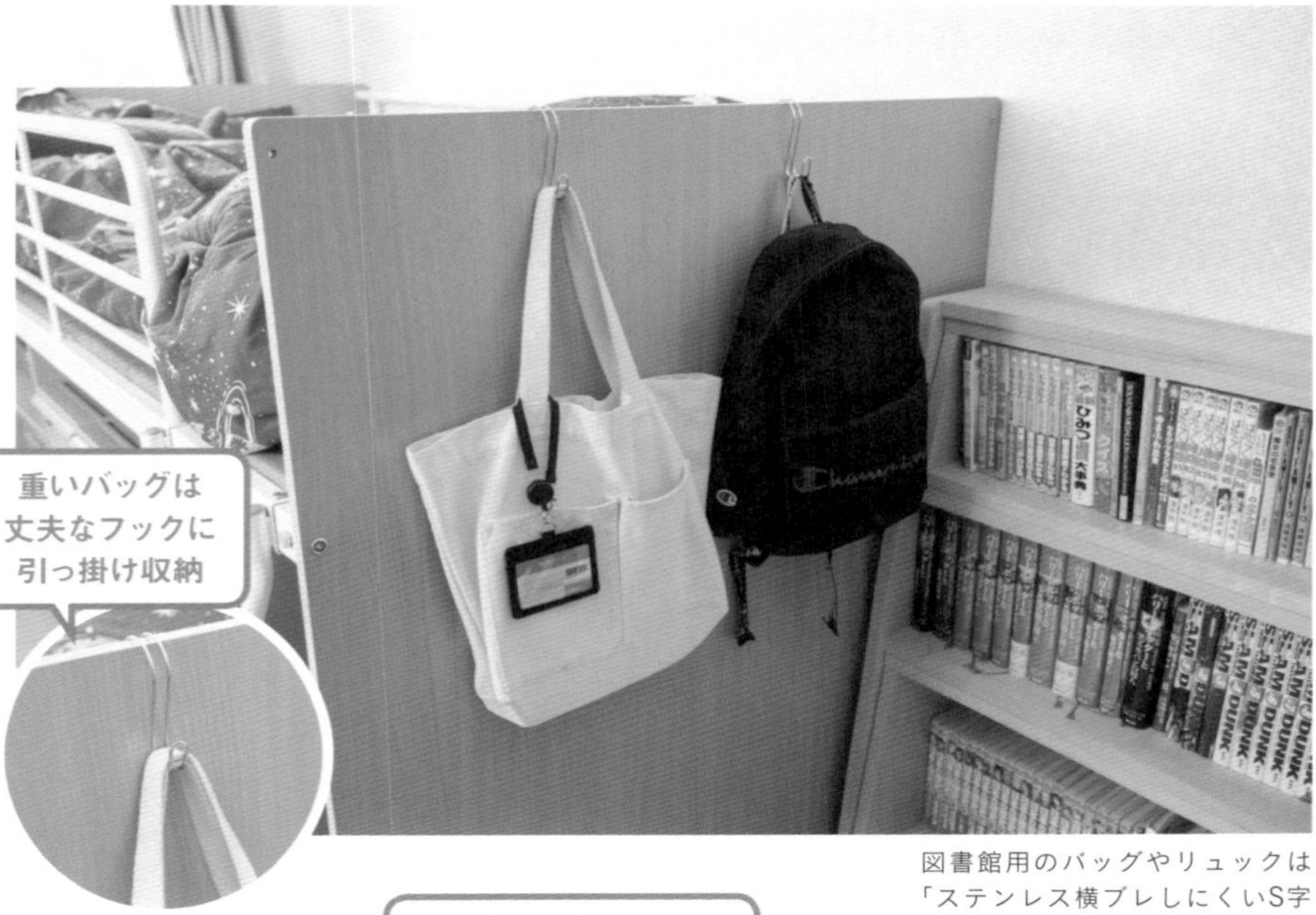
重いバッグは
丈夫なフックに
引っ掛け収納

図書館用のバッグやリュックは「ステンレス横ブレしにくいS字フック」に収納。これなら掛けるだけでいいので、床に置きっぱなしを防げます

必要なときに
スムーズに取り出せる

ランドセル収納の下段には学校や塾のテキストと一緒に子どもが振り返り学習をできるようにテスト用紙も「再生ポリプロピレン入りスタンドファイルボックス」シリーズを使って保管しています

シンプルなデザインで
使いやすい

「アナログ時計・小」や卓上カレンダー、「色鉛筆60色・紙管ケース入り」なども愛用中。シンプルだけどあたたかみのあるデザインなので子ども部屋のインテリアにもなじみます

北欧式整理収納アドバイザー

Kaoriさんに聞く

無印良品であたたかみのある
シンプルな部屋。

程よく抜け感があるシェルフは圧迫感がなくお気に入りです。

家族4人とペットの猫と暮らすＫａｏｒｉさん。お部屋の中はナチュラルであたたかみのある雰囲気が特徴の北欧インテリアで揃えられています。そんなＫａｏｒｉさんも、無印良品を使い心地よく暮らすためのたくさんの工夫をこらしていました。

まず目を引くのがキッチン背面収納。無印良品の「ステンレスユニットシェルフ」が大活躍しています。「程よい抜け感と暮らし方の変化に合わせてカスタムできるところが気に入っています」とＫａｏｒｉさん。その言葉通り、シンプルで使い方が広がるユニットシェルフは暮らしや好みが変化しやすい人にオススメの収納アイテムです。

飾りながら
見せる収納!
1

お菓子はそれぞれ
ボックスに分けて!
2

1 キッチンの背面に見せ場になるような棚を作りたくて「壁に付けられる家具箱・88cm」を設置。ここには、普段から使っている木のコップやコーヒーの粉など置きっぱなしでも映えるようなカフェ風のものを収納しているそう

2 お菓子収納には「やわらかポリエチレンケース・中」を使っています。ケースの中は子どもたちが分けやすいようにそれぞれのお菓子と開封済みのお菓子、未開封のお菓子と分けて、家族みんながわかりやすいようにしています

食器類は隠す収納で
すっきり見せる

上段から順によく使うアイテムを入れています。1段目は「ラタンボックス取っ手付・スタッカブル」に毎日使うもの、2段目にはよく使う食器、3段目はたまに使う食器を収納

Profile

北欧式整理収納プランナーとして、北欧ナチュラルをテーマにインテリアや収納法、愛用アイテムなどをInstagram、ブログを通して紹介している。あたたかみがあり、すっきりと見せる北欧インテリアにはまったことをきっかけに無印良品使いはじめ、今ではたくさんの無印良品アイテムを愛用中。現在は子ども2人と夫、そしてペットの猫と暮らしている。
Instagram：@puu.tuuli

Kaoriさん流！ 使い方無限大
＼スタッキングシェルフの収納法を紹介／

種類別に
収納してわかりやすく

すっきり見せるために文房具類は「デスク内整理トレー」シリーズを使って収納しています。これなら自分も家族も必要なときにひと目見て取り出しやすく使いやすいです

大きめの仕事用バッグは「ポリエステル麻・ソフトボックス・長方形・大」の中にしまうルールにして、ソファや机の上に置きっぱなしを防止

ドライヤーも
すっぽり入るぐらい
深めの引出しが助かる

深さのある引出しが特徴の「スタッキングチェスト・ハーフ・引出し・2個／オーク材突板」の中にはドライヤーやコスメを入れています。引出しごと取り出せるのが便利です

種類豊富なスタッキングチェストなら細々したモノをすっきり収納できます。

細々した小物類の収納にピッタリなのが無印良品のスタッキングシェルフです。まさにKaoriさんもこのアイテムを愛用中。「スタッキングシェルフの中にさらにいろいろな大きさのスタッキングチェストを入れています。シンプルな見た目ですがシェルフそのものが抜け感があり、使い方も幅広いので楽しんで使えます」とKaoriさんも太鼓判。

シェルフの中に入れている無印良品の「スタッキングチェスト」シリーズも種類がいろいろあり、自分の入れたいモノに合わせて選ぶことができるため、このスタッキングシェルフを使うのであれば欠かせません。実際にKaoriさんも3種類のチェストを使い、文房具やメイク道具、コードなどを収納し、使いやすい収納を完成させていました。

収納スペースが限られる玄関は「壁に付けられる家具3連ハンガー」を設置して浮かせる収納を中心に。「ステンレス横ブレしにくいフック・大」も使うことで、子どもたちの習い事のカバンや帽子、バットなどを掛けておけます

ナチュラルな
見た目がお気に入り

洗面所のDIYに合わせて取り付けた「壁に付けられる家具箱」は見た目ももちろん収納力もバツグンです

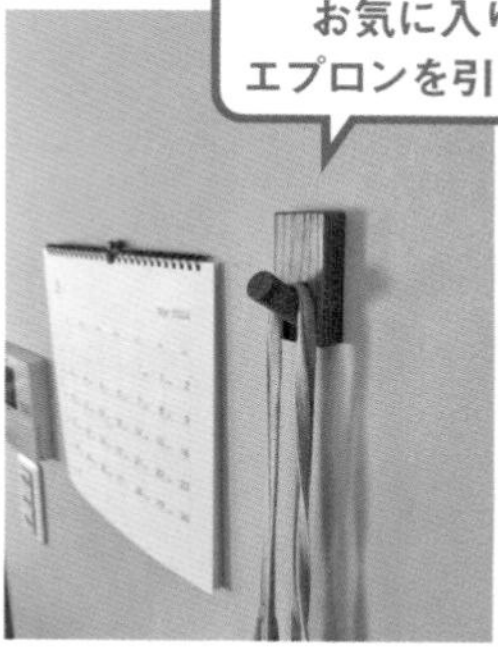
お気に入りの
エプロンを引っ掛け！

何を掛けても絵になる「壁に付けられる家具フック」には毎日使うお気に入りエプロンを掛けています

汎用性が高い「壁に付けられる」シリーズは家中で大活躍中。

女性でも簡単に取り付けることができ、汎用性が高く、人気の「壁に付けられる」シリーズ。Ｋａｏｒｉさんのお宅でも玄関、キッチン、洗面所などたくさんの場所で使われています。

「壁に付けられるシリーズは見た目もナチュラルかつ、実用性もバツグン。わが家では浮かせる収納を意識した玄関や洗面所など、見せる収納として大活躍中です」とＫａｏｒｉさん。

実際に玄関では「壁に付けられる家具」シリーズを設置したことにより、収納力がアップしたのはもちろん、浮かせることでモノをどかす必要がなくなり、掃除のしやすさが格段に上がったたそうです。

さらに洗面所やキッチンでも「壁に付けられる家具箱」、「壁に付けられる家具フック」を取り付けたことで、それぞれの収納を充実させていました。

収納力たっぷりの引出しなら 増えていく子どものモノもなんなく収納できます。

仕切り付きだから
必要なモノがすぐわかる！

「ポリプロピレン・ケース引出し式」を使って子どもが学校に持っていく名札やマスク、ハンカチを入れています。ランドセルの近くに引出しを置くことで、自分で準備ができるような仕組みにしています

立ててたっぷり
収納できる！

増えていく子どものゲームカセットの収納には「ポリプロピレンファイルボックススタンダード ½」を使って立てて収納しています。取り出しやすく、たっぷりと収納できるのがお気に入りです

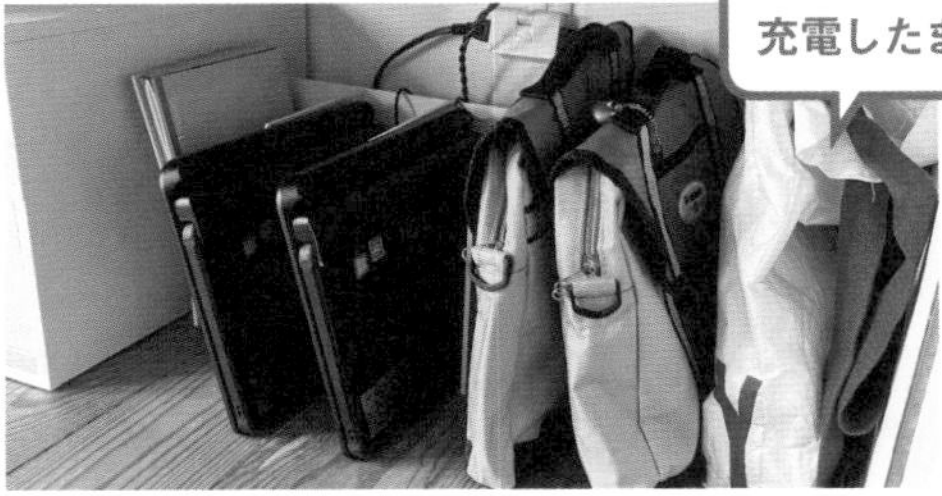

仕切りスタンドなら
充電したまま収納完了

子どもたちの学校用タブレットは「スチロール仕切りスタンド」を使えば、充電したままで収納しておくことができるので助かっています

2人の子どもがいるKaoriさん。ゲームのカセットや学校のモノなどもたくさんあります。そんなKaoriさん流の子ども収納のコツをお聞きしました。

「子どもたちが学校に持っていくマスクやハンカチなどはポリプロピレンケース・引出し式を使って収納しています。引出しもランドセルの近くに置いているので、子どもが自分で学校の準備をできるようになっています」。「ポリプロピレン・ケース引出し式」は中に仕切りがついているので細かく区切ることができ、中がすっきりと整理できます。

また、増えていくゲームのカセットの収納には「ポリプロピレンファイルボックススタンダード½」を使用。「深さがあるので立てて収納することができ、中もスペースがたっぷりあるのでかさばるカセットもすっきりと収納できます」とKaoriさん。

無印良品の収納力たっぷりな引出しなら、増えていく子どものモノもわかりやすく収納することができます。

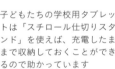

無印良品でラクしてすっきり片づけ&収納。

定番アイテムを使った目から鱗の収納術。
これでいつでも整理整頓された
すっきり暮らしが叶う。

Category | 片づけ&収納

リビングは ボックス収納で すっきり見え！

リビングを広々と使う秘訣は、モノをなるべく、戸棚やボックスの中へ収納すること。無印良品のスタッキングシェルフセットは使い勝手に合わせて、縦にも横にも広げられるセットです。本棚、飾り棚だけでなく、間仕切り棚としても使えます。暮らしに合わせて、パーツの追加、組み換えもできるため、自分好みのアレンジも自由自在です。

そんなスタッキングシェルフとブリ材で作られた通気性抜群のバスケットを組み合わせて使えば、隠す収納のできあがり。色とりどりのおもちゃやDVDは、目に入らないようにフタ付きのボックスにしまえば、リビングの雰囲気を損なうことなく収納完了。一番下の段によく使うモノを入れておけば、小さな子どもでも取りやすくなります。↓渡邉さん

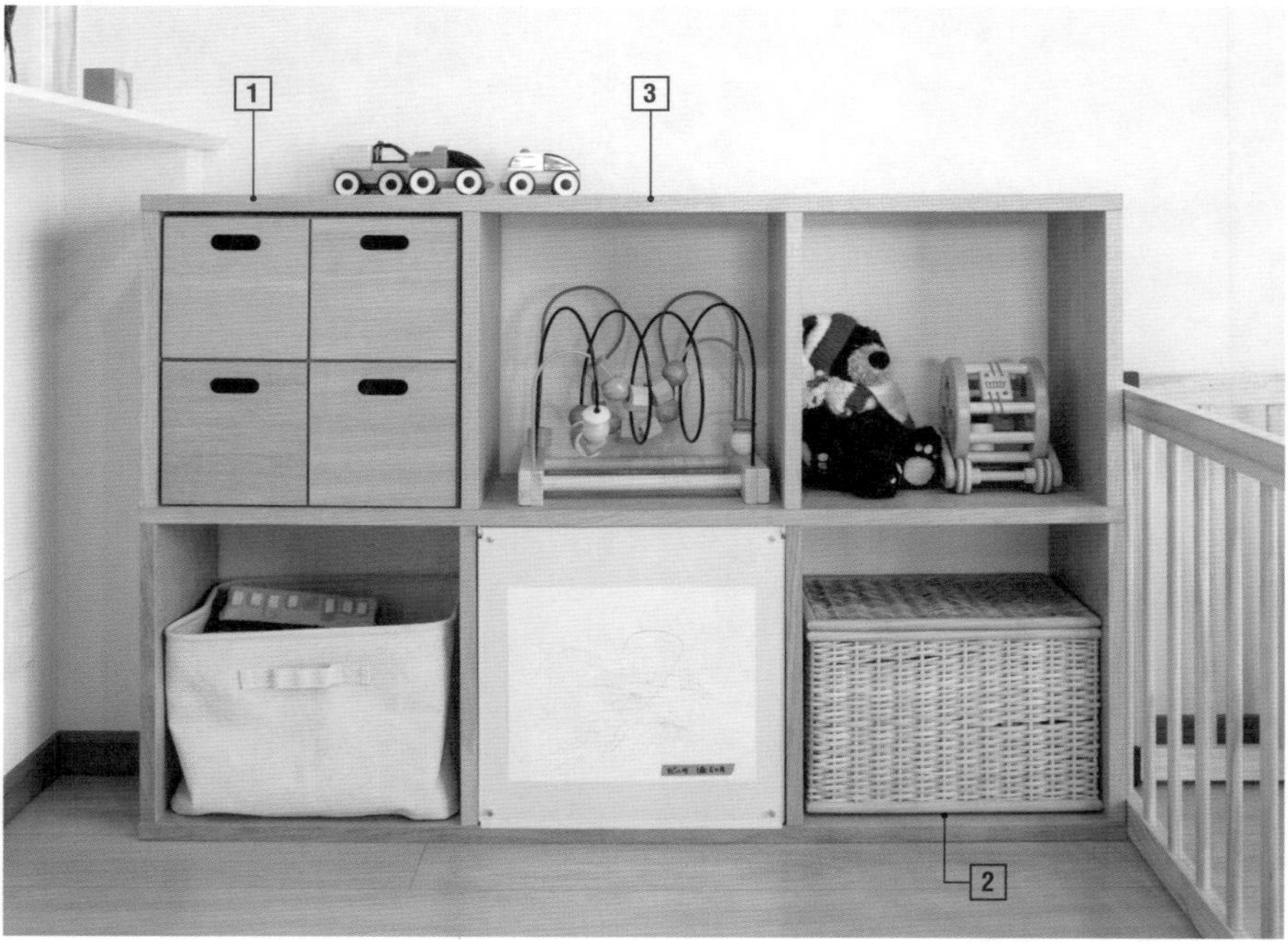

1
スタッキングチェスト・
引出し・4個／
オーク材突板
幅37×奥行28×
高さ37cm
価格：6990円

2
重なるブリ材
長方形バスケット・大
幅約37×奥行26×
高さ24cm
価格：1990円

※フタは別売りです

3
スタッキング
シェルフセット・
3段×2列・
オーク材
幅82×奥行28.5×
高さ121cm
価格：2万9900円

よく使うモノは互い違いにムダなく整理。

　おしゃれに整って見せるコツは、隠せる収納用品を互い違いに配置すること。無印良品のスタッキングチェストを活用すれば圧迫感のない収納が完成します。スタッキングチェストは単体はもちろん、積み重ねたり、横並びにしたりして自由に組み合わせることが可能です。種類も幅広く用意されており、たとえば4段引き出しは細かいモノ、2段引き出しは郵便物やハガキと収納場所をチェストごとに決めておくことで、モノが迷子になりません。

　また無印良品のスタッキングシェルフに組み込んで使用すれば、おしゃれさと実用性を兼ね備えた収納シェルフの完成です。空いたスペースには、ぬいぐるみや本を立てかけておくのも◎。

↓藤田さん

1
スタッキングチェスト・引出し・4個／オーク材突板
幅37×奥行28×高さ37cm
価格：6990円

2
スタッキングチェスト・引出し・4段／オーク材突板
幅37×奥行28×高さ37cm
価格：6990円

3
スタッキングチェスト・引出し・2段／オーク材突板
幅37×奥行28×高さ37cm
価格：5990円

子どもでも面倒な片づけがはかどります！

多様なサイズが展開されているやわらかポリエチレンケースは、大きさも形状も異なるおもちゃのケースにぴったり。やわらかいので、やんちゃな子どもたちが扱っても安心です。そのままおもちゃを放り込んでもいいですが、わが家では中にいろいろなサイズのポリプロピレンメイクボックスを入れて整理しています。大きめのボックスの中身もきちんと仕分けできるので、おもちゃをひっかきまわして部屋が汚れる……なんて心配からも解放されます。また、表にはラベルをペタリ。子どもたちが見て中身がわかるので、片づけもはかどるんです。

↓Yさん

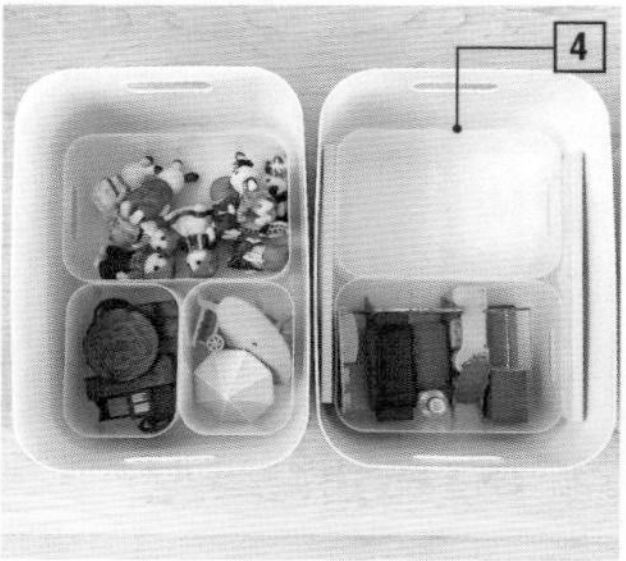

1
やわらかポリエチレンケース・深
約幅25.5×奥行36×高さ32cm
価格：1090円

2
やわらかポリエチレンケース・中
約幅25.5×奥行36×高さ16cm
価格：690円

3
やわらかポリエチレンケース・ハーフ・小
約幅18×奥行25.5×高さ8cm
価格：490円

4
ポリプロピレンメイクボックス・½
約15×22×8.6cm
価格：290円

バスケットひとつで片づく仕組みをつくる！

子どもと一緒に片づけられるように、リビング隣のバスケット内にプリント置き場を設けることに。かさばるプリントは、ステンレスワイヤーバスケットに入れてまとめておけば、親子で一緒に閲覧できて便利です。「不便だと思ったり、ライフステージが変わったりしたときは、そのたびごとに収納の場所を見直します」とmujikkoさん。成長する子どもや、夫婦の仕事の状況が変わったときは、暮らしにあわせて柔軟に仕組みを変えていくのが、無理なく片づいた部屋を保つ秘訣なのです。

→mujikko-RIEさん

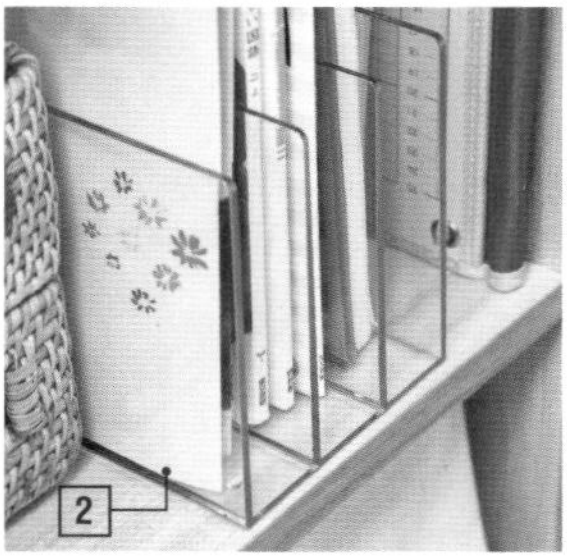

1

ステンレス
ワイヤーバスケット４
約幅37×奥行き26×高さ18cm
価格：1990円

2

アクリル仕切りスタンド
3仕切り・約13.3×21×16cm
価格：1190円

スタッキングシェルフにピタッと収まるチェストは単体でも大活躍。

スタッキングシェルフを棚のように使いたいなら、ぜひスタッキングチェスト・引出しを追加することをオススメします。スタッキングチェストには2段、4段、4個などいくつかサイズがありますが、どれもスタッキングシェルフの内寸にぴったりなんです。スタッキングチェスト・引出しはスタッキングシェルフと合わせて使える収納家具ですが、単体でも活用できる点が非常に便利。たとえばシェルフ内には入れずに、単体で小さなチェストのようにも活用できるなど、とても汎用性が高いんです。

さらに、チェストの中をポリプロピレンデスク内整理トレーで整理すれば、文具やお薬などもスマートに収納できます。

→ta___kurashiさん

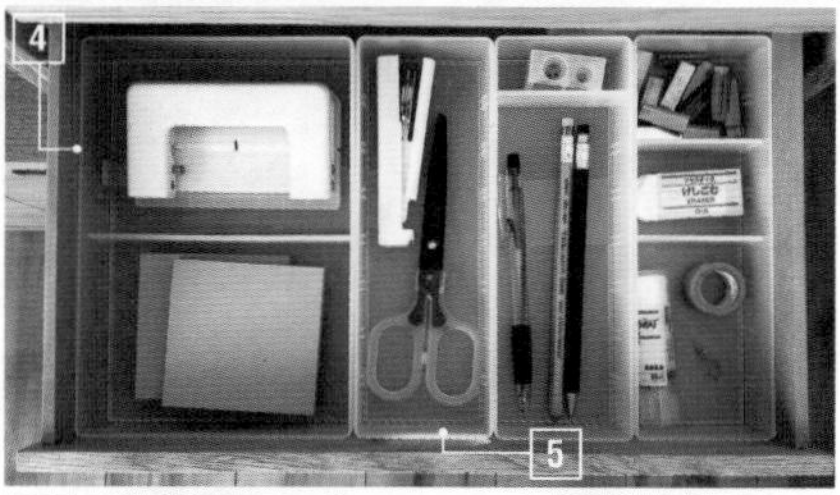

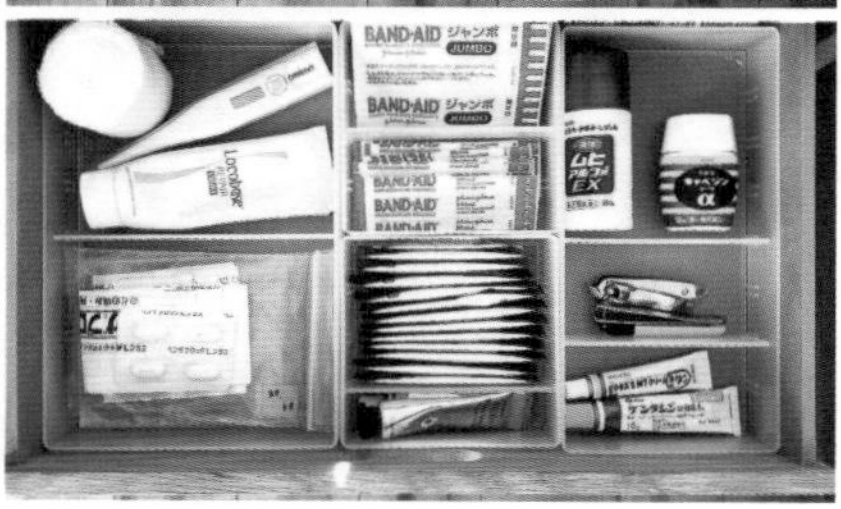

1
スタッキングチェスト・引出し・2段／オーク材突板
幅37×奥行28×高さ37cm
価格：5990円

2
スタッキングチェスト・引出し・4個／オーク材突板
幅37×奥行28×高さ37cm
価格：6990円

3
スタッキングチェスト・引出し・4段／オーク材突板
幅37×奥行28×高さ37cm
価格：6990円

4
ポリプロピレンデスク内整理トレー4
約13.4×20×4cm
価格：250円

5
ポリプロピレンデスク内整理トレー3
約6.7×20×4cm
価格：190円

ごちゃつきやすい場所こそバスケットで整理する。

重なるブリ材長方形バスケットは、どこに置いてもなじみやすいのが特徴。わが家では、AVボード内にゲーム機器を、キッチンでは吊り戸棚内でお弁当箱や来客用グラスを……とあらゆる場所で活用しています。天然素材でできているためバスケット自体が非常に軽く、出し入れはとってもラク。高い戸棚の中に置いてもスムーズに取り出すことができるんです。また、独特のナチュラルな風合いも魅力のひとつで、ごちゃつき感を抑えて、まとまりのあるすっきりとした印象を与えてくれました。

↓あかねさん

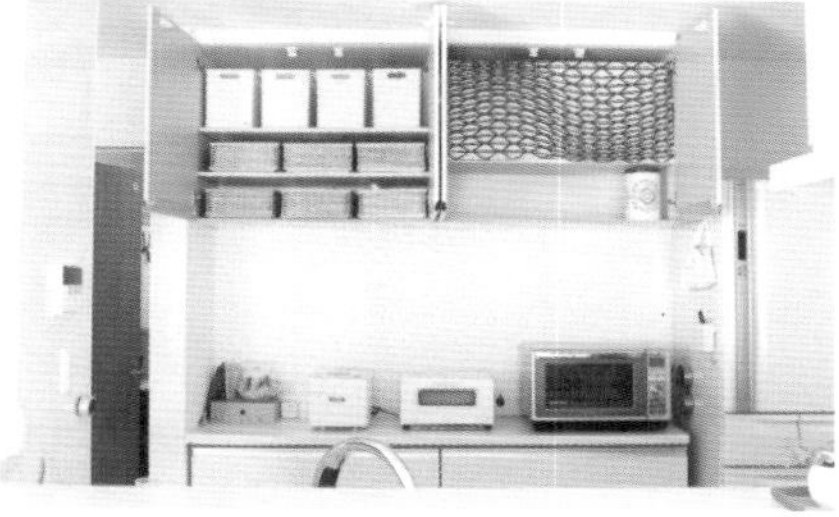

重なるブリ材長方形バスケット・小
幅約37×奥行26×高さ12cm
価格：1290円

毎日使うモノはキャリーボックスにまとめる。

置き場所に困るリモコンはキャリーボックスにまとめて収納しています。よく使うメガネも一緒に置いてあります。ホコリがたまっても、水でじゃぶじゃぶ洗えばキレイになるのもうれしいです。

↓ぴょこぴょこぴさん

ポリプロピレン収納キャリーボックス・ワイド・ホワイトグレー
約幅15×奥行32×高さ8cm　価格：1090円
(持ち手を含む高さ13cm)

縦にも横にも置ける自由度の高さが魅力！

「スタッキングシェルフ」は、用途に合わせて縦にも横にも棚を増やせるところが使いやすい！　縦に置いてもよし、横に置いてもよしと自由度が高いのが魅力です。

↓ta__kurashiさん

スタッキングシェルフセット・3段×2列・オーク材
幅82×奥行28.5×高さ121cm
価格：2万9900円

アクリル仕切棚の小物置きと壁に付けられる家具ですっきり。

ワークデスクにはステーショナリーなどの小物が出しっぱなしになってしまうことが多いです。手早く片づけたいなら、無印良品のファイルボックスがオススメ。シンプルで片づけやすく、デスク周りがすっきりして使いやすくなります。

小物を置きたいときには、デスクを邪魔しないように壁に付けられる家具とアクリル仕切棚でスペースを有効活用。汚れもたまりにくいので、掃除の手間が減りました。

↓mayuru.homeさん

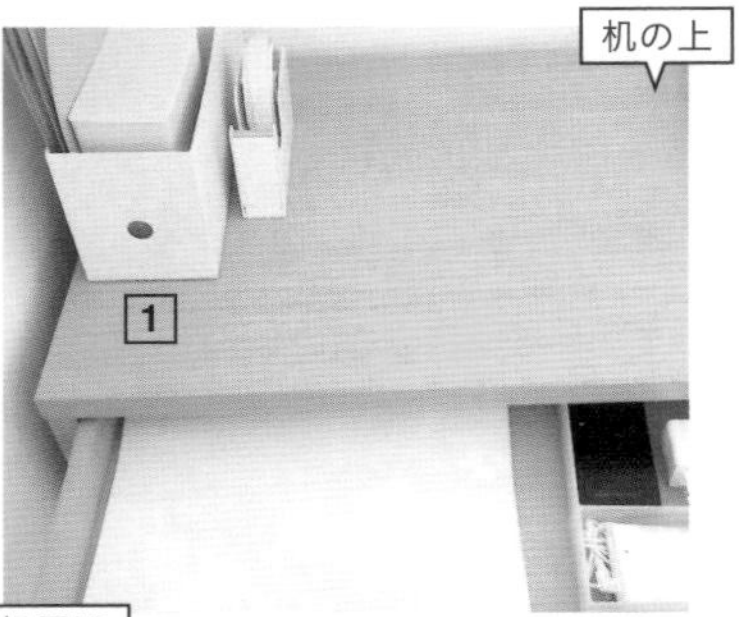

1
再生ポリプロピレン入りファイルボックス・スタンダードタイプ・½
ホワイトグレー
約幅10×奥行32×高さ12cm
価格：390円

2
アクリル仕切棚・小
約幅26×奥行17.5×高さ10cm
価格：890円

見た目が垢抜けて見えるトタンボックスには小物類を収納！

見た目も気に入っているトタンボックスには、文房具や書類、カメラグッズなど細々したものを入れています。ムダがないシンプルな形状なので、リビングのインテリアにもマッチしてくれます。

↓安藤さん

トタンボックス・大
高さ24cmタイプ
約幅26×奥行37×高さ24cm
価格：1590円

裁縫道具は丈夫でシンプルなスチール工具箱で気軽に出し入れ。

丈夫な造りのスチール工具箱を、裁縫道具箱として使いたくて、こんな感じに収納しました。小さいのでちょこっと使いたいときにも気軽に出せます。同じものを工具入れとしても使っています。

↓nikaさん

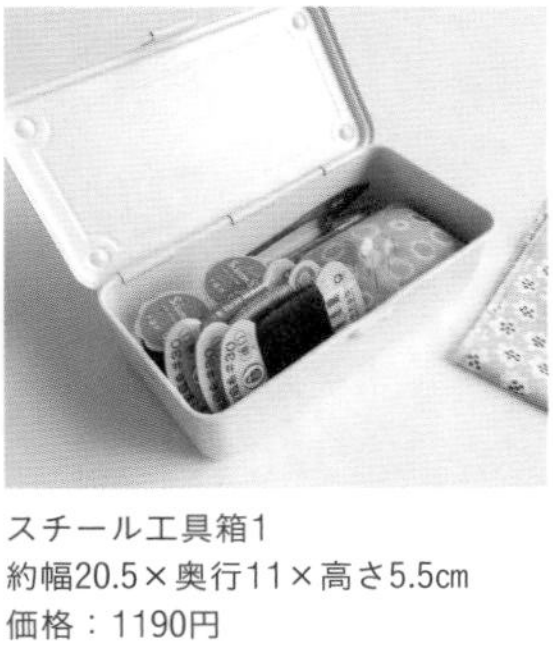

スチール工具箱1
約幅20.5×奥行11×高さ5.5cm
価格：1190円

縦でも横でも使える収納ボックスは細々とした文房具にぴったり。

ポリプロピレン小物収納ボックス6段は、細々した文房具の収納にぴったり。1段ごとに引き出せるので、使うときはペンケースのように持っていくこともできます。いちいち文房具を取り出して運ぶ必要がないため、散らかりにくいんです。

以前は「あのペンどこいったかな」と探すことも多かったのですが、モノの住所をここに決めてからは迷子になる文房具もすっかり減りました。深さもあるため、ペンや消しゴムはもちろん、ホッチキスや穴あけパンチなど、ちょっと大きめのものもすんなり収まります。

棚板を組み替えることで、縦と横どちらでも設置できるのもうれしいポイント。高さがない低めの棚にもすっぽり入っちゃいます。→emiyutoさん

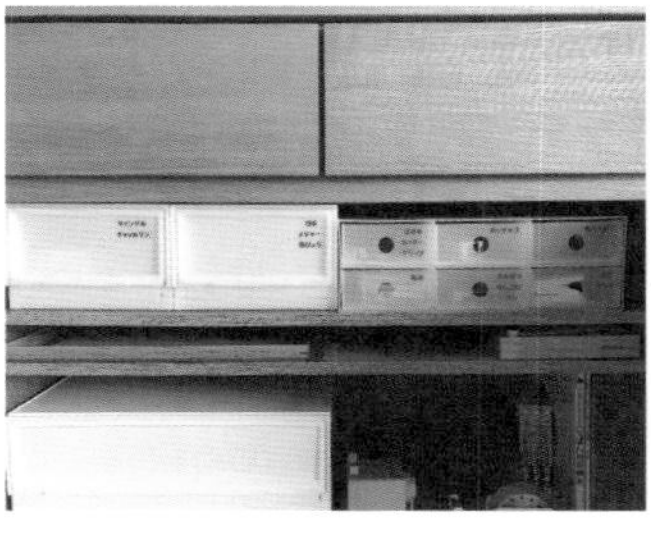

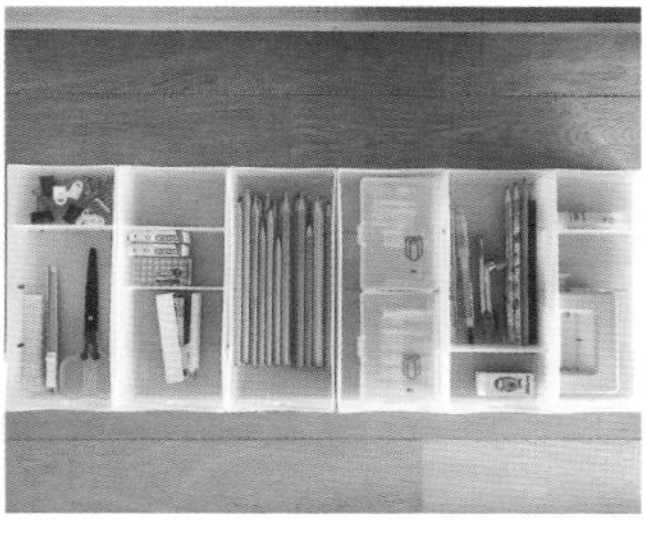

ポリプロピレン小物収納ボックス6段
約幅11×奥行24.5×高さ32cm
価格：2990円

書類の収納はラベリングして一目瞭然に。

わが家の情報ステーション。ここの収納には書類や日用品のストックがすべて集まっているのです。わたしが不在でも、夫がひとりで探せる収納を目指して考えた場所で、ティッシュペーパーやお布団など、いろいろなものが収納されています。

とくに書類にはこだわりがあって、ファイルケースに何が入っているのかラベリングして、外から見ただけで一目瞭然。だから「あれどこ?」が一切なくなり、ストレス軽減。シートポストの目隠しカーテンで、急な来客でも中を覗かれる心配もありません。

↓あゆみさん

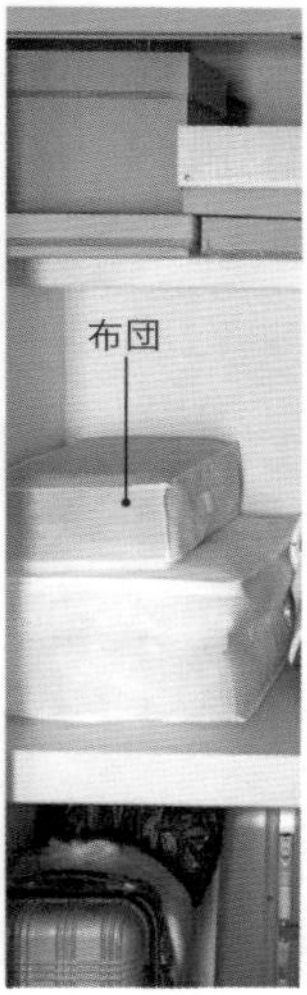

1

再生ポリプロピレン入り
スタンドファイルボックス
ホワイトグレー
約幅10×奥行27.6×
高さ31.8㎝
価格：590円

2

ポリプロピレン
高透明フィルムアルバム・
2段・3冊組
L判・136枚用
価格：990円

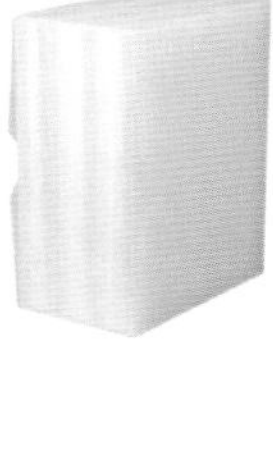

3

ポリプロピレンケース
引出式・横ワイド・深型
幅37×奥行26×高さ17.5㎝
価格：1490円

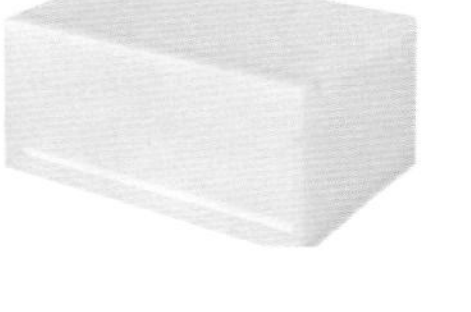

必要最低限のモノを複数の収納アイテムでシンプルにしまう!

散らかりやすい文房具や書類などのファイルはなるべく使わないようにしています。必要最低限のモノだけ残し、それらを無印良品のアイテムに。たとえば「トタンボックス・フタ式」は、文具や子どものゲームソフトなどといった小物用に。フタがあるのでホコリも防げて、持ち手付きなので持ち運びもラクです。また、背が高いポリプロピレンスタンドファイルボックスは使わないケーブルなどの収納にぴったり。背面を向けて置けば、ケーブルのゴチャつきをきちんと隠せます。

↓yk.apariさん

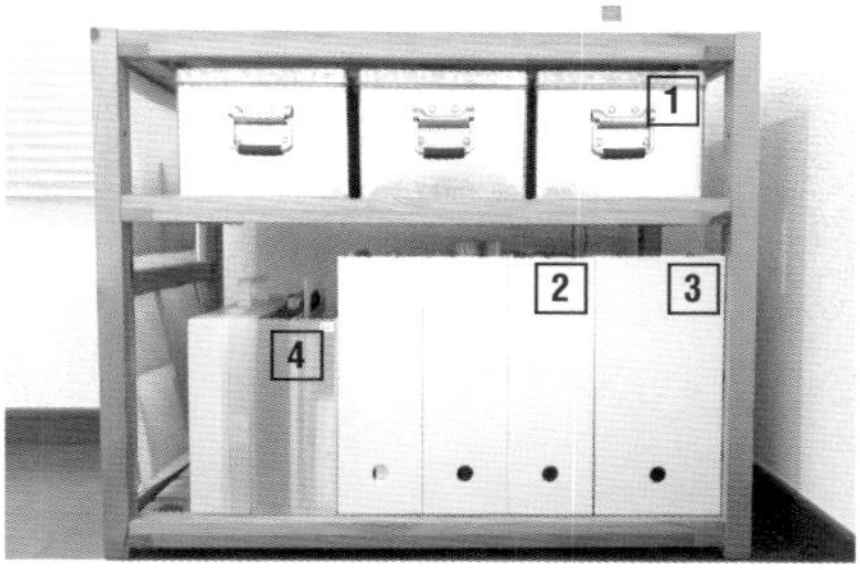

1 トタンボックス・小　高さ16cmタイプ
約幅19×奥行29×高さ16cm　価格：1090円

2 再生ポリプロピレン入り
スタンドファイルボックス・ホワイトグレー
約幅10×奥行27.6×高さ31.8cm　価格：590円

3 再生ポリプロピレン入り
スタンドファイルボックス・ワイド・ホワイトグレー
約幅15×奥行27.6×高さ31.8cm　価格：790円

4 ポリプロピレン持ち手付きファイルボックス・
スタンダードタイプ
約幅10×奥行32×高さ28.5cm　価格：1090円

必要な道具はひとまとめにすれば作業効率がぐっと上がります。

在宅勤務時の業務って実はたくさんありますよね。そんな作業効率を劇的に上げてくれたのが無印良品のファイルボックス用ポケットです。作業に必要な道具をまとめて入れらます。

↓shiroiro.homeさん

ポリプロピレンファイル
ボックス用・ペンポケット
約幅4×奥行4×高さ10cm
価格：150円

重くかさばる書類系は頑丈なファイルボックスに。

分厚いものが多い取扱説明書。捨てられないけど、置き場所にも困っていました。そんなとき見つけたのが無印良品のファイルボックス。頑丈にできているので、重い取扱説明書を入れても倒れません。

↓Aさん

再生ポリプロピレン入りファイルボックス・
スタンダードタイプ・ワイド・ホワイトグレー
約幅15×奥行32×高さ24cm
価格：790円

引き出すたびに落ちるボックスは**突っ張り棒**で解決。

我が家の収納はスチール棚からりんご箱に替え、中の収納ボックスにはバスケットや無印良品のポリプロピレンケースを使用しています。引出式のボックスにはちょっとしたストレスがひとつ。引き出しを全開にすると、引き出しの重みで手前に傾き、引き出しごと床に落ちてしまっていました。

そのストレスを1年も抱えていましたが、ようやく解決できました。100均の突っ張り棒を、ボックスの端が上がらないように突っ張ってみるとお見事！　引き出しの端が上がらないので引き出しも床に落ちません。これでようやくノンストレスで、片手で収納することができるようになりました。

→DAHLIA★さん

1

ポリプロピレンケース・引出式・深型
約幅26×奥37×高17.5cm
価格：1490円

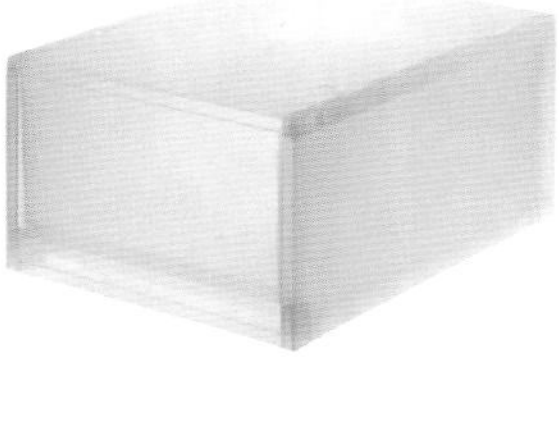

厚めのニットもシャツホルダーなら取り出しスムーズ。

クローゼットはできるだけすっきり収納を心がけています。そこで活躍しているのが無印良品のポリエステル麻 シャツホルダーです。1段ずつの仕切りの大きさが広く、しっかりとしたつくりなのでニットやデニムなど厚さや重さがあるものでも余裕をもってしまうことができます。

またニットやTシャツなどハンガーにかけてしまうと型崩れが気になるものも、これなら畳んだ状態でクローゼットに収納可能。気にする必要がなくなります。もし使わないときはコンパクトにすることができるのも愛用している理由のひとつです。→Minaさん

ポリエステル麻
シャツホルダー
約幅30cm×奥行35cm×高さ72cm
価格：2290円

クローゼットは余裕をもって湿気を溜めない。

うちのクローゼットはこんな感じでちょっと余白をつくっています。なるべく左側に寄せて衣類を掛け、湿気がこもらないように、夏場は開け放して換気をこまめにしているのです。来客時以外は右側を開けていることが多いですね。あまり詰め込みすぎると見た目もよくないので、この状態を維持するように心がけています。これでスペースができてすっきりして見えるでしょ。

下に置いてある衣装ケースは左右でデザインが違うのでいつかは統一したいと思っているところ。だけど、左右で収納力が違うので、揃えると溢れないか今から心配しています。ハンガーは、ほとんど無印良品のハンガーにしています。揃っている部分だけを見ると整然としていていいですね。↓あゆみさん

クローゼット上部

クローゼット全開

1

アルミ洗濯用ハンガー・
3本組　約幅42cm
価格：390円

2

ポリプロピレン
衣装ケース・引出式・大
約幅40×奥行65×高さ24cm
価格：2290円

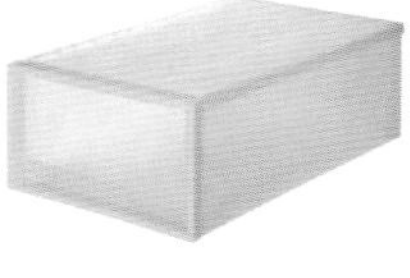

家族の服は半透明ケースでわかりやすく。

クローゼットは家族全員で使う共有ルーム。棚は夫のDIYで、無印良品の衣装ケースやソフトボックスを使うところなどは私の案。一部屋に衣類をまとめられるので片づけが楽です。

下の衣装ケースはシンプルで半透明なのがお気に入り。家族みんなの薄手のお洋服を収納しています。キレイに畳まれているのを見ると、我ながらよくやったと思います。棚には掛けにくいセーターやニット、ハンガーには丈が長いコートなどを収納しています。

一番上には、あまり頻繁に出し入れしないシーズンオフのモノを無印良品のソフトボックスに入れています。

家族4人分を収納してもまだ余裕があるので、キレイに効率的に収納していきたいです。↓かもめさん

DIYクローゼット

1

ポリプロピレン
衣装ケース引出式・大
約幅40×奥行65×高さ24cm
価格：2290円

2

ポリエステル麻・
ソフトボックス・
衣装ケース
約幅59×奥行39×高さ18cm
価格：1490円

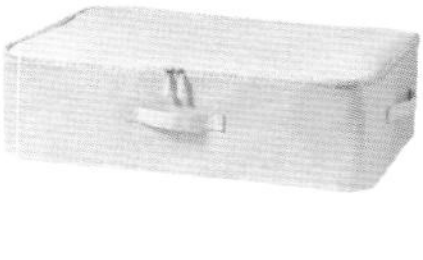

「脱いだ服」はかご収納で定位置化すれば散らかって見えない！

家族に片づけてもらうには、モノのありかを共有することがポイントです。たとえば、脱いだ服はかごに入れるというルールをつくることによって、ベッドや床にモノが置きっぱなしといったことがなくなります。無印良品の積み重ねができるラタンバスケットはデザインもシンプルで入れるモノを選ばないため、幅広い場面で活用することができます。

また、床に置きっぱなしにしがちなバッグは仕切りスタンドを使って立てて収納しておくのがオススメです。仕切りを使えば、横倒れや気になる型崩れを防止してくれるうえに、取り出しやすさもばっちりなんです。

↓小宮さん

1

重なるラタン角型バスケット・中
約幅35×奥行36×高さ16cm
価格：2990円

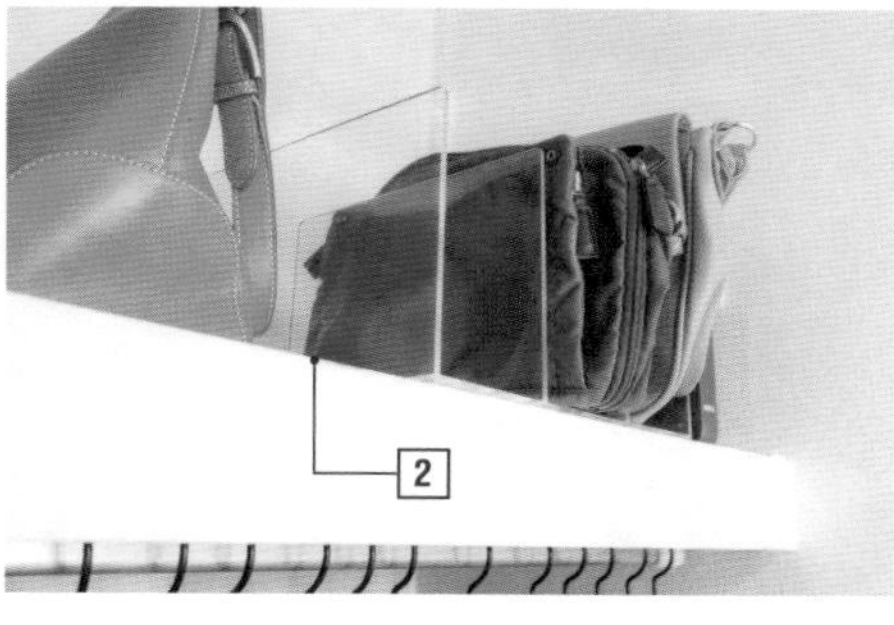

2

アクリル仕切りスタンド
3仕切り
約26.8×21×16cm
価格：1490円

無印良品の収納用品は自由な組み合わせですっきり収められます。

わが家の生活感溢れる収納スペース・パントリー兼玄関収納です。先日、ここにあるモノを、一度全部出して拭き掃除をしました。それでも棚には、ブリ材角型バスケット、ステンレスワイヤーバスケット、メイクボックス、ファイルボックスなどを多用して収納してあるので、思ったよりは手間がかかりませんでした。

とくに無印良品の収納用品は、収納したいモノに合わせて自由に組み合わせることができるので、途中で収納方法を変えたくなっても応用できるので助かります。もちろん、デザインはシンプルで、色も白い棚に合うものばかりで素敵です。とくにブリ材角型バスケットは中身も見えないし、柔らかい印象で収納スペースになじんでくれます。

↓ぴょこぴょこぴさん

1
重なるブリ材
角型バスケット・中
約幅35×奥行37×
高さ16cm
価格：1990円

2
ステンレスワイヤーバスケット2
約幅37×奥行26×
高さ8cm
価格：1490円

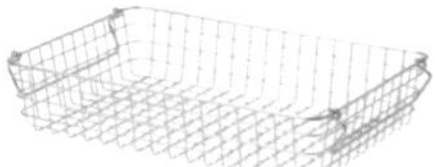

3
ポリプロピレン
メイクボックス・½
約幅15×奥行22×
高さ8.6cm
価格：290円

4
ポリプロピレン
メイクボックス
約幅15×奥行22×
高さ16.9cm
価格：350円

5
再生ポリプロピレン入り
ファイルボックス・
スタンダードタイプ・
ワイド・ホワイトグレー
約幅15×奥行32×高さ24cm
価格：790円

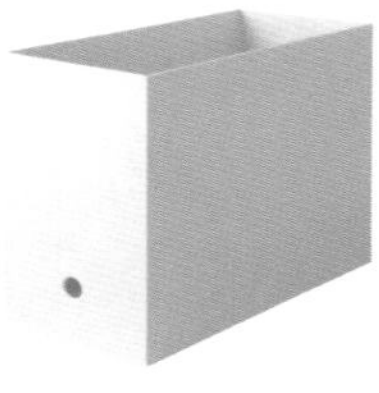

デッドスペースでもプリントの吊り下げ収納。

子ども用のクローゼットはいろんなものを収納できるようにデッドスペースを有効活用しています。

それがワイヤークリップと突っ張り棒でつくったプリント収納。重要なプリントはクリアファイルにまとめて、ほかの連絡事項などのプリントはそのままクリップに挟んでいます。収納力は少なめですが、平面に置くよりすぐに目につくので忘れにくくなりますよ。

タオルや小物などはメイクボックスやキャリーボックスにまとめて入れています。このあたりは収納が難しいですね。
→mayuru.homeさん

1 ステンレス
ひっかける
ワイヤークリップ
4個入
約幅2×奥行5.5×
高さ9.5cm
価格：490円

2 ポリプロピレン
収納キャリーボックス・
ワイド
ホワイトグレー
約幅15×奥行32×
高さ8cm
（持ち手も含む高さ13cm）
価格：1090円

かさばるおくるみ類はファイルボックスでコンパクトに。

ベビー服は小さくて軽いから、突っ張り棒を渡してハンガー掛けに。かさばるおくるみ類は、無印良品のファイルボックスに丸めて入れれば省スペースで収納が完了します。
→gomarimomoさん

再生ポリプロピレン入りファイルボックス・
スタンダードタイプ ホワイトグレー
約幅10×奥行32×高さ24cm
価格：590円

子どもが自分でできるように成長に合わせた毎日の収納。

子どもの通園用の身支度を、使いやすいように見直してみました。ワイヤーバスケットにカバンや帽子を置いて、空いた場所に追加でモノを置く感じです。まだ未完成ですが、成長に合わせて工夫したいです。→kumiさん

ステンレスワイヤーバスケット6
約幅51×奥行37×高さ18cm
価格：2990円

大きな衣装ケースは自由な仕切りをつくってキレイに衣類整理。

無印良品の衣装ケースシリーズには大変お世話になっているのですが、そのまま使っていると仕切りがなくて中身が整理しにくいのです。そこで登場するのが中を仕切るための専用アイテム、高さが変えられる不織布仕切ケース。コレで中身を仕切っていきます。

この不織布のケースは高さが変えられるとありますが、広げて外側に折り込むだけなんです。これなら何度も調整できるし、なんといっても布製なので衣類を傷つける心配もなし。しかも大きさが大中小と3つあって、衣装ケースにさまざまなレイアウトで入れ込むことができるのです。洋服を1枚だけ立てて置いても倒れることなく収納できるので、収納力にも期待できます。

→ayakoteramotoさん

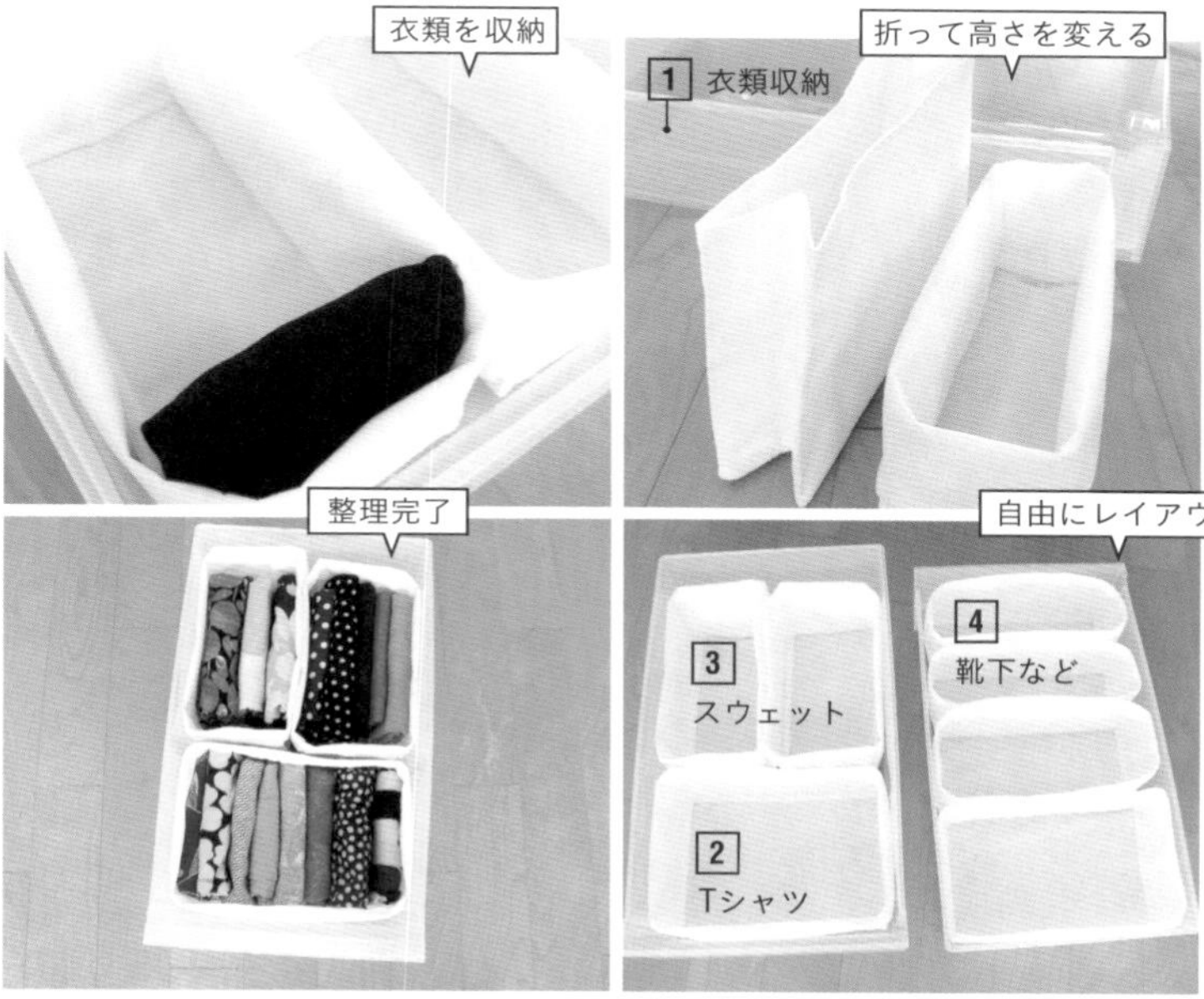

1 ポリプロピレン衣装ケース・引出式・小
約幅40×奥行65×高さ18cm
価格：1990円

2 高さが変えられる不織布仕切ケース・大・2枚入り
約幅22.5×奥行32.5×高さ21cm
価格：990円

3 高さが変えられる不織布仕切ケース・中・2枚入り
約幅15×奥行32.5×高さ21cm
価格：790円

4 高さが変えられる不織布仕切ケース・小・2枚入り
約幅11×奥行32.5×高さ21cm
価格：690円

子どもコーナーはカスタムして使いやすく。

シャツや肌着など子どもの小さい衣類は不織布仕切ケースで分類収納することで、大きさや深さのある引き出しでも中はすっきり取り出しやすく収納できます。仕切りがあることで、どこに何があるかわかりやすくなります。着替えでバタバタな朝でも、来ていく服をすぐに取り出すことができ、効率的な朝の準備に一役買ってくれるアイテムです。また、無印良品の仕切りケースは折り返して高さを調節できるのがうれしいポイント。仕切り以外にも、天然素材でつくられた収納用品のインナーカバーとしても使うことができます。↓藤田さん

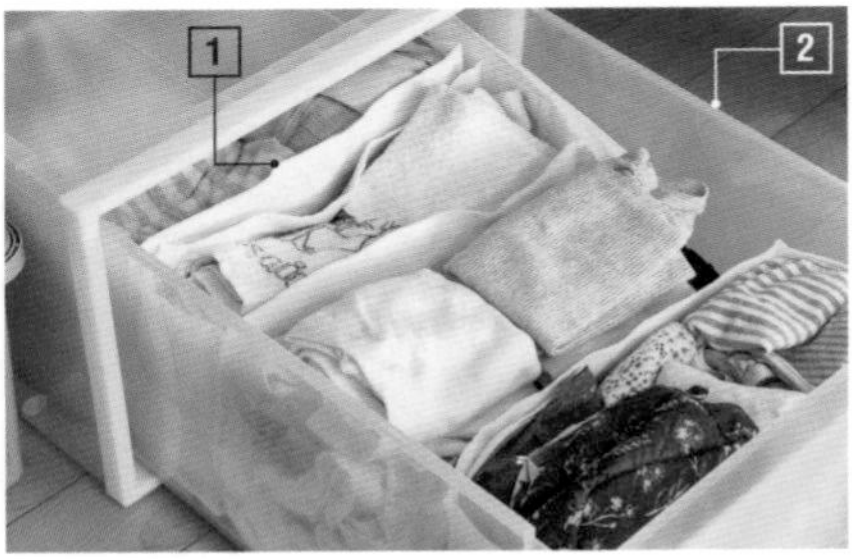

1
高さが変えられる不織布
仕切ケース・中・2枚入り
約幅15×奥行32.5×
高さ21cm
価格：790円

2
ポリプロピレン
収納ケース
引出式・大
約幅34×奥44.5×
高24cm
価格：1690円

シーズンオフの帽子は丸型ケースでかわいく保管。

夏にしか使わない麦わら帽子は、やわらかポリエチレンケースに入れて保管。ポイントはなんといってもこの丸い形です。見た目もとても可愛いし、しまう場所に困っていた麦わら帽子がぴったりおさまりました！↓かもめさん

やわらかポリエチレンケース・丸型・中
約直径36×高さ16cm　価格：690円／
やわらかポリエチレンケース用フタ・丸型
約直径36.5×高さ1.5cm　価格：290円

手間のかかる家電の出し入れが劇的にラクになります！

日用品や掃除道具などを入れている無印良品のストッカー。我が家ではさらにこの奥に家電をしまっています。キャスターがついているので簡単にコロコロと動かせてとてもラクになりました。↓かもめさん

ポリプロピレンストッカー
キャスター付き・1
約幅18×奥行40×高さ83cm
価格：3790円

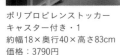

暮らしの動きに合わせてモノの場所をつくる。

時間がない朝の準備で慌てないためには、暮らしの動きに合わせてモノを置く場所をつくることが大切です。私はひと部屋で服からアクセサリーまで揃う〝完璧身支度コーナー〟をつくっています。毎日使うバッグは、上着近くにフックでかければ、アウターを着る流れでバッグを持っていくことができます。指輪やピアスなどのアクセサリーはケースにお気に入りをひとつずつ入れて収納すれば、選ぶときも見やすいので迷うことがなくなり朝の短縮につながっています。

↓渡邉さん

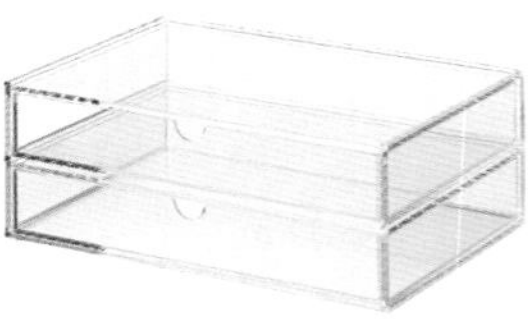

1
重なるアクリルケース
２段引出・大
約幅25.5×奥行17×高さ9.5cm
価格：2490円

2
ステンレス横ブレしにくいフック 大 2個入
約直径1.5×2.5cm
価格：490円

ファイルボックスならすっきり収納しながら取り出しもラクラク。

洗面下の収納はボックスの活用ですっきり見せて収納するのがオススメです。長さのあるヘアアイロンは縦型のファイルボックスに、フロアワイパー用シートは下段のボックス、上段にはメラミンスポンジをしまってキャビネットの高さを活かした収納をしています。ボックスを使えば収納スペースが狭い洗面所でも、ムダなくスペースを活用することができますし、取り出しもスムーズなので、動作が多い洗面所にもぴったりです。

またそのまま収納するよりもファイルボックスに入れて収納したほうが、視覚的にもすっきりとして見えます。ポリプロピレン素材なので水気が多い洗面所でも気にせず使えるのもうれしいところです。

↓Kさん

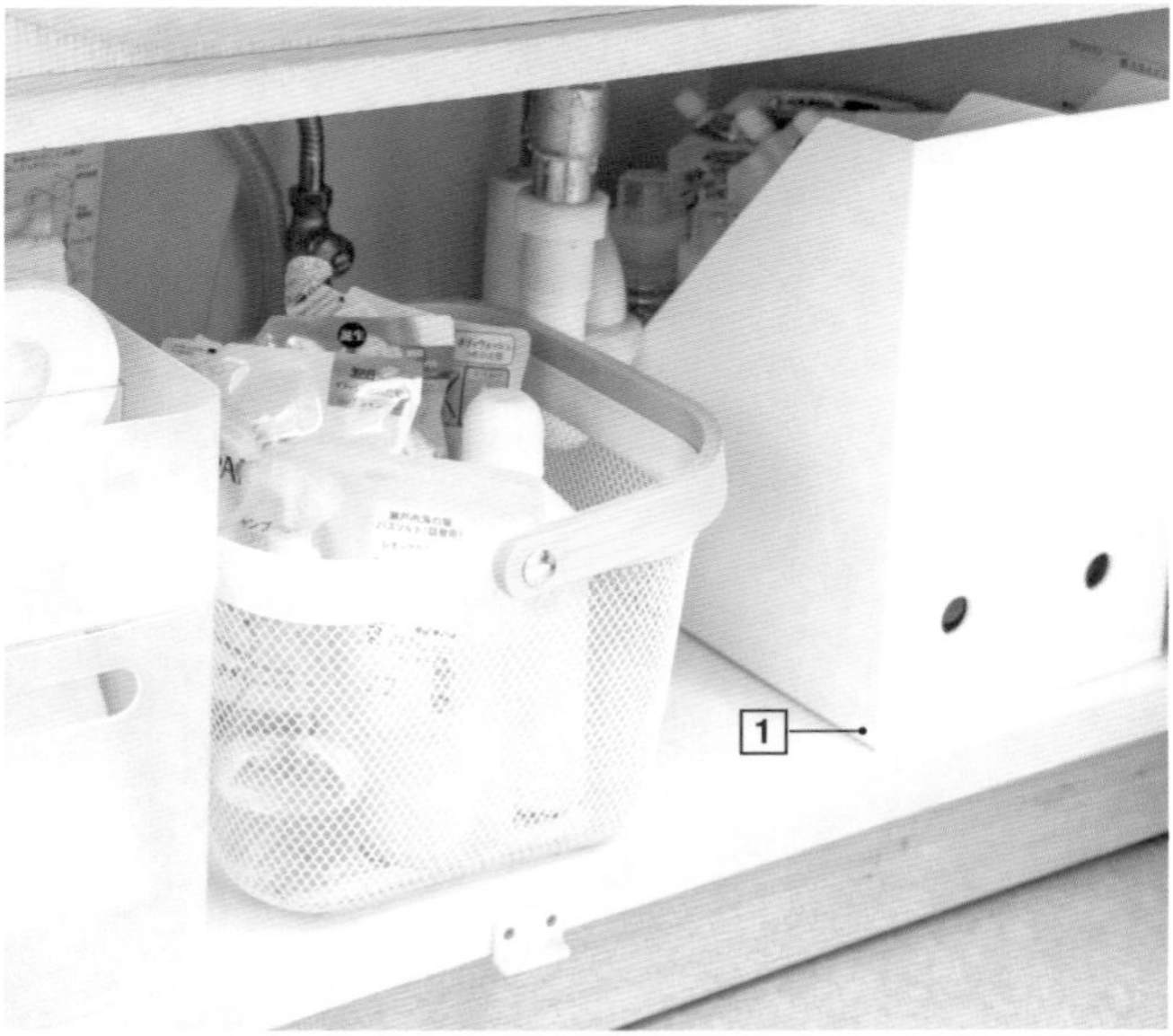

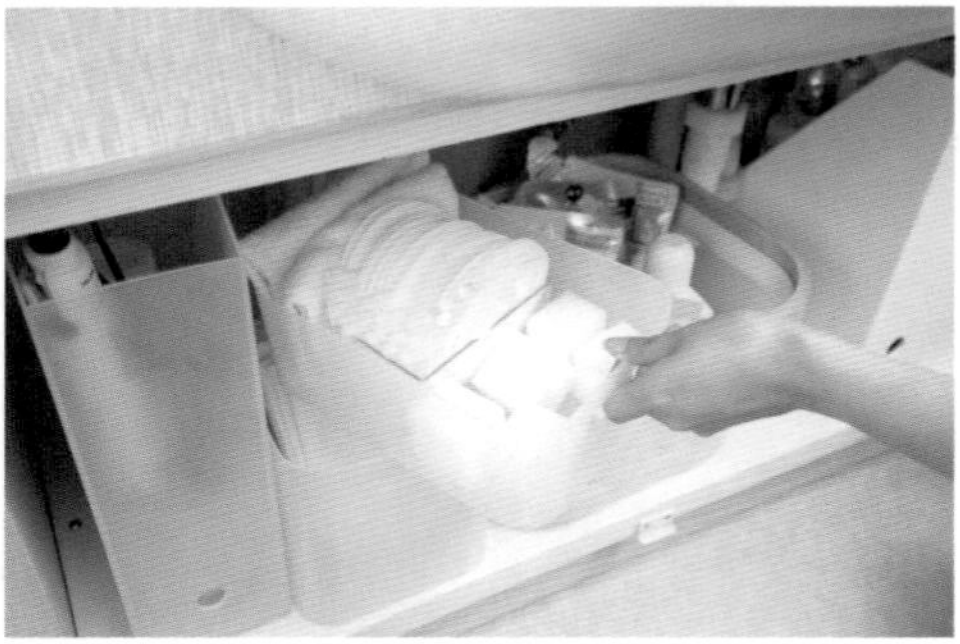

1

再生ポリプロピレン入りスタンドファイルボックス
ホワイトグレー
約幅10×奥行27.6×高さ31.8cm
価格：590円

洗面台下の収納はファイルボックスが便利！

わが家には2階にもトイレがあります。その側にある洗面台下の収納には、トイレ関係のモノを入れたいのですが、そこそこ広い空間があるのにパイプが邪魔をして、あまり上手に収納できていませんでした。そこで、無印良品のファイルボックスを使ってみることに。

ワイドのほうはトイレットペーパーを入れるのにちょうどいいサイズです。スタンダードのほうには、使い捨て手袋やゴミ袋など掃除用具のストックを入れています。これで、使い勝手がよくなり、掃除するのもラクになりました。それから、ファイルボックスで掃除道具とトイレットペーパーの保管場所を区切ることができ、少し衛生的な感じがしています。

↓ぴよこぴよこぴさん

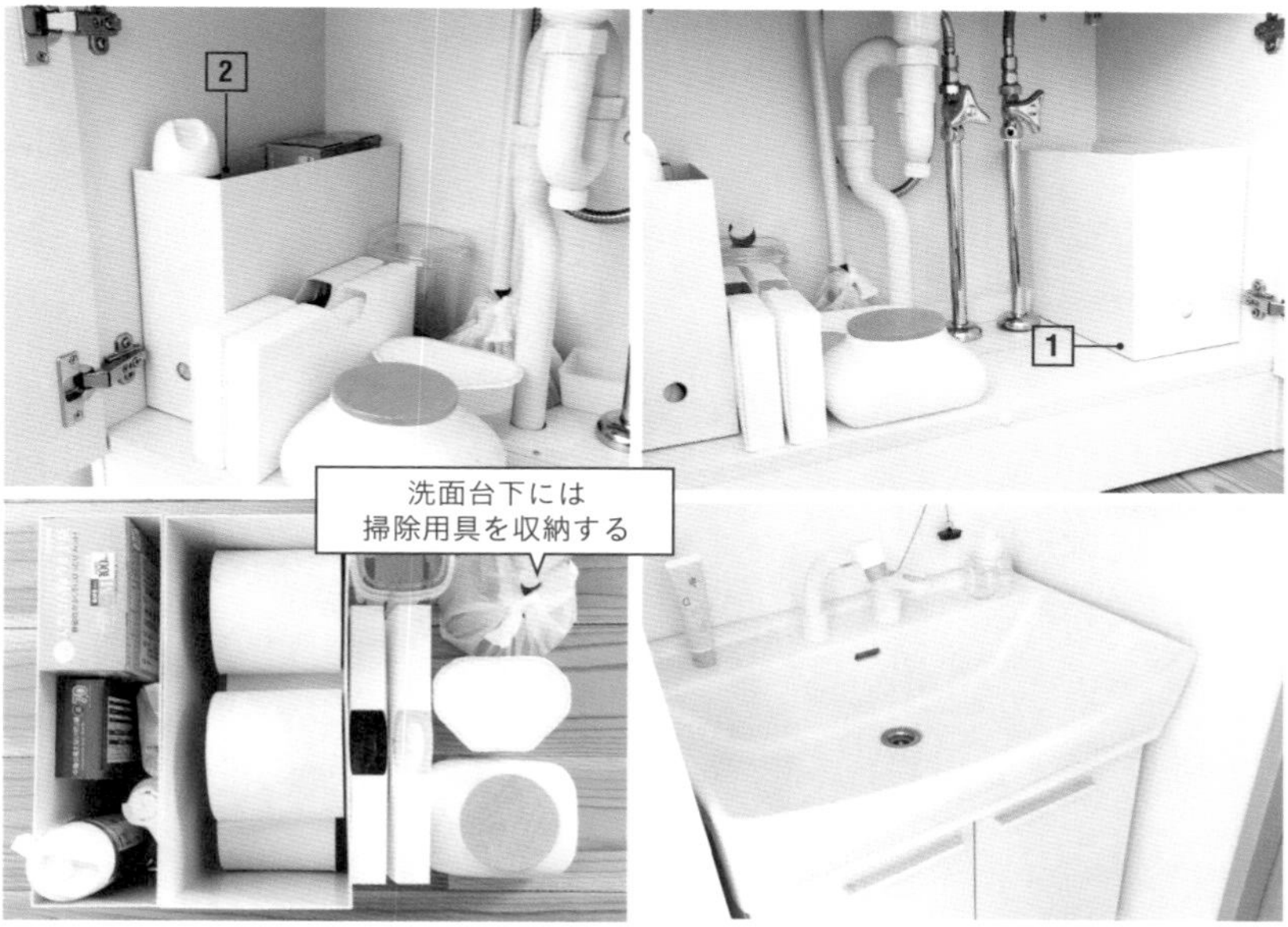

1

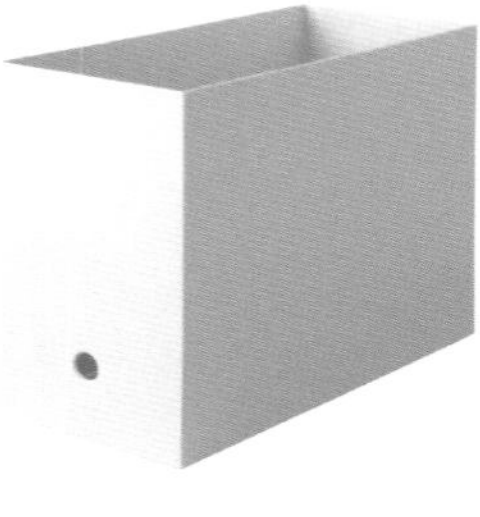

再生ポリプロピレン入り
ファイルボックス・
スタンダードタイプ・
ワイド
ホワイトグレー
約幅15×奥行32×
高さ24cm
価格：790円

2

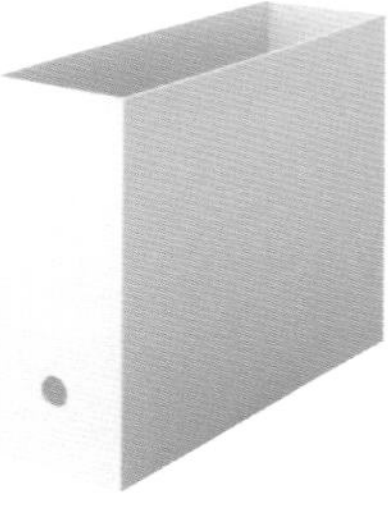

再生ポリプロピレン入り
ファイルボックス・
スタンダードタイプ
ホワイトグレー
約幅10×奥行32
×高さ24cm
価格：590円

誰でもできる引き出し収納はボックスで定位置をつくる。

洗面台の引き出しは、ドライヤーやアイロンを出しっぱなしにするとかなりごちゃごちゃしてしまうので、引き出しに収納。背が低い大きめの整理ボックスを使っています。大きさもピッタリで使い終わったらすぐに入れるようにしています。

小さめのメイクボックスにはアダプターやネイルケア器具、充電器を収納しています。サイズによって使い分けができるのがうれしい限り。

面倒くさがり屋の私でも、すっきりキレイに保てるので、誰でも簡単にできる収納術だと思います。↓mayuru.homeさん

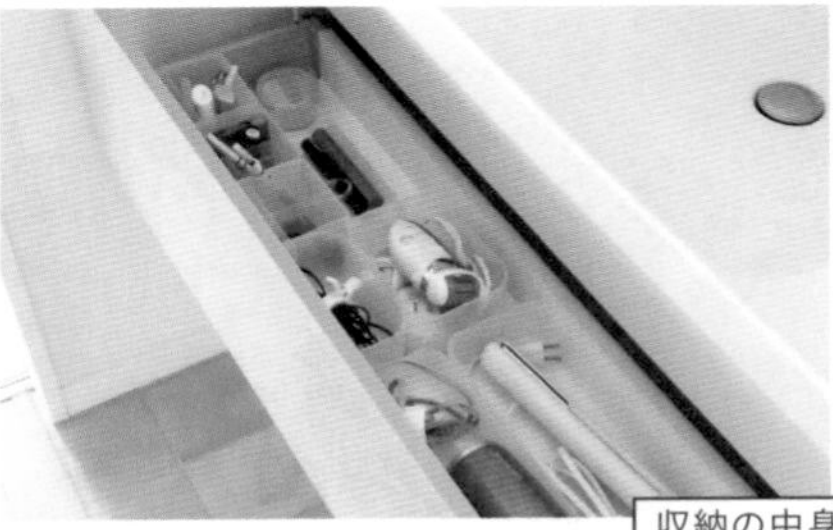

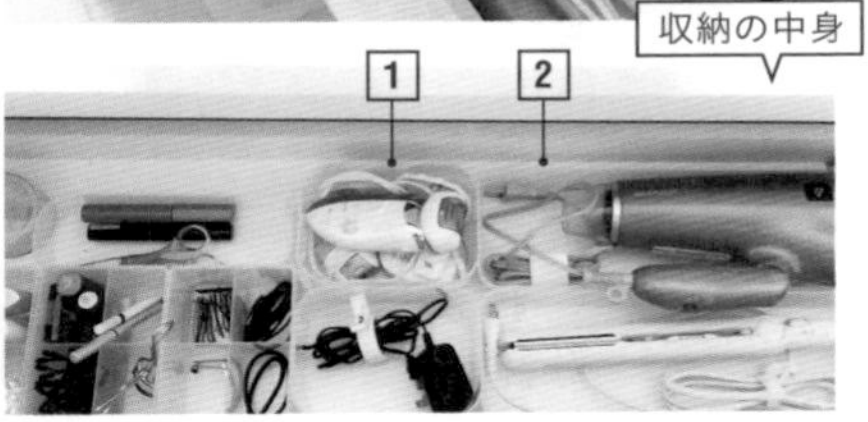

1
ポリプロピレン
メイクボックス・½横ハーフ
約幅15×奥行11×高さ8.6cm
価格：250円

2
ポリプロピレン
整理ボックス4
約幅11.5×奥行34×高さ5cm
価格：220円

清潔で、娘の「自分でできる」を助ける歯磨き用具収納。

娘が自分でできるように、歯磨き用具は一番下に置いてあります。歯ブラシは100均で買ったホルダーで、歯磨き粉は無印良品のワイヤークリップで引っかけました。見た目もよくて掃除しやすいです。↓あゆみさん

ステンレスひっかける
ワイヤークリップ　4個入
約幅2×奥行5.5×高さ9.5cm
価格：490円

ストック品は腰より下の位置にまとめて。

洗面所の棚は、使用頻度にあわせて、収納頻度は低いけれどストックがないと困るモノは腰より低い位置に収納しています。引き出すだけで残量がひと目でわかるのが助かります。↓littlekokomujiさん

ポリプロピレン
追加用ストッカー・浅型
約幅18×奥行40×高さ11cm
価格：990円

洗面所下のスペースは引き出し収納で使いやすく。

洗面所下の収納にぴったりなポリプロピレン収納。3段のボックスには主に電池や日用品、工具を入れてしまっています。収納スペースを最大限に活用できるサイズ感が魅力的。浅型には自分のコンタクト、深型には洗剤やシャンプーのストックを収納しています。

最初から中に仕切りがついているから、細かいモノの定位置をすぐに決められるのも◎。まとめ買いする日用品も、その日のうちに収納できるから、片づけもラクラク。家族全員がどこに何があるかを把握できる収納方法です。

→あゆみさん

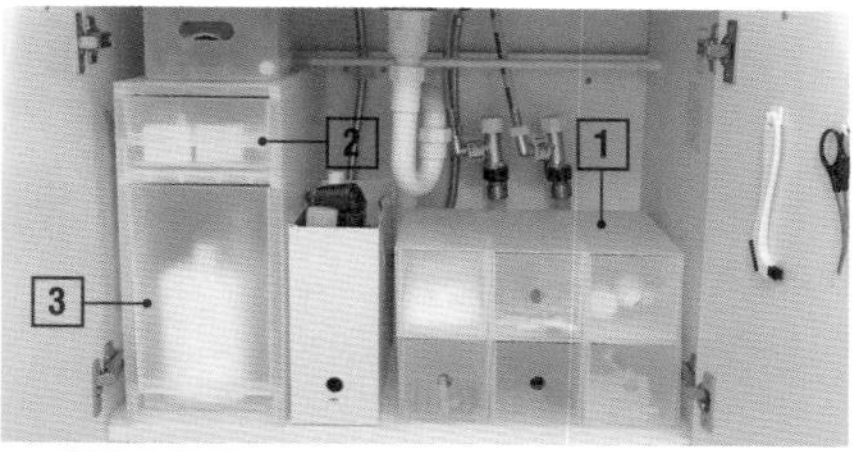

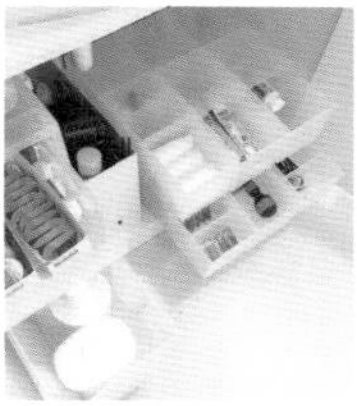

1 ポリプロピレン小物収納ボックス3段
約幅11×奥行24.5×高さ32cm
価格：2290円

2 ポリプロピレン追加用ストッカー・浅型
約幅18×奥行40×高さ11cm
価格：990円

3 ポリプロピレン追加用ストッカー・深型
約幅18×奥行40×高さ30.5cm
価格：1490円

ストッカーへの収納は子どもにもわかりやすいように。

洗面所のちょっとしたスペースを有効活用したいと思っていたところ、無印良品のストッカーキャスターが大活躍しました。

1段目には娘の身支度用の髪ゴムや櫛、2段目と3段目には息子と娘それぞれの靴下やハンカチを入れています。4段目にはドライヤーなど少し大きい家電をすっきりと収納。このストッカーにしまうようになってから、子どもたちもどこに何があるのかわかるようになりました。自分で使いたいものは自分で用意してくれるので、だいぶ助かっています！

→emiyutoさん

ポリプロピレンストッカーキャスター付き・2
約幅18×奥行40×高さ83cm
価格：3990円

Category ― 片づけ&収納

限られた洗面所のスペースにぴったりキレイに収納できる。

わが家では洗面所の下に子どもの散髪道具や歯ブラシセット、タオルなどをしまっています。すぐ散らかってしまうような小物も、無印良品のポリプロピレンケースでキレイに収納！　お友達とも話していたのですが、このケースが洗面所の下にぴったりと納まるんです。大きさのバリエーションが豊富だから、いろいろ組み合わせて使えるのも魅力的。そして配管ぎりぎりまで届く奥行きがお気に入りです。このスペースにキレイに収まるケースはどれかな、なんて考える時間も好き。納得できる収納ケースを見つけられるのも、無印良品を好きな理由のひとつです。→emiyutoさん

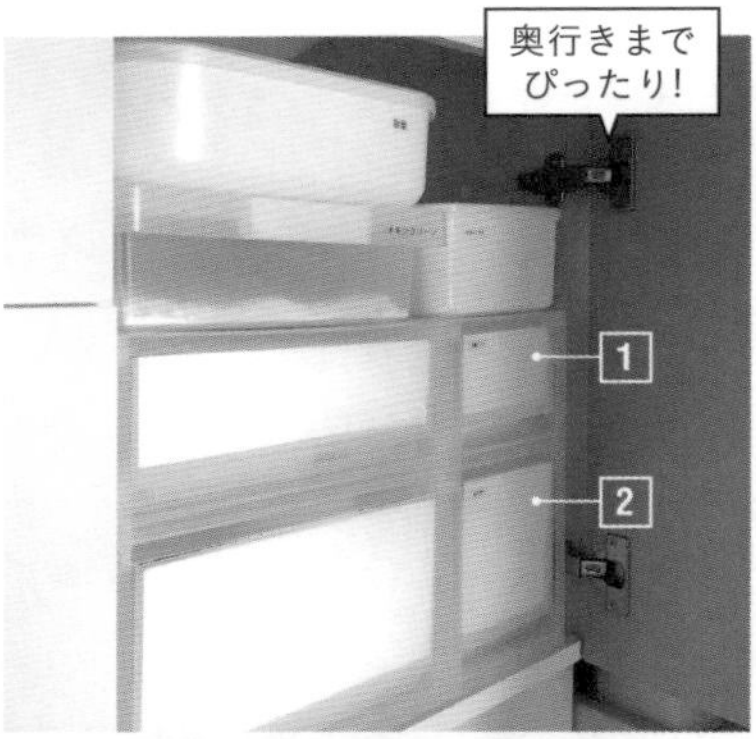

洗面所を散らかさない

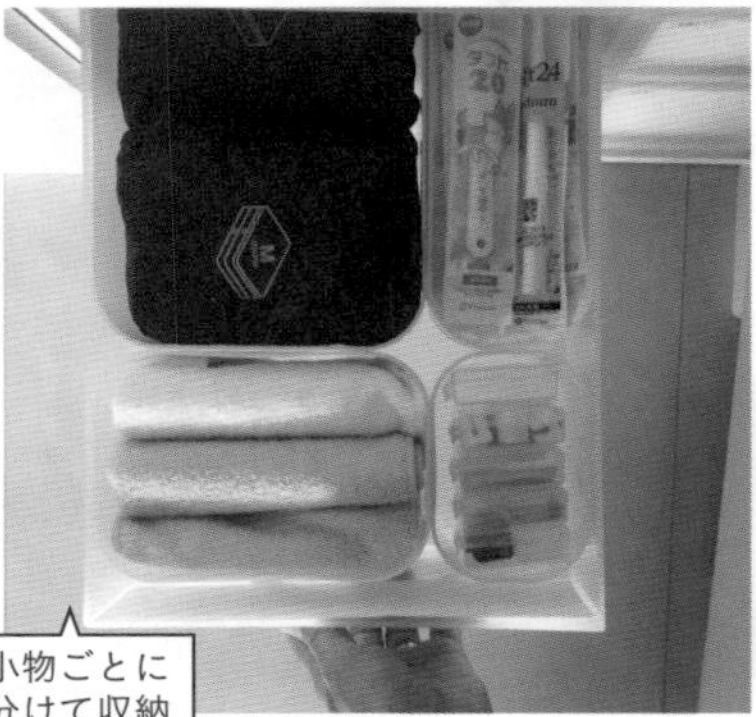
分けて収納

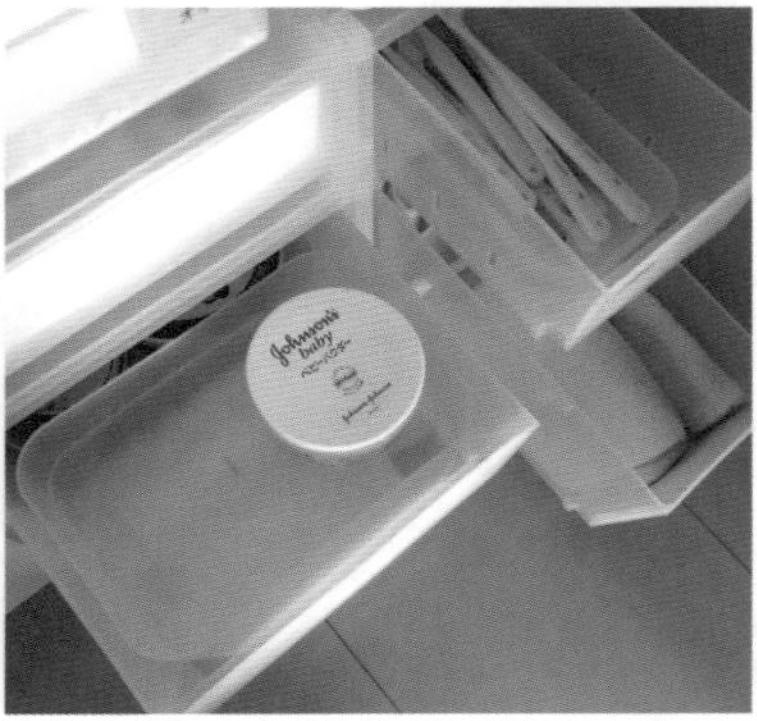

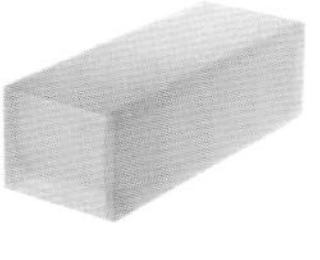

1

ポリプロピレンケース
引出式ハーフ・
浅型・1個（仕切付）
約幅14×奥行37×高さ12cm
価格：1090円

2

ポリプロピレンケース
引出式ハーフ・
深型・1個（仕切付）
約幅14×奥行37×高さ17.5cm
価格：1190円

いつでもサッと出せるから使うときにラクになる!

洗面所の収納は無印良品のポリプロピレンストッカーを使っています。ここにしまっているモノはおもに日用品。半透明なので、中身がうっすらと見えるのも私にとっては高ポイントです。

高さがある下段には、シャンプーなどの背が高いモノを入れるのに最適! また、浅型の上段には自分のコンタクトを入れました。右目と左目それぞれをセットしてわかりやすくしています。使いたいときにすぐ使える収納。無印良品のストッカーでこれが叶いました。もう手離せません!↓あゆみさん

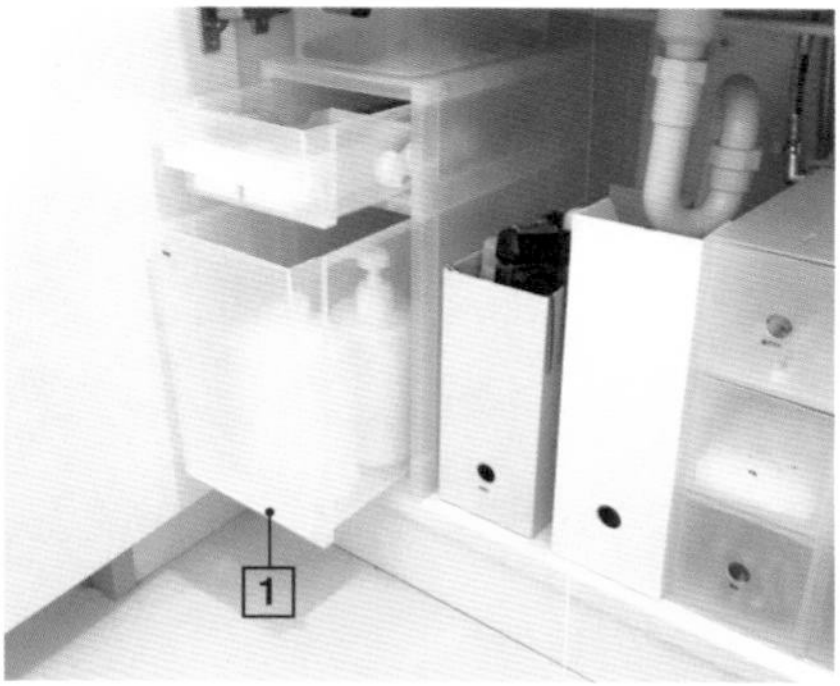

1 ポリプロピレン追加用ストッカー・深型
約幅18×奥行40×高さ30.5cm
価格:1490円

2 ポリプロピレン追加用ストッカー・浅型
約幅18×奥行40×高さ11cm
価格:990円

シャンプーやコンディショナーをまとめて浴室に持ち込める。

家族と温泉に行くことが多いのですが、そんなときに便利なのがEVAスパポーチ・小。今はシャンプーやコンディショナーが常備されている施設が主流ですが、私は昔ながらの温泉が大好きなので、お風呂アイテムを持ち歩くのが常になっています。

メッシュ加工になっており、濡れても簡単に拭き取れるので、浴室にそのまま持ち込んでも問題なし。シャンプーなどの容器をまとめて持ち運べるのでバラバラになることもなく、大浴場での紛失物も減りました。

コンパクトサイズですが厚みがあるので、収納力は見た目以上にあります。型崩れしにくいためバッグにもスポッと入り、出し入れがとってもラク。軽くて使いやすいところも気に入っています。

↓ちいさなおうちさん

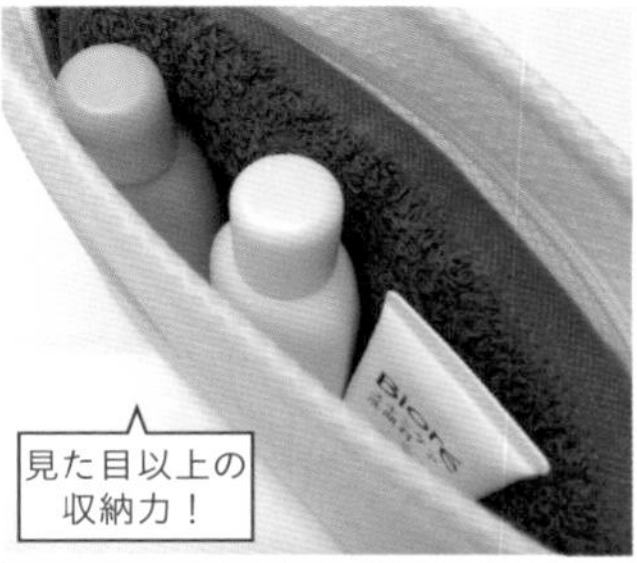

EVAスパポーチ・S
約13.5×20×5.5cm
価格:1190円

サニタリーは白い収納で統一すれば見た目もすっきり。

収納スペースが少なく、ごちゃつきがちなサニタリーは、ストッカーを積み足せば狭くてもすっきりとしたスペースが完成します。ポリプロピレンの収納ストッカーはコンパクトな形のため、水回りの隙間収納に大活躍。半透明なので、中に何を入れているか分かりやすく、分別しやすいのもポイントです。

また、同じくタオル収納に便利なのが無印良品の引出式のポリプロピレンケース。洗濯機の上などにケースを横置きにすれば、畳んだタオルが入れやすいのはもちろん、取り出しもしやすくストレスフリー。商品の向きを前後入れ替えても積み重ねられる構造なのも、助かります。

→sachiさん

ポリプロピレンストッカー
キャスター付き・1
約幅18×奥行40×高さ83cm
価格：3790円
※写真は「ポリプロピレン追加用ストッカー」を組み合わせて使用

家族共有の部屋は位置を決めて片づけやすく。

ポリプロピレン収納ケースシリーズを組み合わせたサニタリー収納。中身がわかりやすいうえに、たっぷりモノが入るので狭いスペースを有効に利用することができます。半透明なので、パジャマや肌着などを入れる場合は、お好みの100均のラベルカードを貼って目隠しするのがオススメです。片づける位置だけはっきりさせて、あとは、家族の自主性にまかせた収納をしています。

↓Uさん

1 ポリプロピレン収納ケース・引出式・横ワイド・小
約幅55×奥行44.5×高さ18cm
価格：1990円
※同シリーズの商品と組み合わせて使用

バスタオルをキレイに保つならワイヤーバスケットが美しい。

洗面所にはモノを置くと濡れてしまったり、汚れやすいので最小限しか置いていません。そんななかでも、バスタオルをキレイに収納できるワイヤーバスケットはお気に入り。掃除しやすく、衛生的です。

↓Hさん

ステンレスワイヤー
バスケット3
約幅37×奥行26×高さ12cm
価格：1790円

ワイヤーバスケットならかさばるものもすっぽり！

サニタリーの収納にはワイヤーバスケットがしっくりきます。ティッシュやトイレットペーパーなどの大きめのものがすっぽり収納できて、かさばりにくい感じがします。

↓nikaさん

ステンレスワイヤー
バスケット4
約幅37×奥行26×高さ18cm
価格：1990円

ラタンバスケットで清潔感のあるホテルライクな洗面所に。

ホテルのようなすっきりとした洗面所を目指すなら、無印良品のラタンバスケットがオススメです。やさしさのある手編みの商品で、積み重ねもできるすぐれものです。自宅では、ストック用、タオル用、一時置き用といくつかバスケットを使って分けているので、いつでもキレイで使いやすいサニタリーをキープ。

↓大木さん

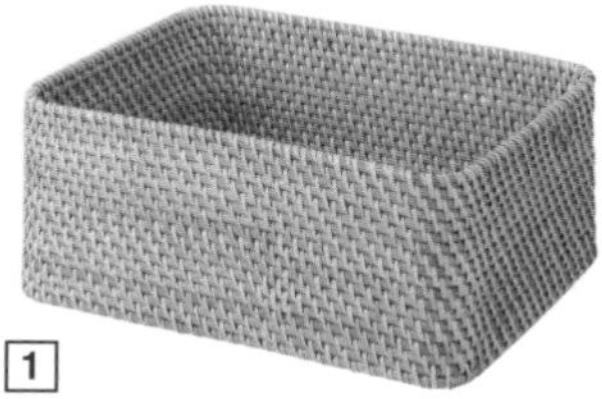

1
重なるラタン長方形
バスケット・中
約幅36×奥行26×高さ16cm
価格：2290円

2
再生ポリプロピレン入り
スタンドファイルボックス
ホワイトグレー
約幅10×奥行27.6×高さ31.8cm
価格：590円

ごちゃごちゃしたバス用品をパッとキレイに収納！

バス用品の収納は、私にとってずっと課題でした。シャンプーや掃除用品などお風呂場には案外たくさんのモノがありますよね。そこで私はマグネットタイプのバーを用意し、そこに横ブレしにくいS字フックをかけました。こうすることで場所をとらずにキレイに収納ができます。わが家のお風呂場は吸盤が付かないタイプなので、マグネットはかなり重宝！重いモノは避け、泡立てボールやスポンジを引っかけています。家族が使いやすく、なおかつサッと掃除がしやすいこの配置。見た目もキレイに収まっていて、お風呂に入るたびにうれしくなります。↓Yさん

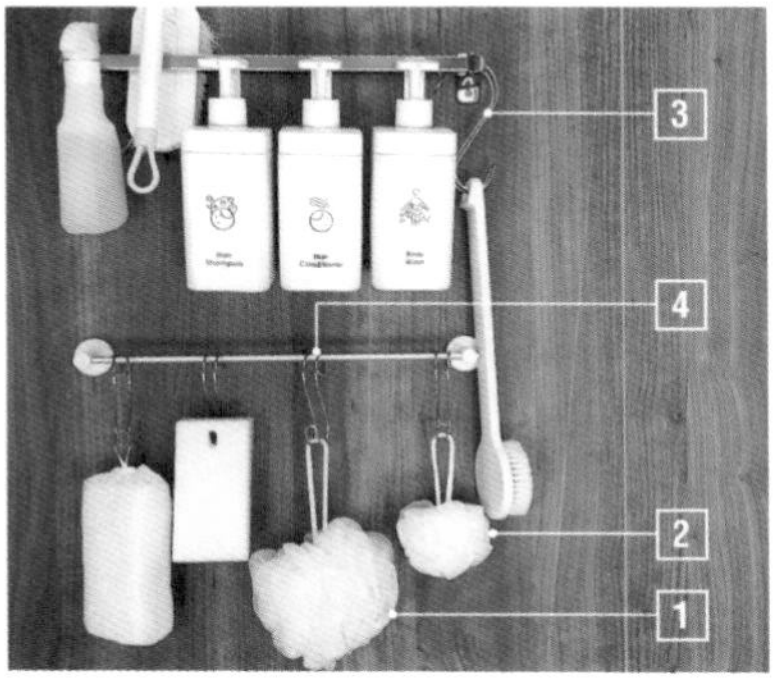

1
泡立てボール・大
約50g
価格：150円

2
泡立てボール・小
約15g
価格：99円

3
ステンレス横ブレ
しにくいS字フック・大
2個入・
約7cm×1.5×14cm
価格：790円

4
ステンレス横ブレ
しにくいS字フック・小
2個入・
約5cm×1×9.5cm
価格：490円

水濡れも大丈夫！ワイヤークリップで吊り下げ収納。

わが家では、無印良品のステンレスひっかけるワイヤークリップを使っています。ステンレス製で錆びないので、場所を選ばず、いろんな場面で使えるのがいいんです。吊り下げるだけで床にホコリや汚れが溜まりにくくなるし、格段に掃除しやすくなります。

玄関では突っ張り棒に掛けて長靴を吊り下げたり、お風呂のドアには洗顔フォーム、さらに泡ネットは上から掛けています。お風呂場の洗面器は、S字フックよりもワイヤークリップのほうが、鋭角で掛けやすいです。

ほかにも、書類を挟んでおいたり、習字の筆を干すのにも使えます。4個でたった490円と安いのもポイントですね。↓阪口ゆうこさん

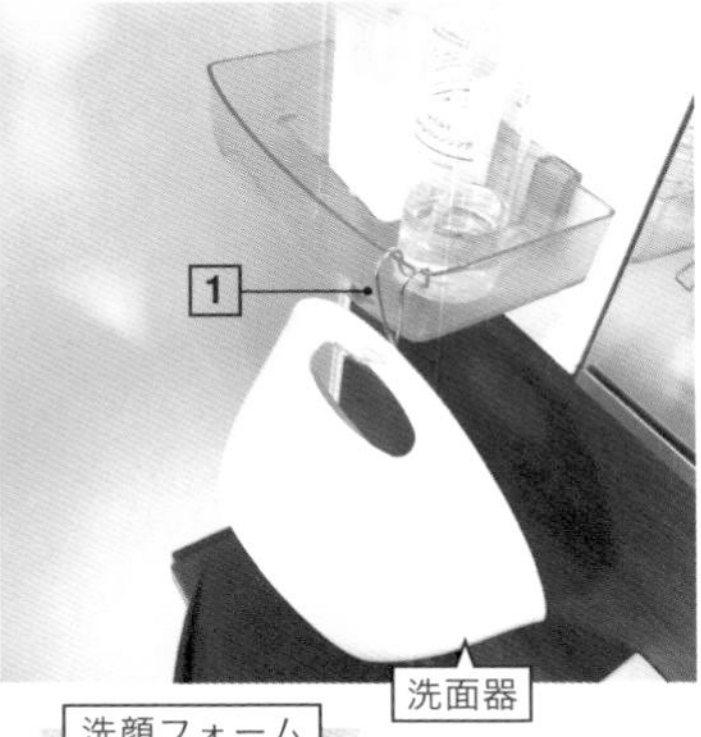

1
ステンレスひっかける
ワイヤークリップ
4個入・約幅2×
奥行5.5×高さ9.5cm
価格：490円

Category ー 片づけ&収納

急な来客時でも恥ずかしくないボックス目隠し。

パントリー内は白いイメージで統一されています。上から2段目と3段目に使っているのは無印良品のメイクボックスですが、この商品は半透明しかありません。中身が確認できるメリットがありますが、反面、来客時などには見られたくないことも……。そこで、メイクボックスの前面に目隠し用の白い紙を当てる方法を思いつきました。

まずボックス前面にぴったりサイズの白い封筒とセロハンテープを用意します（手順1）。封が開いている方を外側にして、2枚を重ねます（手順2）。そのままボックスの前面にセロハンテープで固定します（手順3）。以上。封筒を使ったのは、ボックスの角部分に封をする部分が目隠しになるようにするためです。

→mayuru.homeさん

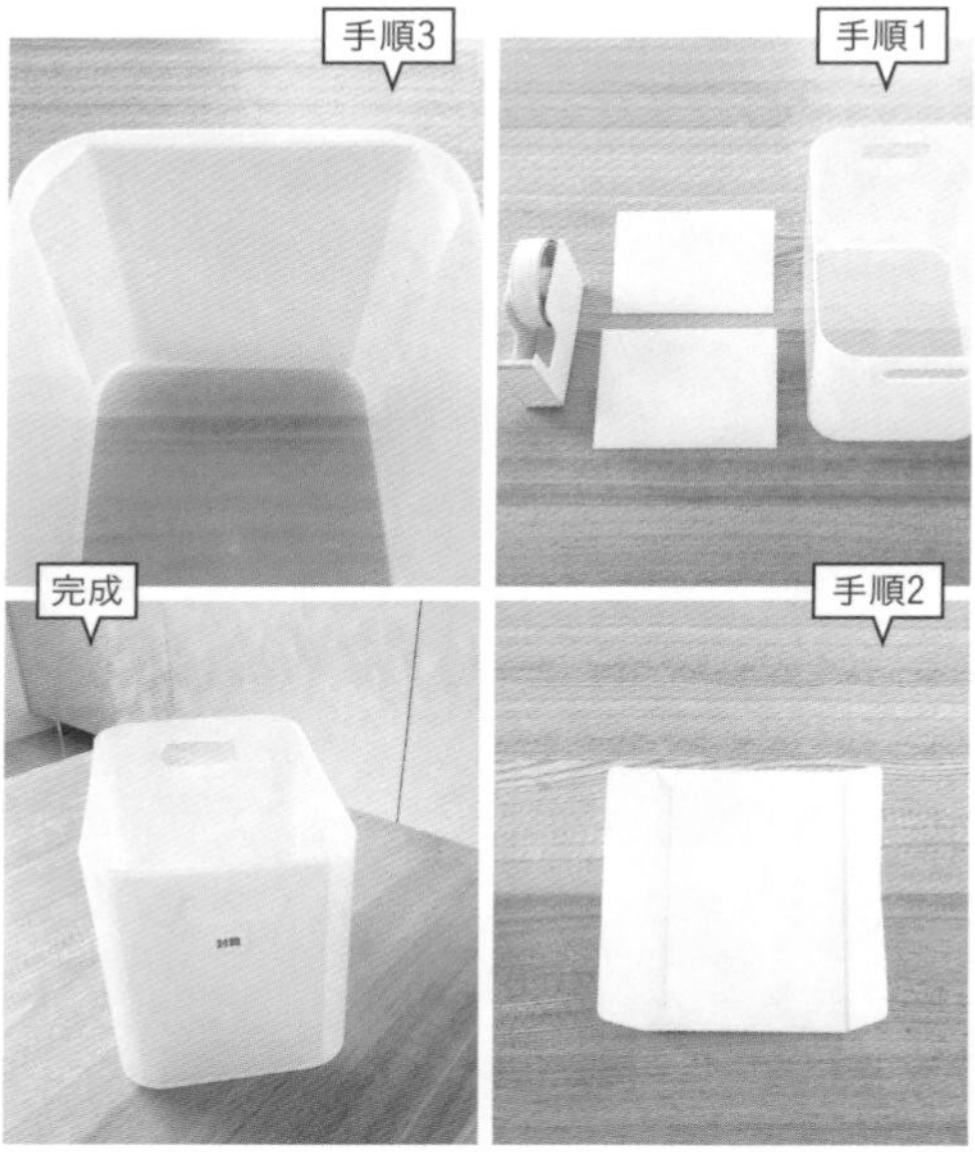

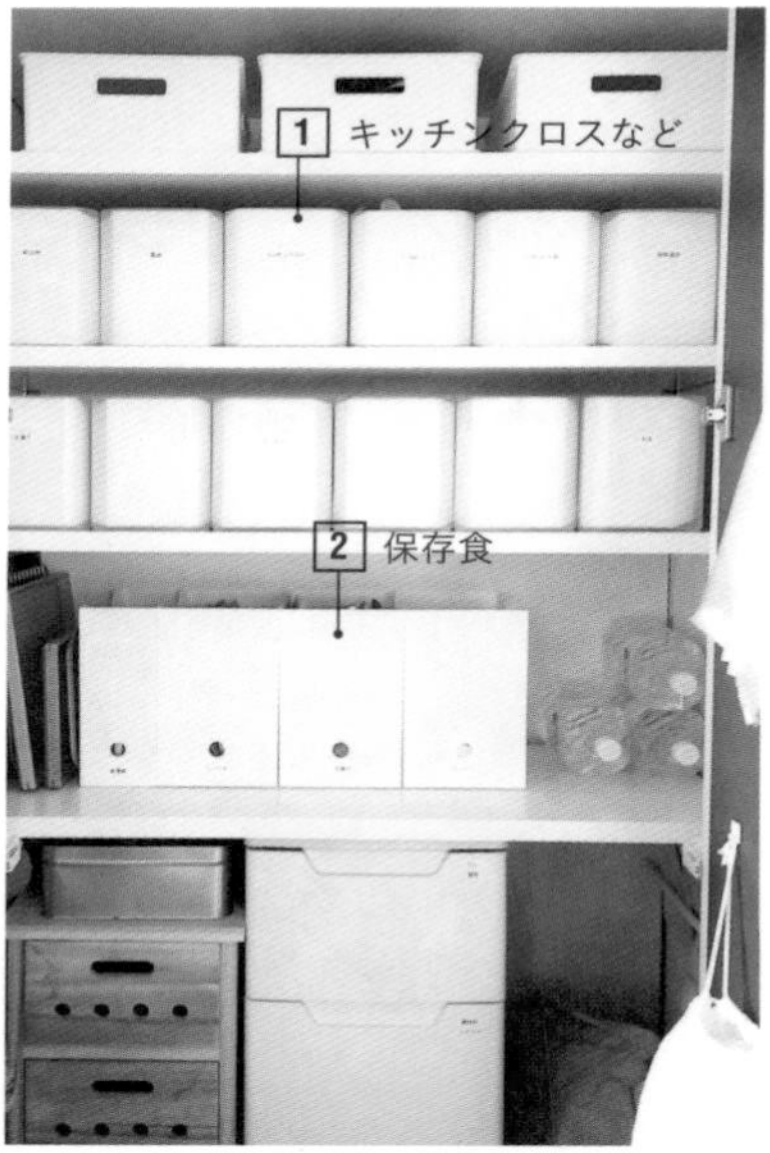

1

ポリプロピレン
メイクボックス
約幅15×奥行22
×高さ16.9cm
価格：350円

2

再生ポリプロピレン入り
ファイルボックス・
スタンダードタイプ・ワイド
ホワイトグレー
約幅15×奥行32×高さ24cm
価格：790円

非常時の備蓄は頑丈収納ボックスにまとめて。

廊下の収納なのですが、非常時の備蓄としても利用しています。奥の頑丈収納ボックスにまとめて水や食料を入れ、簡易トイレを置いています。頑丈収納ボックスは、その名の通り頑丈なので腰かけにもなるし、安心感があります。非常時には活躍を期待しています（活躍しないほうがいいのはわかっていますが）。

ほかにはソフトボックスにトイレットペーパーの備蓄や、シーズンオフのグッズが所狭しと占拠しています。もう少し詰め込み収納をなんとかしたいと思っているところです。

↓ぴょこぴょこぴさん

1 再生ポリプロピレン入り頑丈収納ボックス 大
約幅60×奥行39×高さ37cm
価格：2490円

2 ポリエステル麻・ソフトボックス・L
約幅35×奥行35×高さ32cm
価格：990円
※写真は旧仕様の商品です

大きく場所を取るバーベキュー用品も頑丈ボックスひとつあればすっぽり！

大きいモノや重いモノが多いアウトドアグッズ。わが家では頑丈ボックスに入れて土間に収納しています。これが夏のバーベキューには欠かせません。特大サイズの頑丈ボックスなら、かさばるグリルや炭がすっぽり入ります。また、紙皿や紙コップのような細々したモノも全部ひとまとめにしてこの中に。そうすると出かけるときに頑丈ボックスごと持っていけばいいだけだからとても便利なんです。もちろんフタも頑丈にできているから、アウトドアをするときには椅子代わりにするのもオススメ！

↓Aさん

再生ポリプロピレン入り頑丈収納ボックス 特大
約幅78×奥行39×高さ37cm
価格：3490円

毎日使うバッグは椅子の横にさりげなくひっ掛ける。

毎日使うバッグは使いたいときにすぐ取れるように、椅子横に壁に付けられる家具を設置して、そこに下げています。帰宅後、このフックに掛ければ収納が完了します。

壁などのデッドスペースを有効活用できて、これひとつあるだけで収納場所に困りません。好きな高さに取り付けることができ、自由度が高いところもお気に入りポイントです。専用フック1個で取り付けができるので、気軽に収納を増やすことができます。

↓sachiさん

壁に付けられる家具
フック・オーク材
幅4×奥行6×高さ8cm
価格：990円

家族全員が使う文房具は整理トレーですっきり収納。

数が多い家族共有の文房具は、今まで引き出しにごちゃごちゃとしまっていました。だけどそれだとどこに何があるかわかりづらく、悩みの種に。そこで収納を見直すために購入したのが無印良品のポリプロピレンデスク内整理トレー。引き出し式のポリプロピレンケースにセットしたら、見た目がかなりすっきりしました！　ぱっと見てどこに何が入っているかわかりやすいし、家族全員が在庫を把握できるから、余分にモノを買ってしまうなんてこともなくなりそうです。

↓ユキコさん

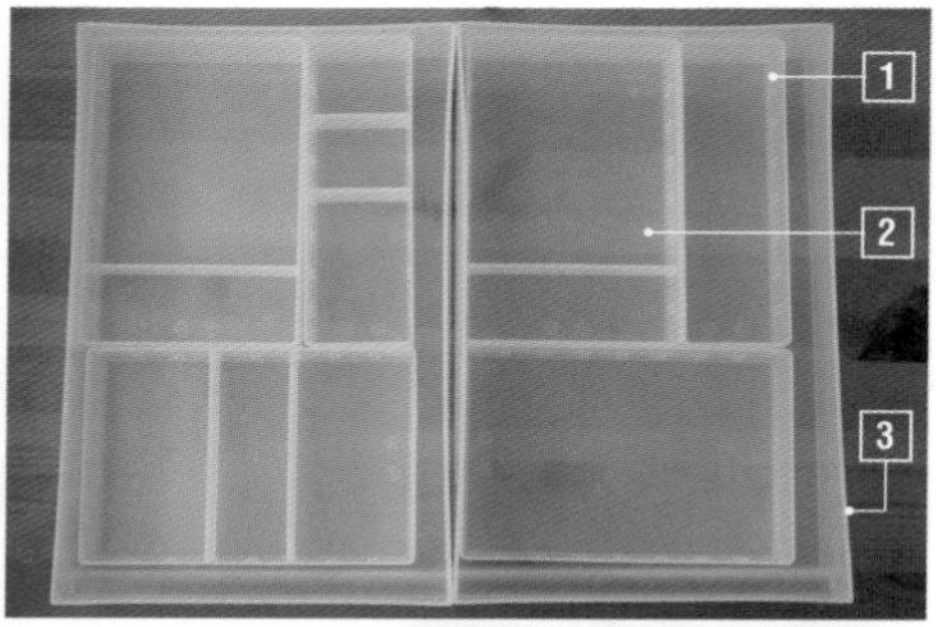

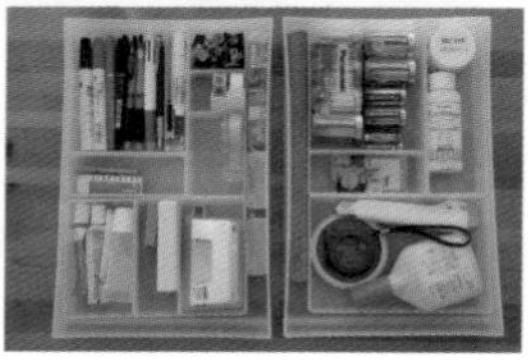

1
ポリプロピレン
デスク内整理
トレー3
約6.7×20×4cm
価格：190円

2
ポリプロピレンデスク
内整理トレー4
約13.4×20×4cm
価格：250円

3
ポリプロピレンケース
引出式・薄型・2段
約幅26×奥行37×高さ16.5cm
価格：1690円

無印良品の温湿度計なら広い角度から見やすい！

寝室には、無印良品のデジタル温湿度計を置いています。液晶画面が大きいためどの角度からでも、湿度と温度が確認しやすく助かっています。

デザインもシンプルで、大きさもコンパクトなので置き場所を選ばないところも気に入っています。私は、無印良品の壁に付けられる家具棚を取り付けて、その上に置くようにしています。気になったときに簡単に温度や湿度が確認できる生活のマストアイテムです。

↓Minaさん

1
デジタル温湿度計
ホワイト／
型番：MJ-DTHW1
価格：2990円

2
壁に付けられる家具棚
オーク材突板
30cm
価格：2290円

開閉しやすくて取り出しやすさも抜群！

ウェットティッシュのデザインがインテリアに合わないと悩んでいたとき出会ったのが、ポリプロピレンウェットシートケースです。開閉しやすく、取り出し口が大き目にできているのも気に入っています。

↓littlekokomujiさん

ポリプロピレンウェット
シートケース
約幅19×奥行12×高さ7cm
価格：690円

メイク道具に調味料に……と利用範囲がとにかく広い♪

無印良品のめがねケースは、シンプルでプチプライス！スタンド式で置き場所をとらず、すっきり収納できます。メガネのほかメイク道具を入れたりと利用範囲が広いのに驚き。

↓yk.apariさん

ポリプロピレンめがね・小物
ケース スタンド式・大
約縦4.4×横7×高さ16cm
価格：250円

小物をすぐに探せる機能的な整理ボックス。

無印良品の整理ボックス・4はサイズ感がバツグンなんです。わが家では靴箱の中を整理するのに重宝しています。

シューズボックスへ入れておきたいモノ……。これが意外とたくさんあるんですよね。靴のメンテナンス用品や折りたたみ傘、防水スプレー、靴ひもなど。今までは、大きめの木製ボックスに入れていたんですが、中の整理が大変でした。ところが、細長い整理ボックスに入れると「手前」と「奥」に自然にモノが分けられます。これで、見通しがよくなり、中のモノの整理に時間をかけなくていい、というのが嬉しい。必要なモノがすぐに出せるって重要ですよね。

→ayakoteramotoさん

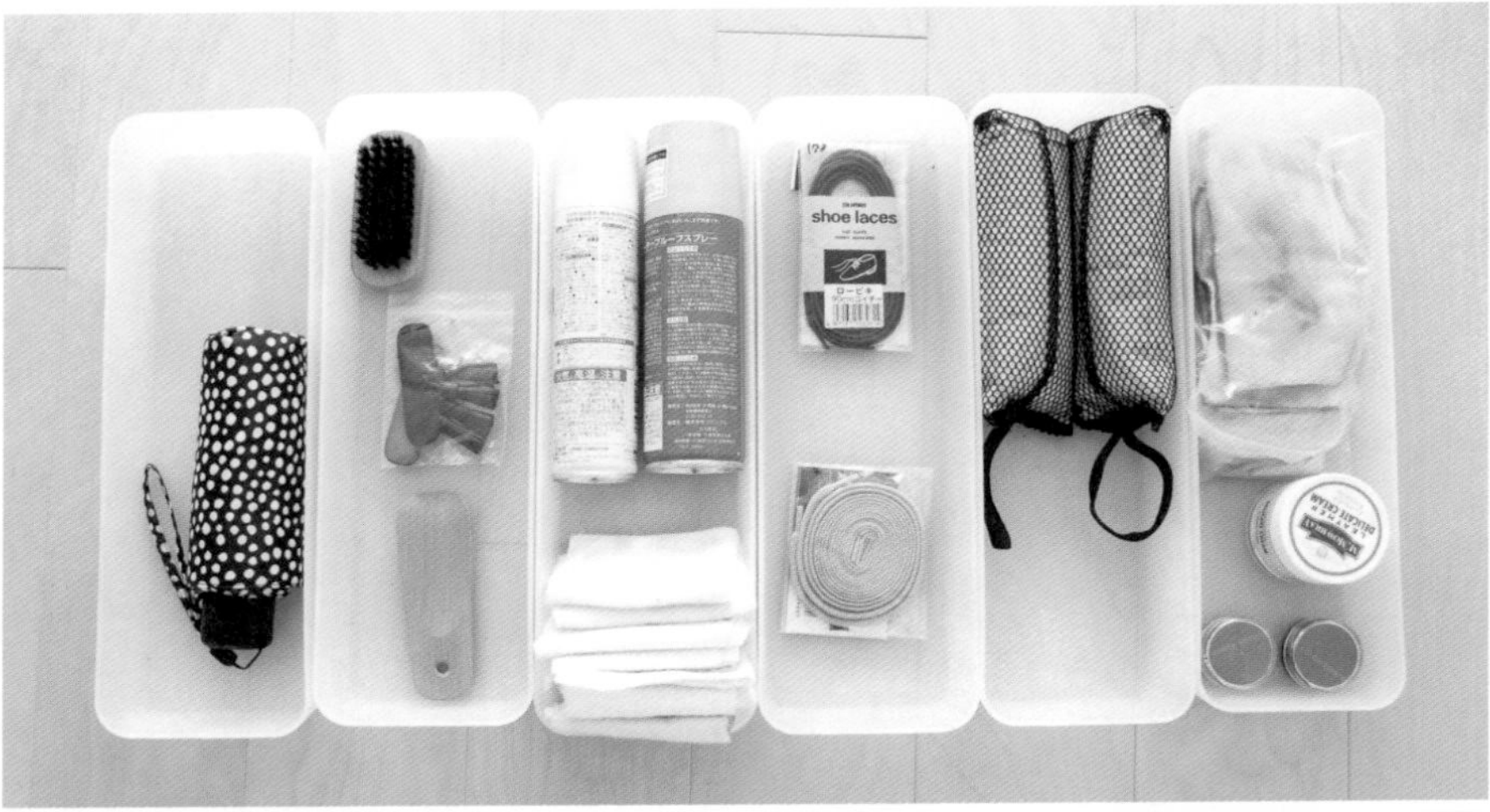

ポリプロピレン整理ボックス4
約幅11.5×奥行34×高さ5㎝
価格：220円

4種類のクリアケースでコンパクトに持ち歩き収納。

外出時や旅行のときに小物の持ち運びには苦労するもの。小さなポーチにまとめて入れると探しにくいし、かといってカバンにそのまま放り込むわけにもいかない。

私が愛用しているのが、無印良品のクリアケース。サイズは4種類あって大サイズだけがマチ付き。そのため大サイズはかなりの収納力があり、文房具やメイク道具などを入れて使っています。小サイズはアクセサリー入れ、ミニサイズはトレーニング中の小銭入れとして利用しています。もっといろんな使い方ができそうで、ワクワクしています。→DAHLIA★さん

文房具などの持ち歩きに便利

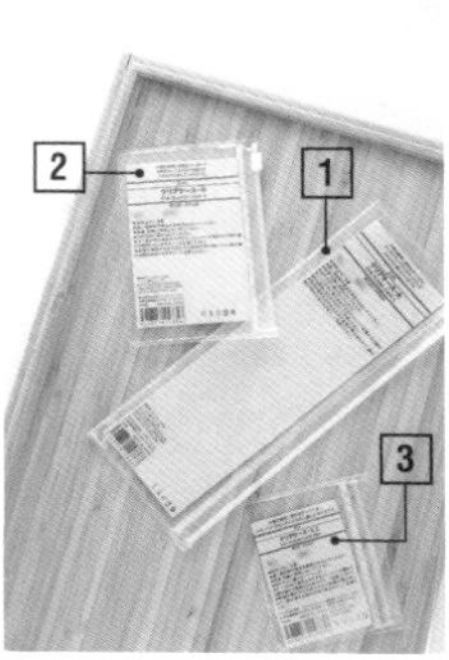

1 EVAクリアケース・大
約220×85mm
価格：150円

2 EVAクリアケース・小
約120×85mm
価格：100円

3 EVAクリアケース・ミニ
約85×73mm
価格：90円

出かけるときにサッと！これさえあれば準備もラクに。

子どもを病院に連れていくときに大活躍するのがファスナー付きのEVAケース。中には保険証、診察券、お薬などを入れています。これだけでOKなので、準備時間の短縮につながりました。
→shiroiro.homeさん

EVAケース・ファスナー付　B6
価格：120円

細かいカード類もすぐ取り出せる優秀なポケットシール！

サイズの大きいモノと一緒にしまうと埋もれてしまいがちなカード類。ポケットシールを使ってからはそんな悩みがなくなりました。カードが独立していると、すぐに取り出せてとても便利！
→shiroiro.homeさん

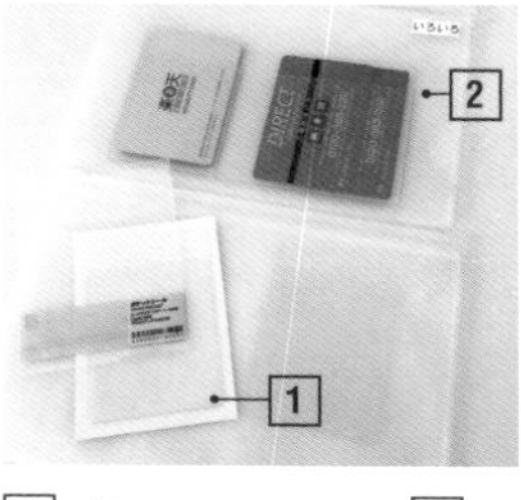

1 ポケットシール
カードサイズ
1ポケット×2枚組
価格：120円

2 ポケットシール
ハガキサイズ 1枚
価格：150円

毎日使うお金や家計ノートはファイルボックスで一元化！

ファイルボックス・スタンダードタイプを使って、〝家計やりくりセット〟を作っています。サイズは、ノートや電卓、ファイルなどがすっぽり隠れるのに高すぎず、出し入れしやすい½。

食費＋日用品（やりくり費）などのお金と、ノート、ふせん、文房具、電卓、コインケースなどを入れ、お金はここから出し入れします。引き出しにしまうといちいち個別に取り出さないといけませんが、ファイルボックスに入れておけば、ボックスごと持ち運べるので好きな場所で管理できるんです。

↓ユキコさん

たっぷり入る

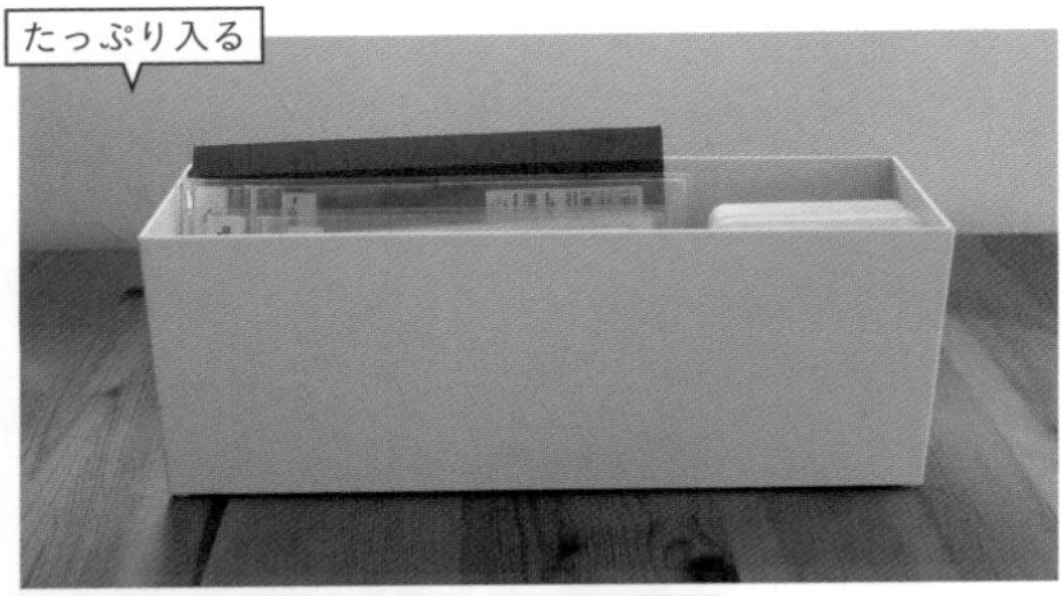

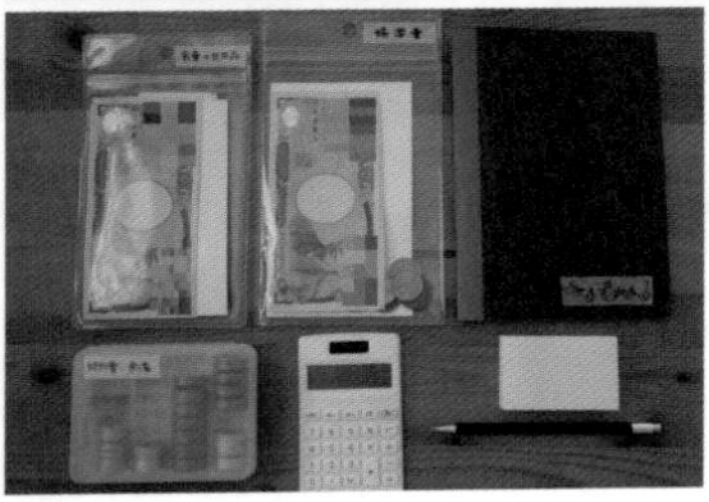

再生ポリプロピレン入りファイルボックス・スタンダードタイプ・½・ホワイトグレー
約幅10×奥行32×高さ12cm
価格：390円

１円玉から５００円玉までぴったり収まるジャストサイズ。

保育園の集金で、近所の自販機で……とひんぱんに必要になる小銭。財布の中のお金だけで対応していたときは、いざというとき「小銭がない！」ということが多々ありました。そこで導入したのが、無印良品のポリプロピレンピルケース・Sです。ピルケースですが、１円玉から５００円玉までぴったり収まるジャストサイズ。仕切りで6スペースに分かれていて、6種類の小銭がちょうど収まります。ここにあらかじめ整理し準備しておくことで、必要なとき慌てることがなくなりました。

↓ぴよこぴよこぴさん

中身が判別しやすい

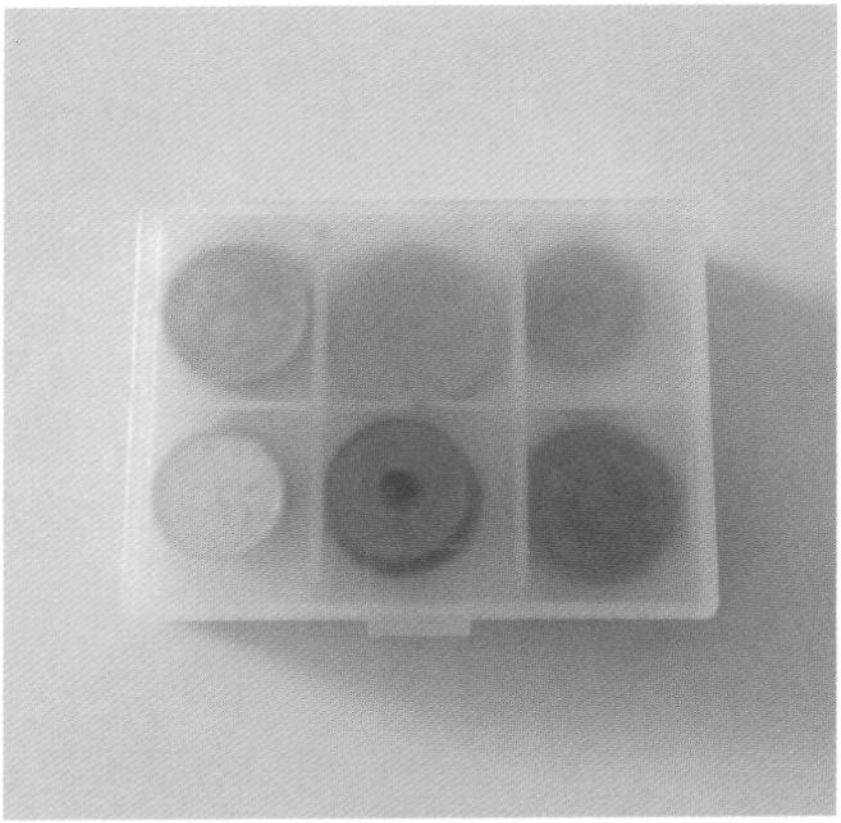

ポリプロピレンピルケース・S
8.5×6.6×2cm
価格：190円

たくさんの防災アイテムは頑丈ボックスにIN！

いざというときの防災アイテムは頑丈収納ボックスを使って収納しています。容量がたっぷりなので、食材はもちろん、トイレットペーパーや携帯トイレなどたくさん入れてもすっきりと収納することができます。また簡易的な腰掛けとして使うことができるのも便利。デザインもシンプルで圧迫感がないので、スペースが少ない玄関に置いておいても違和感がありません。↓Hさん

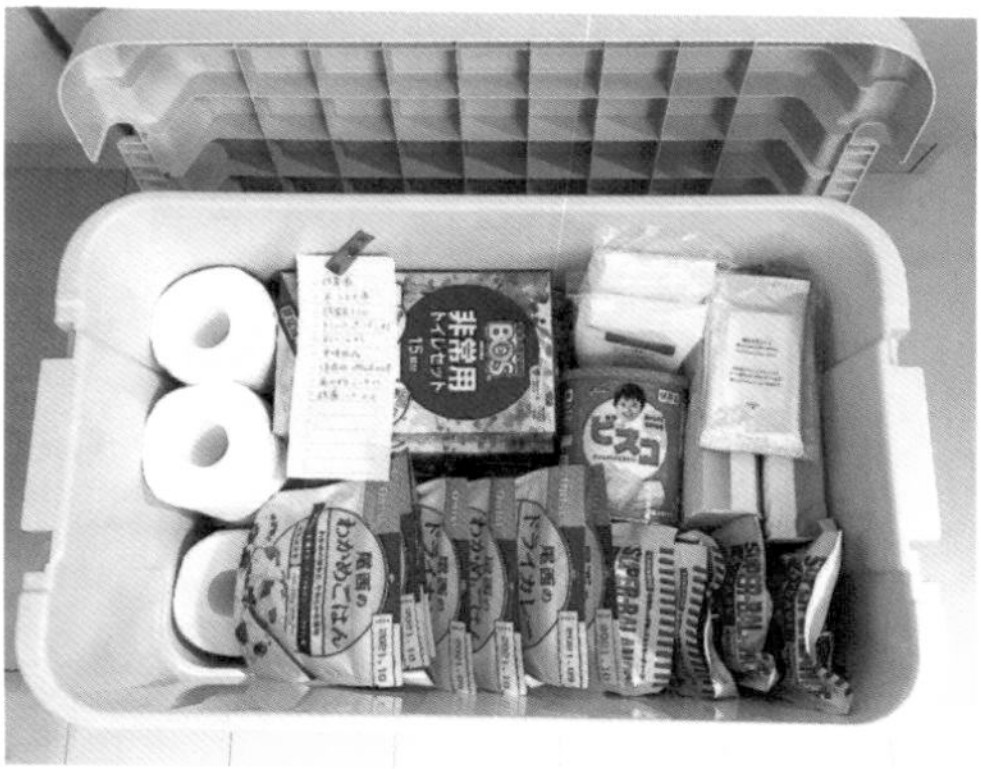

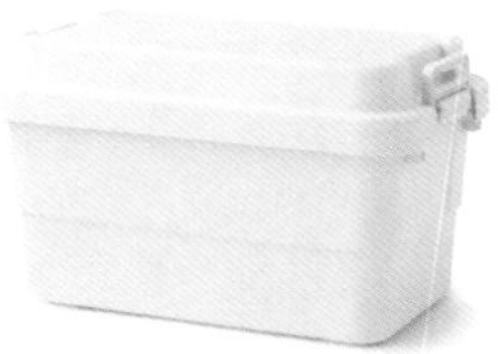

再生ポリプロピレン入り
頑丈収納ボックス 大
約幅60×奥行39×高さ37cm
価格：2490円

ファスナー付きケースならサッとカバンに入れるだけ！

子どもの保育園の持ち物整理に活用しているのがEVAケース・ファスナー付です。汚れや水に強く、保育園の持ち物準備のときにサッとカバンにしまうだけ。収納場所をこの中に決めておけば、慌てる心配もありません。また、自宅のいたるところに設置しているのがLED懐中電灯。半透明のシェードが使われていてとてもシンプル。部屋のインテリアの雰囲気を壊さない部分が気に入っています。しかも電池1本でOKと使い勝手も抜群！ ただ置くだけでもオブジェのようです。↓ぴょこぴょこぴさん

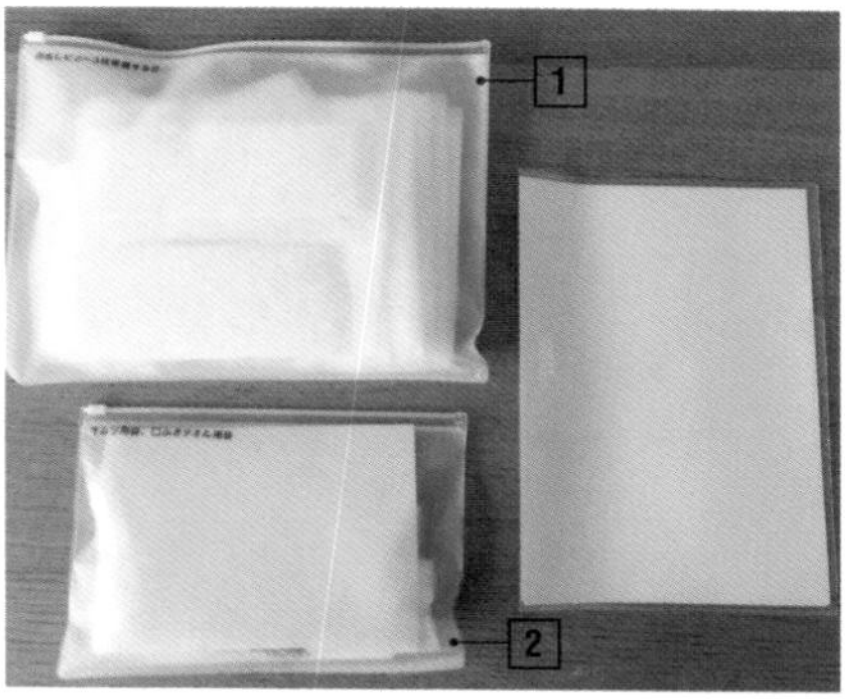

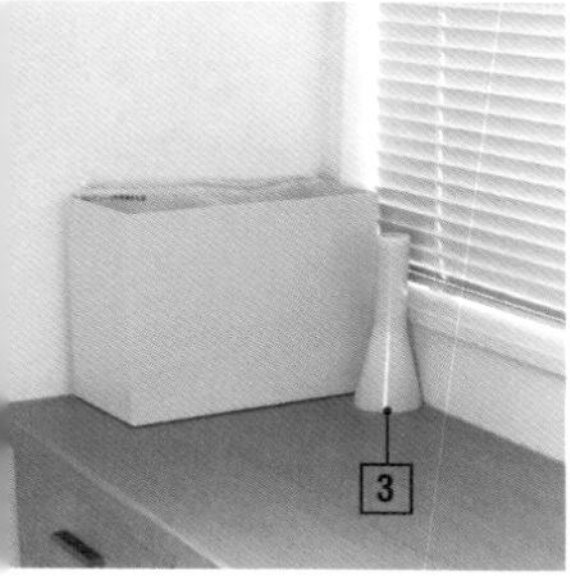

1 EVAケース・ファスナー付 A5
価格：120円

2 EVAケース・ファスナー付 B6
価格：120円

3 LED懐中電灯・大
型番：MJ-TBL63
価格：2990円

家族全員分の防災グッズは頑丈ボックスならすっきり。

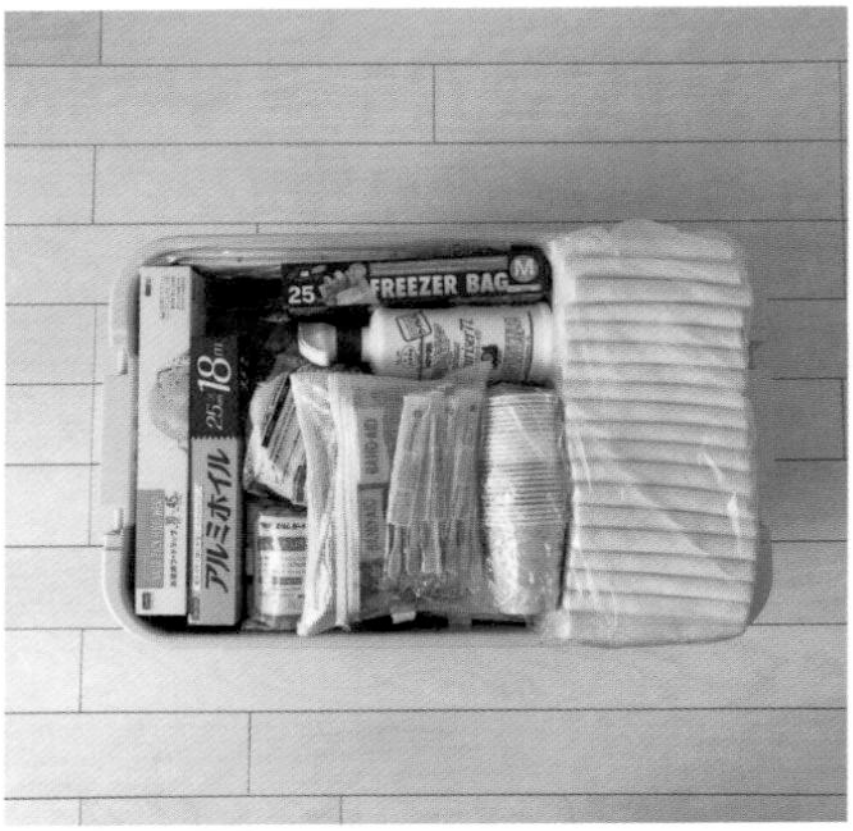

地震や台風、洪水などいつくるかわからない災害に備えて、わが家では防災グッズを常備しています。家族分と考えるとそれだけ数は増えますが、無印良品の頑丈ボックスはその名のとおり丈夫でさらに大容量。水や紙類、防寒具などたくさんのモノを入れることができました。

再生ポリプロピレン入り
頑丈収納ボックス 大
約幅60×奥行39×
高さ37cm
価格：2490円

持ち出すときは運びやすいように台車に載せて。

いざというとき、あれもこれも持っていかなきゃと考えていると、きっと何もできなくなります。そんなときのために、この頑丈ボックスは防災グッズの収納にぴったり。

→ta__kurashiさん

天然素材のバスケットに掃除用具をすっきり納める♪

わが家では、パソコン周辺機器を入れた棚に掃除用品を収納しています。本来であれば掃除棚に入れるはずのものですが、息子がフローリングモップやホウキのポールで遊び危険なので、ベビーゲートの近くにある棚に入れているんです。

そんな、パソコン棚とミスマッチなアイテム収納も、ラタンの枠と竹のフレームに、ブリ材を手編みした重なるブリ材長方形バスケットに入れれば中身を隠せるためインテリアの雰囲気を損なわず見せられます。いちいち遠い掃除用の棚まで行かなくてもスムーズに取り出せるため、掃除の時短にもつながりました。

→ともあさん

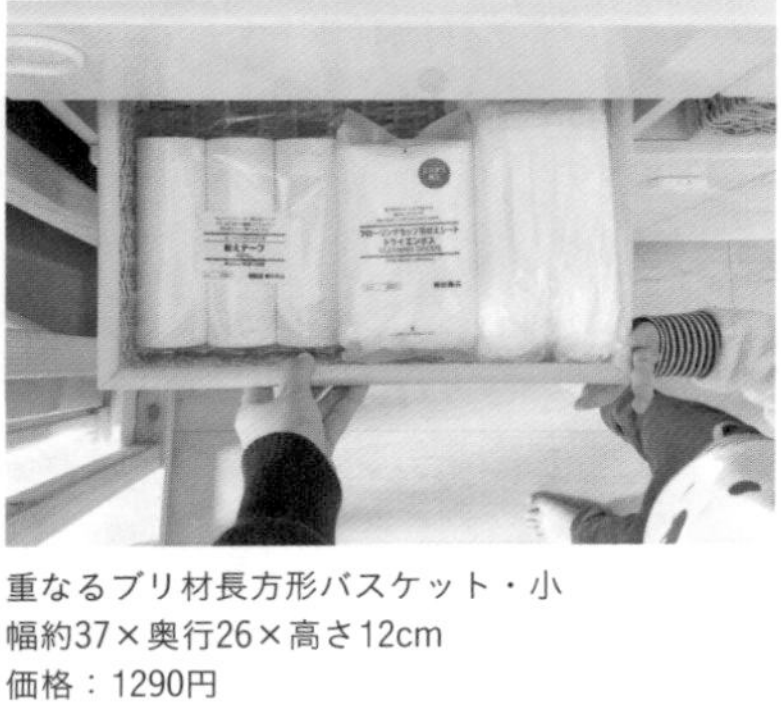

重なるブリ材長方形バスケット・小
幅約37×奥行26×高さ12cm
価格：1290円

引っ掛けるだけの収納でアクションも見た目も完璧！

収納をするときは見た目より使いやすさを重視しています。……だけどやっぱり見た目もすっきりできるならそれに越したことはないですよね。

毎日使うティッシュやメモ帳、クリップなどの文房具、私はこれらを無印良品のマグネットバーとファイルボックス用ポケットにしまっています。それまで文房具などは筆箱に入れてさらに引き出しに収納していましたが、引っ掛けることで1〜2アクションを減らすことに成功！ これでワンアクション収納ができました。 →yk.apariさん

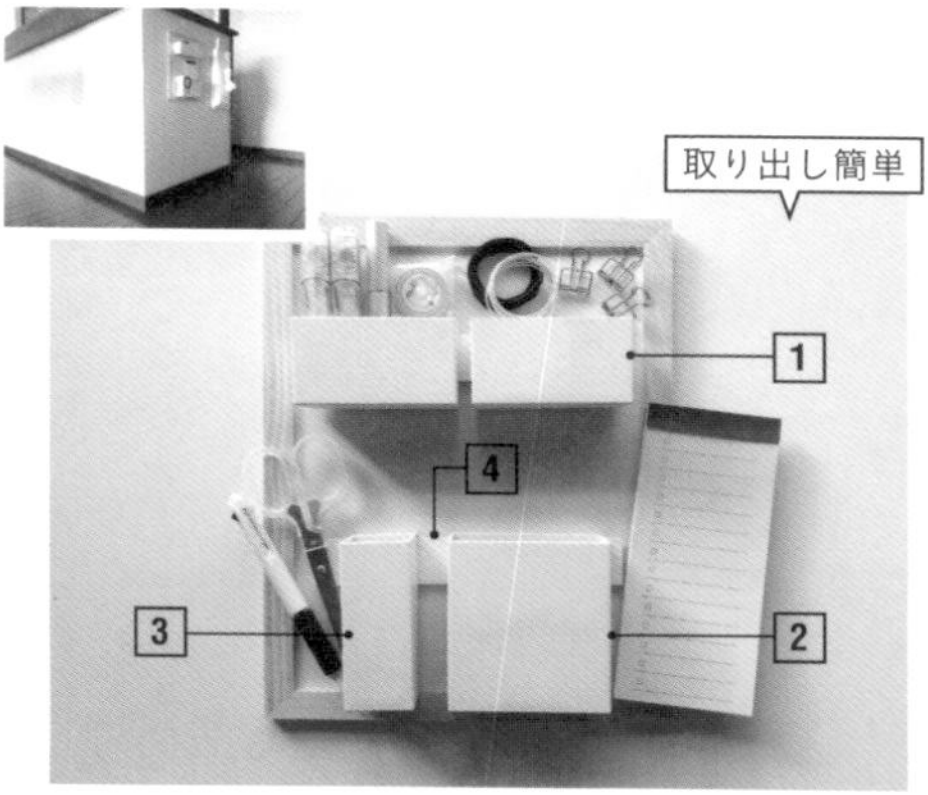

1 ポリプロピレンファイルボックス用・仕切付ポケット
約幅9×奥行4×高さ5cm　価格：150円

2 ポリプロピレンファイルボックス用・ポケット
約幅9×奥行4×高さ10cm　価格：190円

3 ポリプロピレンファイルボックス用・ペンポケット
約幅4×奥行4×高さ10cm　価格：150円

4 マグネットバー
約幅19×奥行0.4×高さ3cm　価格：190円

作業効率を考えるなら隠す収納より見せる収納を。

段ボールや新聞紙などを捨てるまで、まとめて縛って玄関に置いています。工具類も一緒に見えない場所にしまっていたけれど、取り出すときの大変さといったらありません。奥に隠すだけがキレイな収納方法じゃないと気づき、見せる収納方法を学びました。無印良品のステンレスバスケットは中に何が入っているかわかりやすく、取っ手がついているのですぐに道具を取り出すことができます。バスケットは2つ用意し、1つは資源をまとめるためのガムテープやビニールひも、もう1つは靴の掃除セットを入れました。これだけでも作業がしやすくなります！

↓ちいさなおうちさん

ステンレスワイヤーバスケット1
約幅26×奥行18×高さ18cm
価格：1290円

ファイルボックスは中身が見えず即席ゴミ箱としても活躍!

次女がまだ1歳だった頃、興味からゴミ箱の中身を漁ったり、口の中に入れようとしてしまう時期がありました。危険なのでどうしたものかと思っていたときにとった対応策は、ゴミ箱をカウンター上に移動することでしたが、ゴミ箱の存在感が……。そこでファイルボックスをゴミ箱代わりに採用。丸い穴が空いていますが、ゴミが漏れるほどの大きさではないため問題ナシ。ゴミ箱には見えないので見た目に抵抗もなく、娘の手が届く心配もなくなりました。

↓ぴょこぴょこぴさん

再生ポリプロピレン入りファイルボックス・スタンダードタイプ・ワイド
ホワイトグレー
約幅15×奥行32×高さ24cm
価格:790円

フチありトレーなら安心して置いておける。

家具の素材としても知られるオーク材を使用した角型トレー。キレイな木目のデザインはどんな食器もよく映えます。底も深く、フチがあるため子どもが飲みものをこぼしてしまっても安心。用途によってサイズを選べるので配膳用と敷物用を揃えてもいいかもしれません。

↓Yさん

木製 角型トレー
約幅35×奥行26×高さ2cm
価格:1990円

サーキュレーターの収納にピッタリ！やわらかケース。

収納用品はなるべく増やさないように生活をしていますが、使いやすさがあって気持ちよく過ごせるなら……そう思って購入した深型のやわらかポリエチレンケース。たまたまサーキュレーターを片づけていたときに入れてみたらなんとぴったり！ ほかの使い道のために購入したモノでしたが、まさかのうれしい発見でした。それまではビニール袋に入れて押し入れへ収納していたけれど、見た目もキレイになるこの収納方法がオススメです。平台車に乗せて部屋の隅に置けば、シンプルな部屋の雰囲気も損ないません。
→yk.apariさん

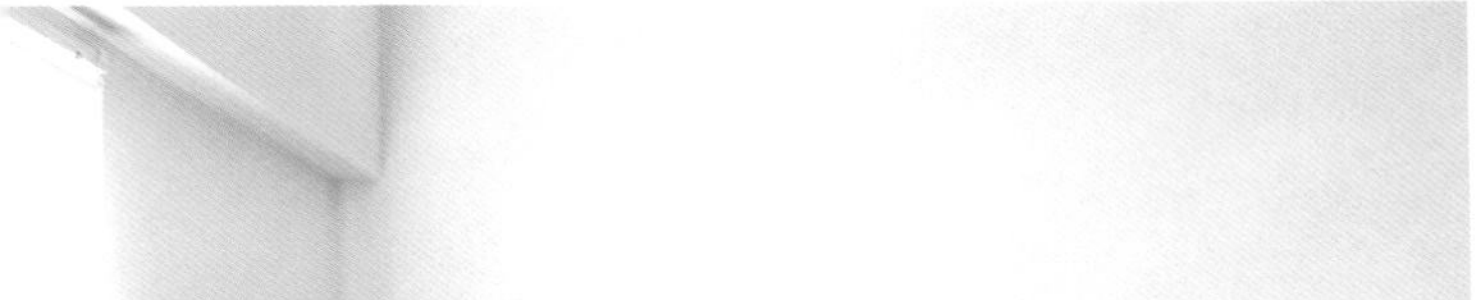

1

やわらか
ポリエチレンケース・大
約幅25.5×奥行36×
高さ24cm
価格：890円

2

縦にも横にも連結できる
ポリプロピレン平台車
約幅27.5×奥行41×
高さ7.5cm
価格：1990円

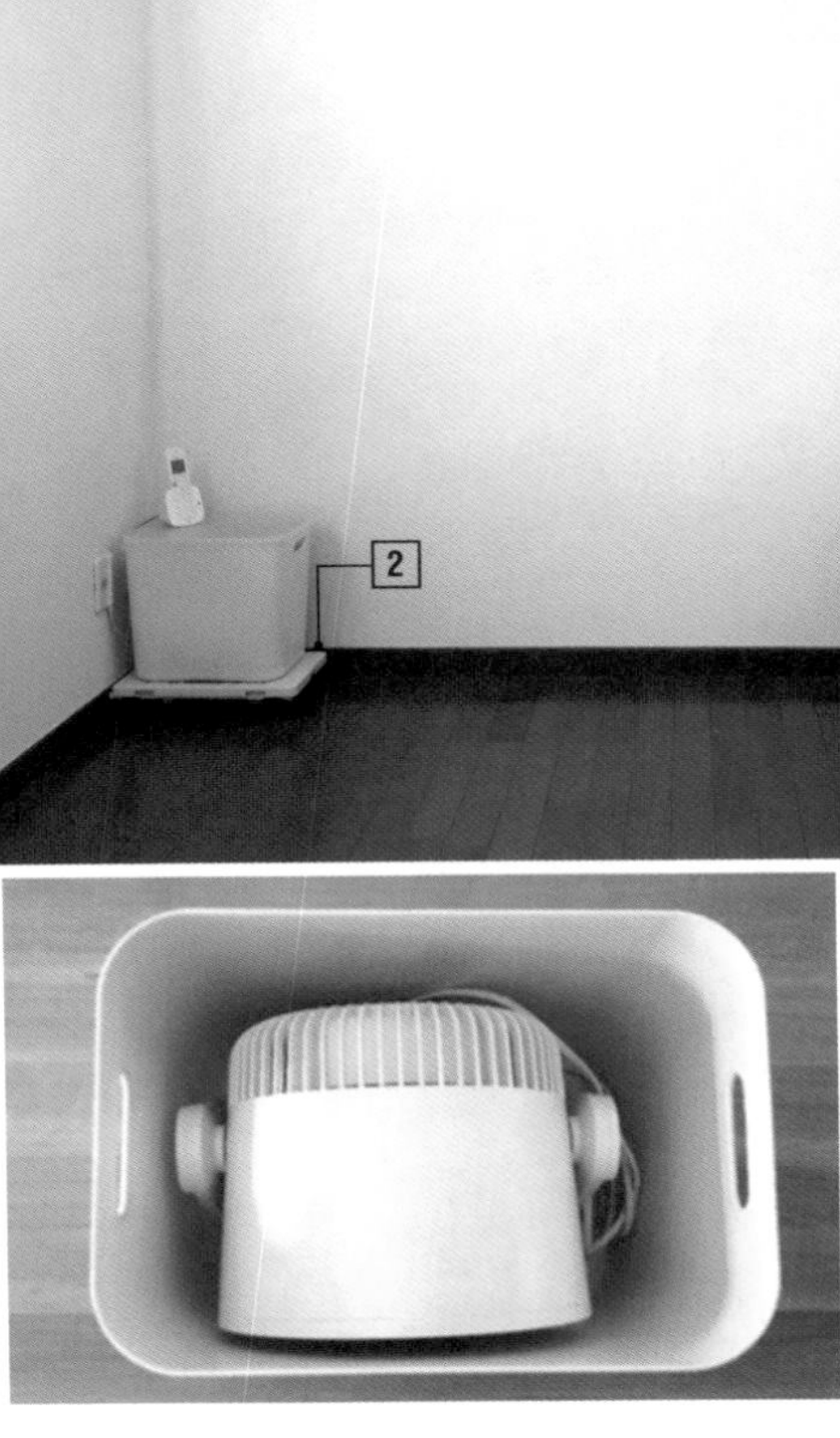

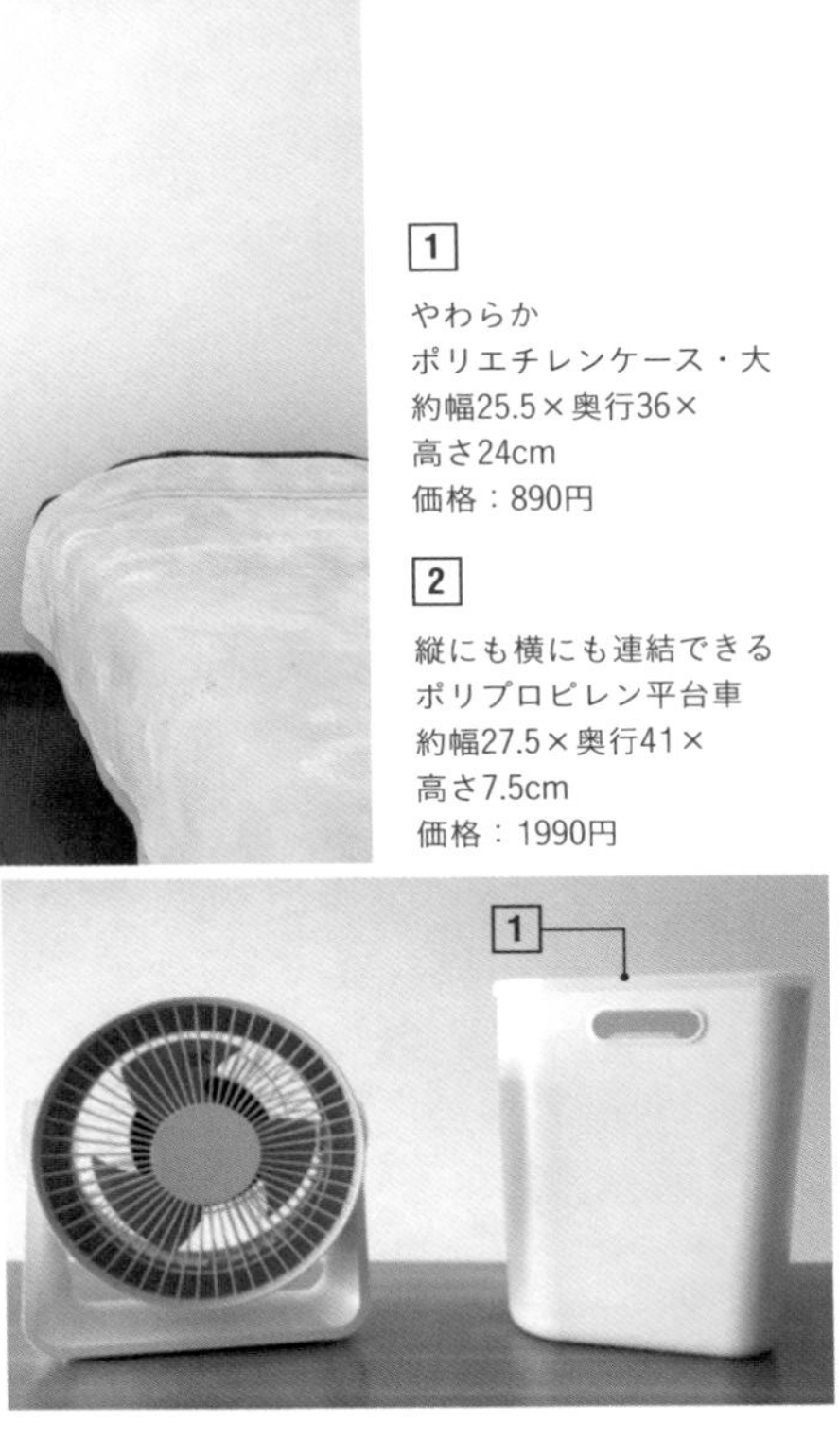

仕組みをつくれば子どもが自分で片づけ。

子ども部屋のキレイをキープするコツは、モノの定位置を作ってあげることです。たとえば、床やベッドに置きっぱなしにしがちなカバンは、ワイヤーバスケットを部屋の出入り口付近に設置してあげることでポンと置くだけで片づけが完了します。

また引き出しの中で散らかりがちなペンやテープなどの文房具は、仕切り板を活用して種類ごと区画を仕切れば、使いやすさも見た目も完璧の収納に。

無印良品のアイテムを活用すれば、子どもがスムーズに片づけやすい仕組みを簡単につくることができます。

↓ littlekokomujiさん

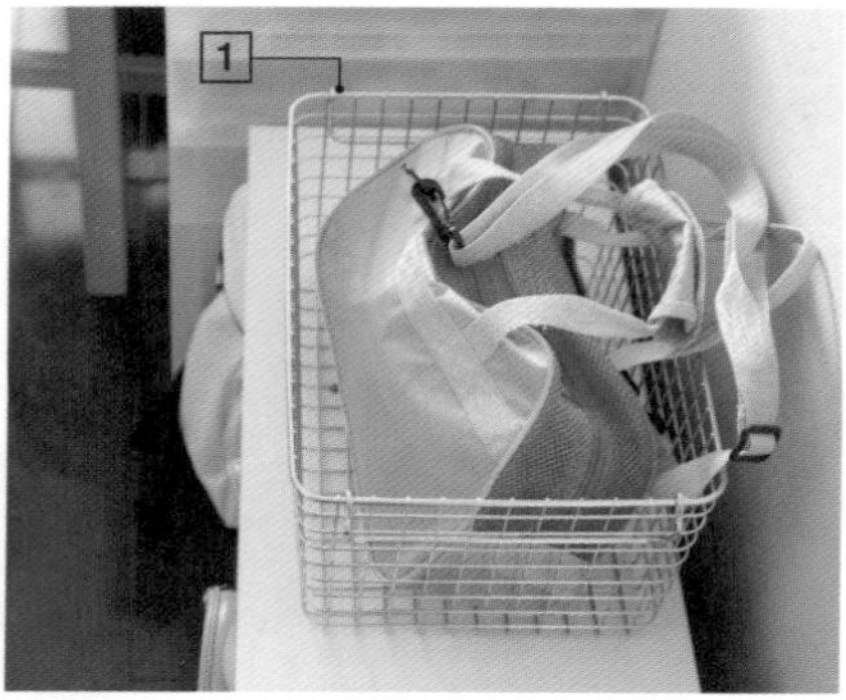

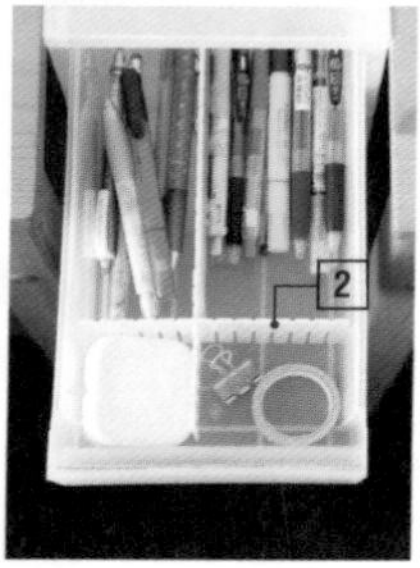

1 ステンレスワイヤーバスケット4
約幅37×奥行26×高さ18cm
価格：1990円

2 ポリスチレン仕切板・大・4枚入り
約幅65.5×奥行0.2×高さ11cm
価格：790円

増え続けるブロックの収納は仕切り付きケースで使いやすく！

どんどん増えていく子どもが遊ぶブロック。私はずっと大きめのボックスにひとまとめにして収納していました。だけどそれだとどこに何があるのかわかりにくく、子どもがほしいブロックをすぐに取り出すことができなかったのです。おまけに一度出したら片づけも大変……。

そこで仕切りがついたポリプロピレンケース。ちょうどいいサイズ感で、色ごとに分けてしまっています。これなら子どもも遊びたいときにすぐ取り出せて大満足。ひとまとめにしていたときよりも、使いやすさが格段にアップしました。

↓ Aさん

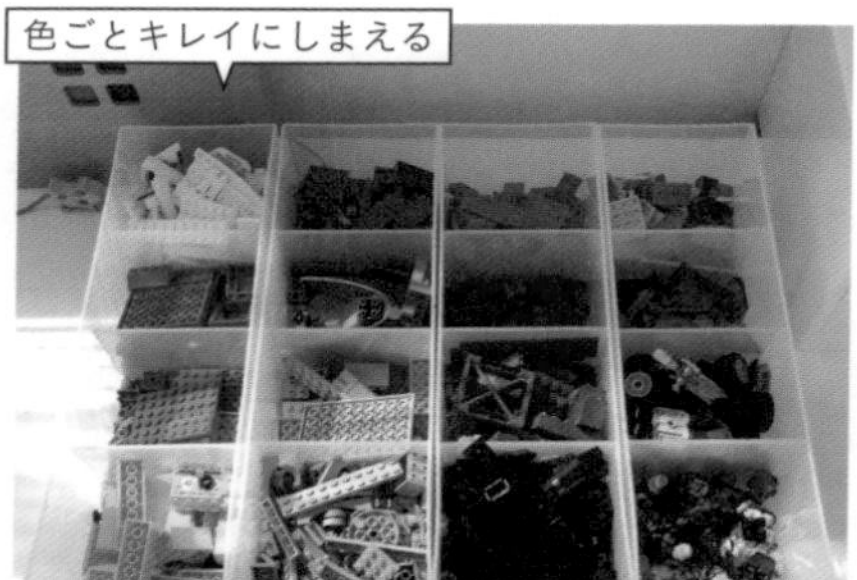

ポリプロピレンケース・引出式・浅型・2個（仕切付）
約幅26×奥行37×高さ12cm
価格：1490円

レゴは色別整理すれば楽しく子どもも一緒に片づけしてくれる。

わが家ではたくさんのカラーや種類など大量のレゴブロックはひとまとめにせず、色別に収納しています。

無印良品のスチールユニットシェルフやポリプロピレンケースを組み合わせれば便利なブロック収納のできあがり。あとは、色ごとに引き出しを分けてあげれば、遊ぶときはお目当てのブロックを見つけやすく、なおかつ子どもも自主的に片づけやすくなります。

なかなか片づけをしない子どもに片づけの習慣を身に付けさせたいのであれば、楽しくできる仕組みを作ってあげるのがベストです。→sachiさん

ポリプロピレンケース
引出式・薄型・2段
約幅26×奥37×高16.5cm
価格：1690円

スチールユニットシェルフ・
追加用帆立・小・グレー
高さ83cmタイプ用
価格：2190円
※写真はさらにパーツを組み合わせて使用しています

スチールユニットシェルフ・木製
追加棚・グレー 幅56cmタイプ用
奥行41cmタイプ
価格：2790円
※写真はさらにパーツを組み合わせて使用しています

絵本の収納にはボックスやバスケットを使用。

わが家では寝室の一角に絵本の収納スペースを作っています。絵本の専用棚を購入しようか迷っていましたが、ほかの収納にも代用できる無印良品のファイルボックスやステンレスワイヤーバスケットにしました。仕切り版を使いながらしまえば、背の高い絵本もキレイに収納できるし、身長の低い子どもたちでも自分で出して片づけられるのがポイントです。子どもの年齢によって絵本の数は変わってくるので、絵本専用の収納を買うのではなく、なるべく何にでも使えるグッズを選ぶようにしています。子ども部屋、リビング、キッチンなどいろいろな場所で使えて汎用性が高いのも、無印良品の魅力のひとつです！

↓ぴよこぴよこぴさん

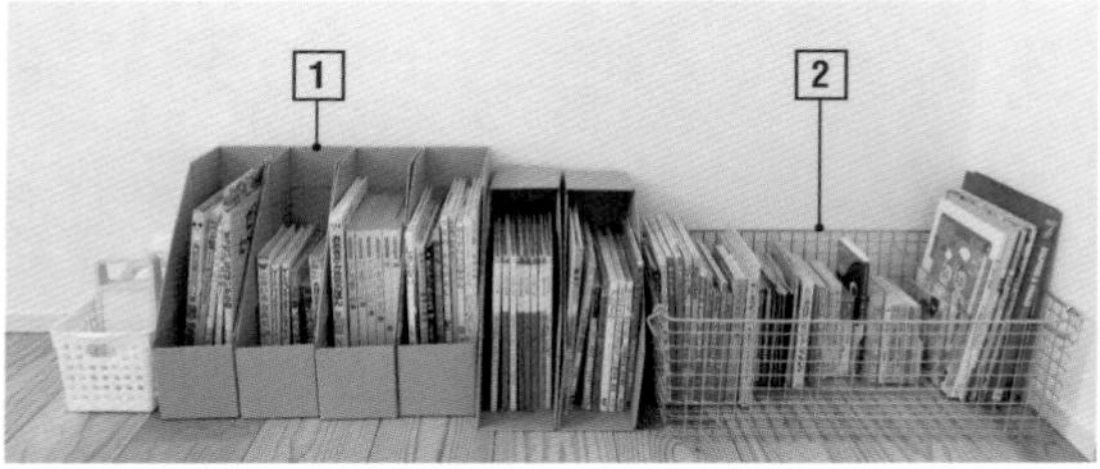

1 ワンタッチで組み立てられるダンボール
スタンドファイルボックス・5枚組　A4用
価格：890円

2 ステンレスワイヤーバスケット6
約幅51×奥行37×高さ18cm
価格：2990円

大きめサイズも一気に収納できる合わせ技。

増え続ける人形をどうにかうまく収納したいといろいろと考えて悩んで、たどり着いたのが、ファイルボックス・ワイドとキャリーボックスの合わせ技。

実はファイルボックスとキャリーボックスは重ねて収納することができるのです。下には、仕切りがないので、ドールハウスなどの大きめパーツを収納。上には、細かい仕切りがあって人形や小物などが収納しやすいキャリーボックスを重ねるようにしています。

ほかのおもちゃの収納のときにもこのキャリーボックスは大活躍で、子どもに合っていたんだと思います。↓nikaさん

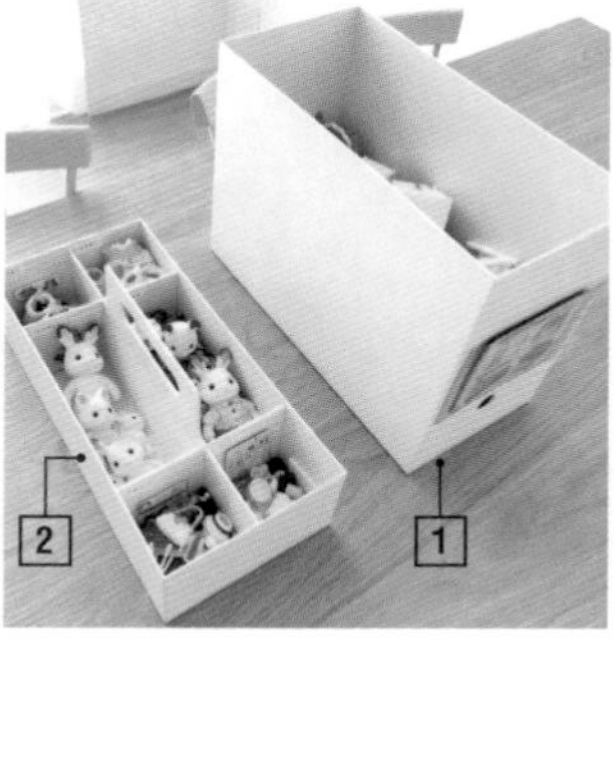

1 再生ポリプロピレン入り
ファイルボックス・
スタンダードタイプ・
ワイド・ホワイトグレー
約幅15×奥行32×高さ24cm
価格：790円

2 ポリプロピレン
収納キャリーボックス・
ワイド・ホワイトグレー
約幅15×奥行32×高さ8cm
（持ち手も含む高さ13cm）
価格：1090円

軽くて取り出しやすいケースだから自分で片づけられるおもちゃ箱に。

ブロックのような細々したものがどうしても多くなってしまう息子のおもちゃ類。収納方法に困っていたけど、無印良品でやわらかポリエチレンケースを見つけたとき、「これだ!」と思いました。

　中に何が入っているのかすぐにわかるよう、シンプルなアイコンをラベリングしてさらに可愛く。このケースは軽いうえに取っ手がついていて持ちやすいので、息子はケースごと持ち出して夢中になって遊んでいます。フタをすれば重ねて収納できるので場所もとりません。

　ケースを出してひととおり遊んだら、おもちゃはそのまましまって自分でしっかり片づけ。子どもが自分で片づけまでしてくれる仕組みをつくることができました。

↓ともあさん

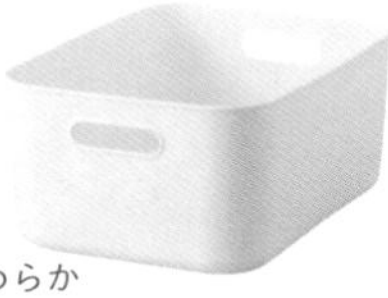

1

やわらか
ポリエチレンケース・中
約幅25.5×奥行36×高さ16cm
価格：690円

2

やわらか
ポリエチレンケース用フタ
約幅26×奥行36.5×高さ1.5cm
価格：290円

ラベリングでわかりやすく

「エコナセイカツ」マキさんに聞く

心地よく暮らす愛用品。

家族4人で暮らしているマキさんは、モノを極力「持たない暮らし」。
そんな厳選された少数精鋭の道具たちのなかに、無印良品のアイテムがありました。
暮らしや家事に役立つ、マキさんのオススメアイテムとは？

家事の合間にひといき。掃除もラクなゆるソファ。

「大型ソファがなくてもリラックスできる!」とオススメ。女性でもラクに持ち運べるくらい軽いので、すぐ移動できて掃除もラク。リビングで邪魔になりません。カバーを外して手軽に洗濯できるので、いつでもキレイを保てます。

体にフィットするソファ・本体
幅65×奥行65×高さ43cm
価格：9990円
※カバーは別売りです

カバーもまるごと洗えてラク！

「不要なモノは持たない」、「無駄な家事はやらない」。そんな暮らし方を実践しているマキさんですが、愛用品には無印良品のアイテムがたくさん！「シンプルで、買い足すことができるので、長年愛用しているモノも多いんです」とご自宅を案内してくれました。ここでは、そんなシンプルライフの達人・マキさんが、実際に「使ってよかった！」と思ったアイテムを余すことなく紹介します。

Profile

シンプルライフ研究家。東京都在住。大人気ブログ「エコナセイカツ」で、時短や節約のテクニックを紹介。『しない家事』（すばる舎）、『持たない暮らしの愛用品』（宝島社）、『しない料理』（扶桑社）など著書多数。

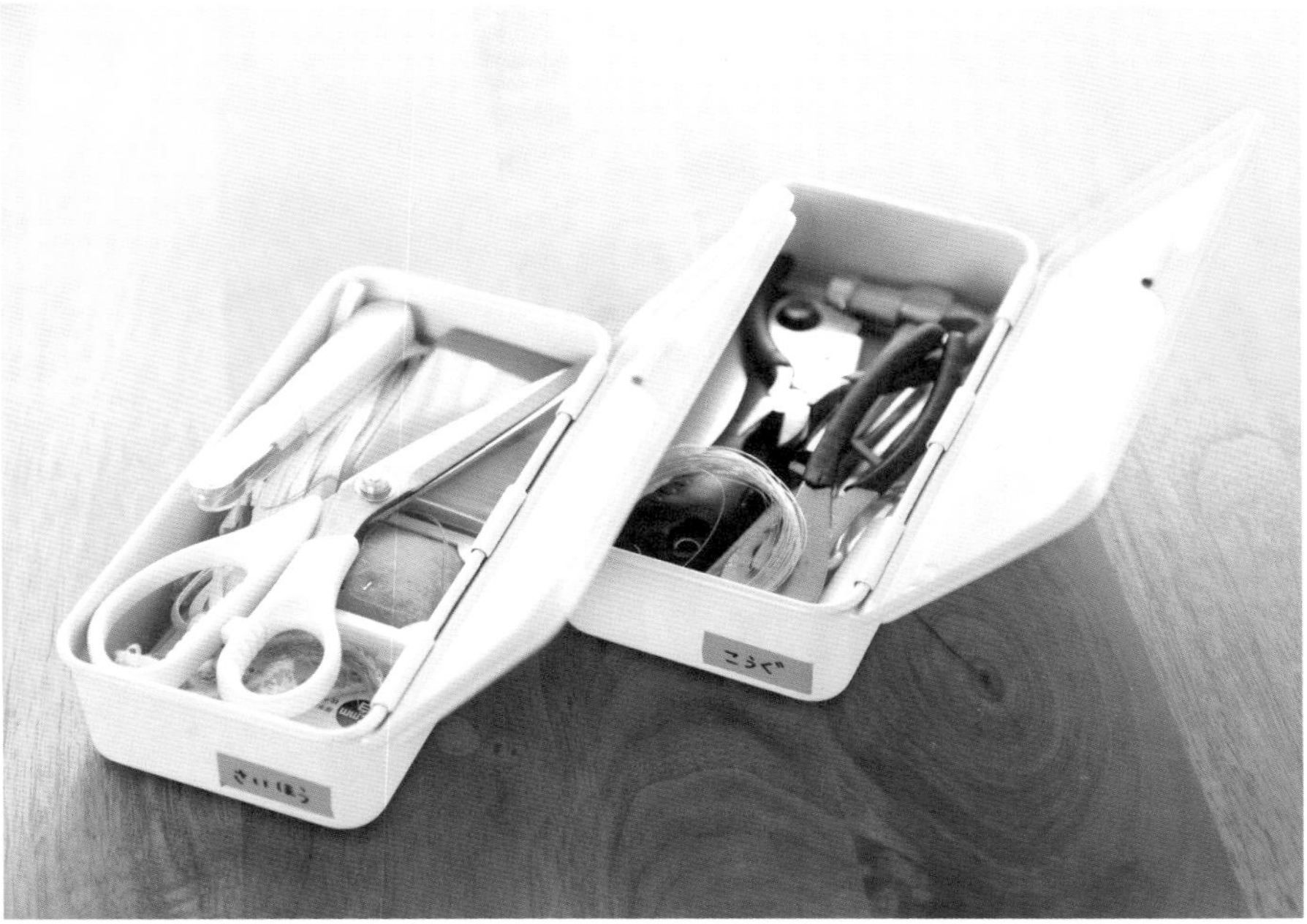

シンプルでおしゃれ。
小物がサクッと片づきます。

いつもは
テレビ台に
収納しています

裁縫用具と工具を入れているスチール製の箱は、普段はリビングのテレビボードの中に。同じ収納用品を使っているので、マスキングテープで中身をラベリングしています。ごちゃつく小物は、コレに入れれば見た目もすっきり。

スチール工具箱1
約幅20.5×奥行11×高さ5.5cm
価格：1190円

無印良品で忙しくてもずっとキレイが続く掃除。

もう頑張らなくていい！
忙しくても無理することなくキレイをキープする掃除術を紹介。

Category ｜ 掃除

収納ケースを組み合わせてモノの一時置き。

収納のルールは単純明快です。ざっくりと放り込むだけ、置くだけの収納の仕組みがあちこちに散りばめられています。リビングの収納はすぐしまえて、とりあえずキレイを実現できる仕組みが設けられていて、無印良品の重なるブリ長方形ボックスもざっくり収納に大活躍中です。

↓おさよさん

1

重なるブリ材長方形ボックス
約幅26×奥18.5×
高さ12ｃｍ
価格：990円

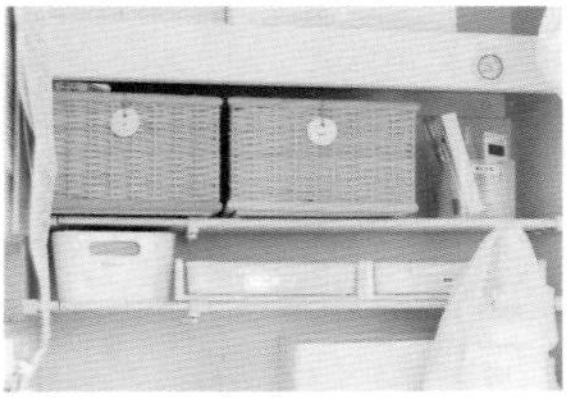

掃除用具は全部トートバッグに入れて壁に掛ければ取り出しやすさアップ。

わが家の2階の寝室には、専用の掃除用具を置いています。ポイントは白いトートバッグに、掃除用品を全部入れてフックに引っ掛けているところ。これで、見た目もすっきりしますし、気になったときにすぐに出して掃除できます。

トートバッグの中身は、雑巾代わりに使っている無印良品のアルカリ電解水。カーペットクリーナーは布団や枕の髪の毛をサッと取るのに便利です。あと、コードレス掃除機の布団専用ノズルもここに入れてあります。

→mayuru.homeさん

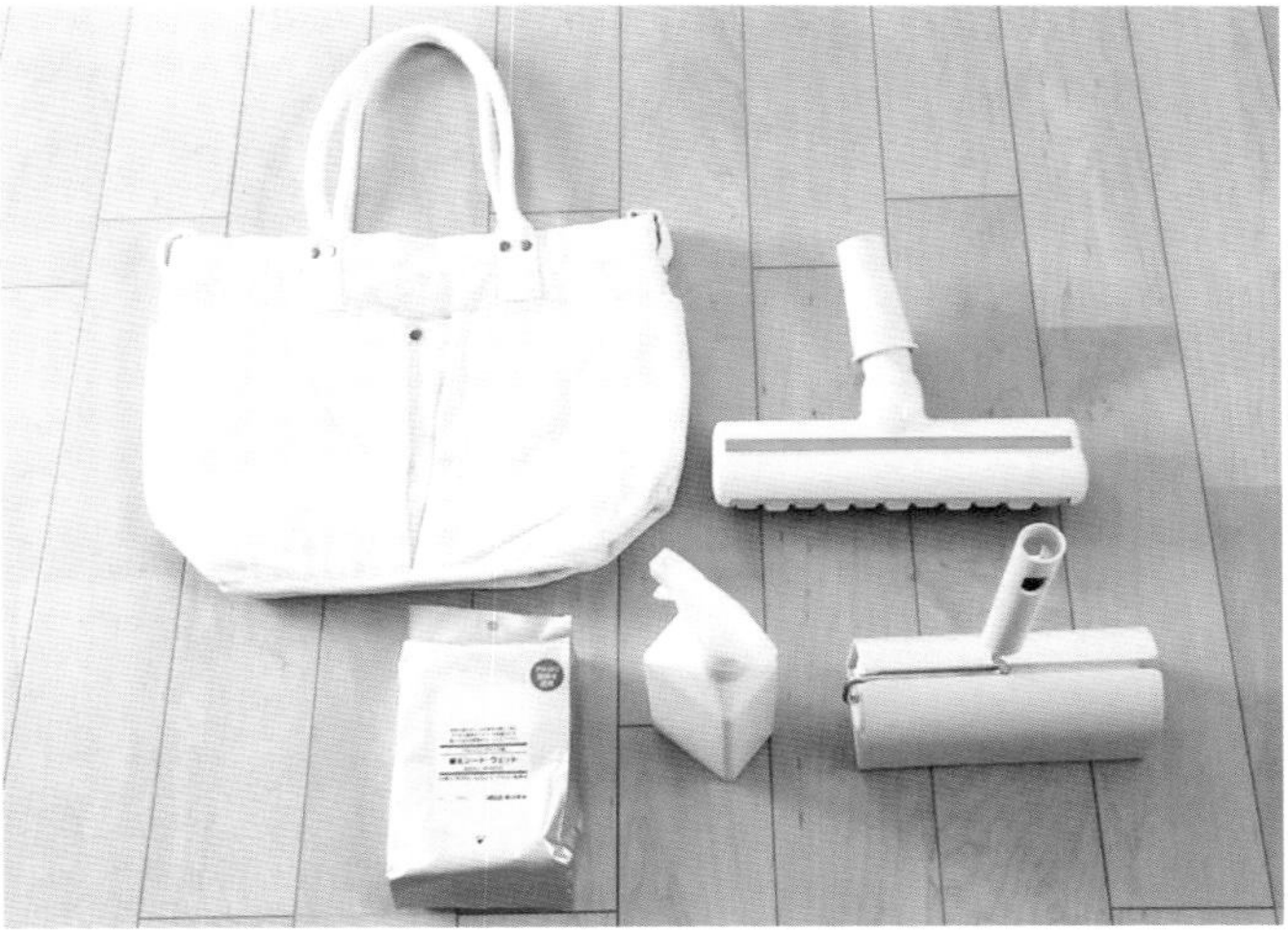

水からできた
クリーナー
アルカリ電解水
450mℓ
価格：499円
※写真は旧仕様の商品です

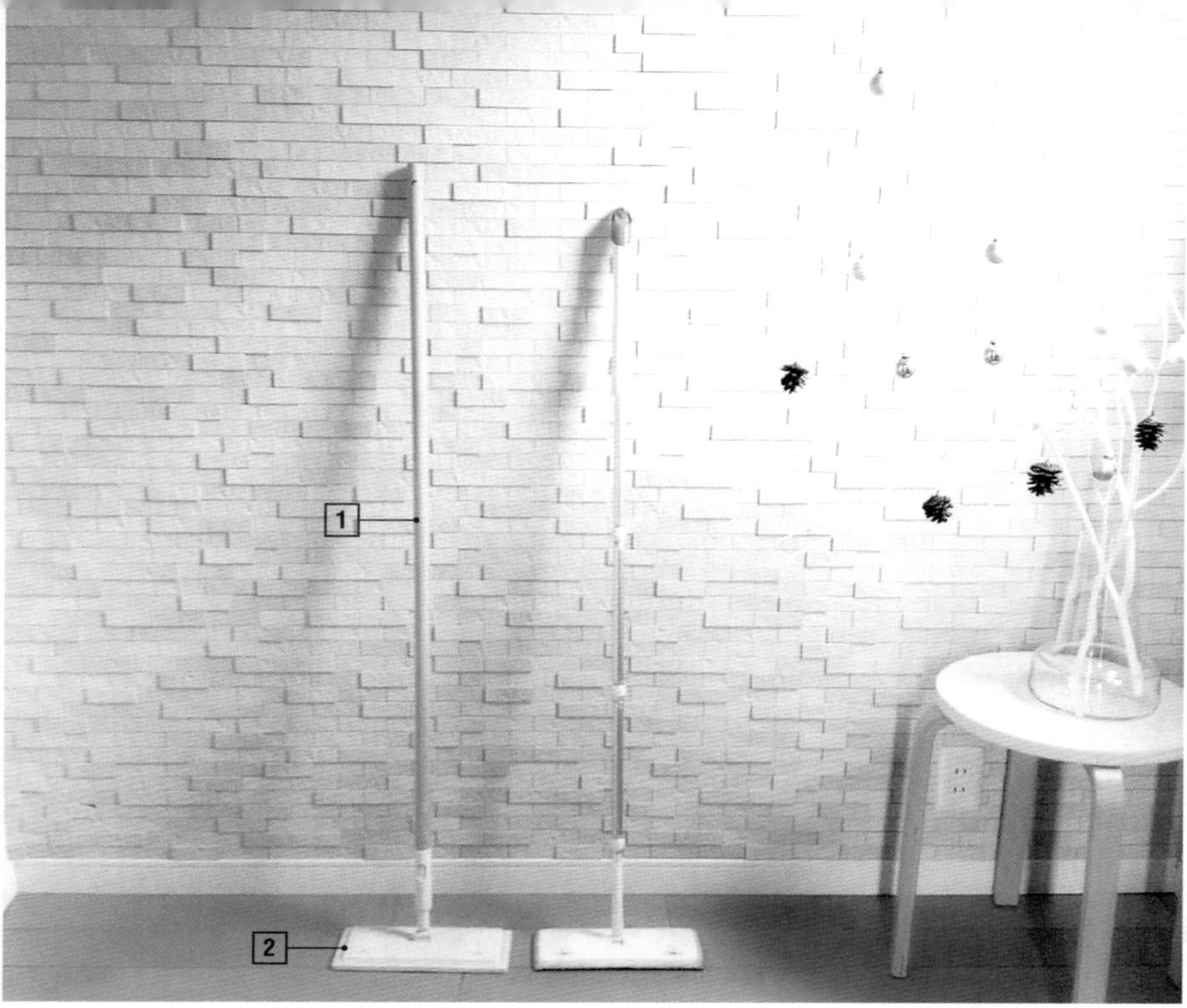

無印良品のモップなら面倒な水拭きが時間短縮できます！

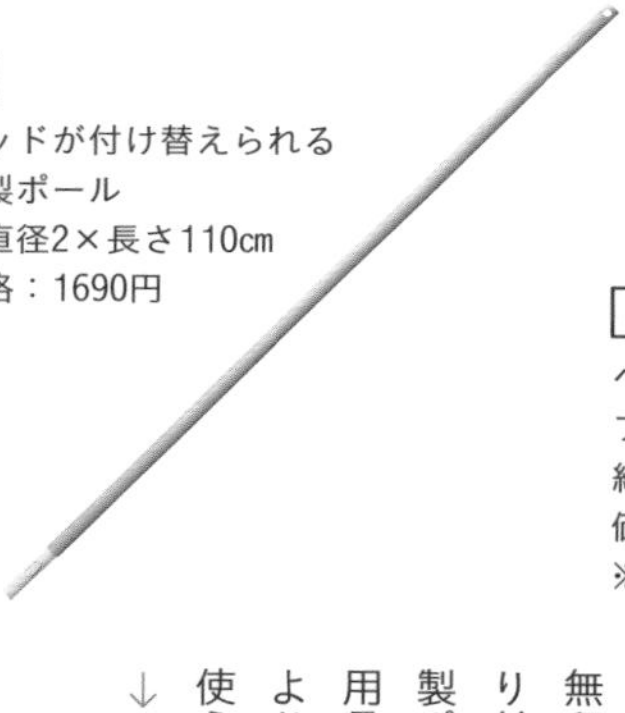

1
ヘッドが付け替えられる
木製ポール
約直径2×長さ110㎝
価格：1690円

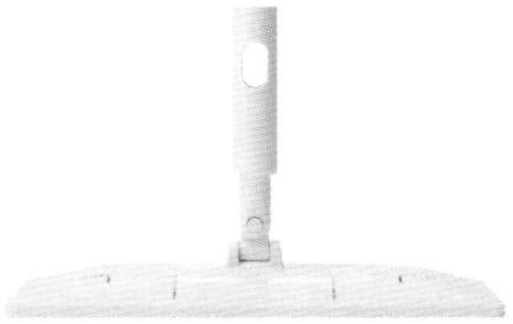

2
ヘッドが付け替えられる
フローリングワイパー
約幅25×奥行10×高さ16㎝
価格：790円
※写真は旧仕様の商品です

わが家にある無印良品のフローリングモップ。木製ポール室内用を取り付けてあり、床の水拭きをするときには、それはそれは本当に便利です。これまで大変だった雑巾がけが、モップがけの要領で簡単にできるので、時間短縮になりました。

他社製品も併用していますが、無印良品の水拭き用モップは取り付けもとっても便利だし、木製ポールは無印良品以外の掃除用品にも使えます。そして、何よりも見た目がシンプルで長く使えるので気に入っています。

→mayuru.homeさん

たった390円で カーペットクリーナーが 万能掃除用具に変身！

そのままでもスタイリッシュな無印良品のカーペット・クリーナー。たった390円の柄を付けるだけで、なんと万能掃除用具に早変わり。しゃがまなくてもいいし、座ったままでも、テレビを見ながらでも、どんな体勢でも、〝ながら掃除〟ができてしまいます。

ケースに戻すときは左足を添えるアシストが必要。キッチン横に置けば、全然かさばらないし、柄を付けたことで今まで以上にカーペットクリーナーを活用するようになりました。

↓阪口ゆうこさん

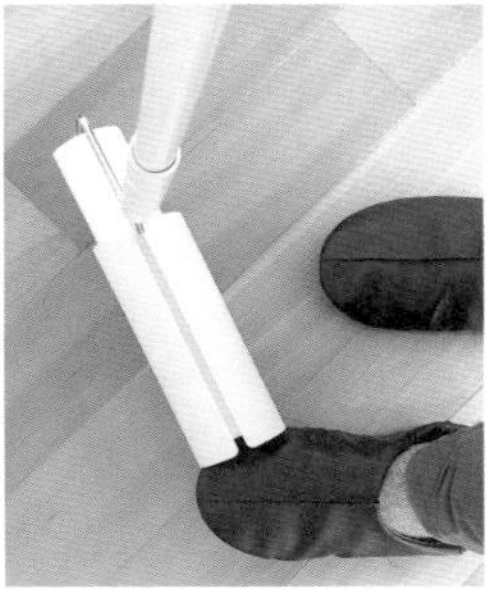

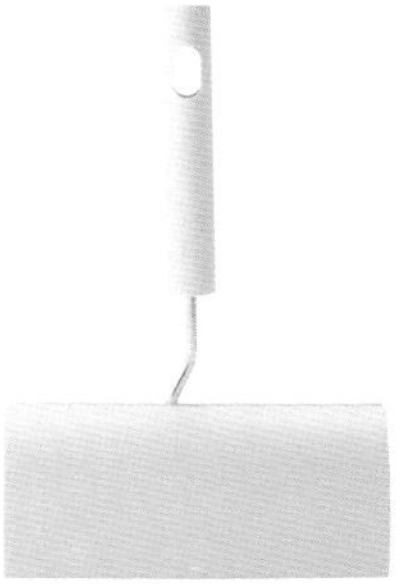

1

ヘッドが付け替えられる
カーペットクリーナー
約幅18.5×奥行7.5×
高さ27.5cm
価格：690円

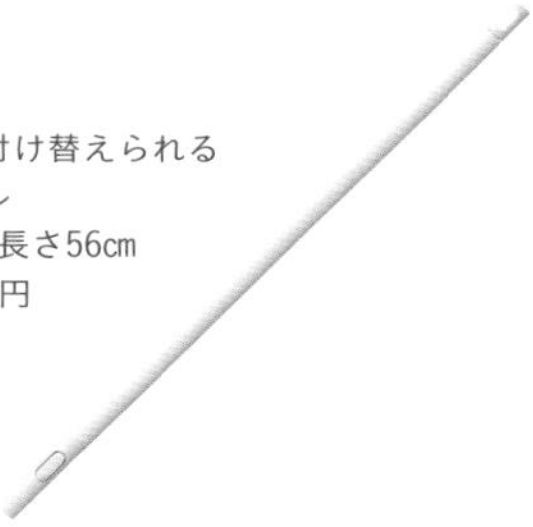

2

ヘッドが付け替えられる
軽量ポール
約直径2×長さ56cm
価格：390円

セスキ水よりも凄い!? 無印良品のアルカリ電解水。

たこ焼きパーティーをしたあとに、初めて無印良品で買ったアルカリ電解水を試してみることにしました。ダイニングテーブルにスプレーして、濡れ布巾で拭き取ると、ボールペンの跡がスルリと落ちたので、そのままテレビ台とテレビの前の机でも試しました。どちらの汚れもよく落ちました。

とくに、普段から長女がお菓子を食べたり絵を描いたりしている机の汚れがキレイに落ちたのにはビックリしました。

これまでは、セスキ水を使っていましたが、これからは汚れに応じてアルカリ電解水も使います。

↓ぴょこぴょこぴさん

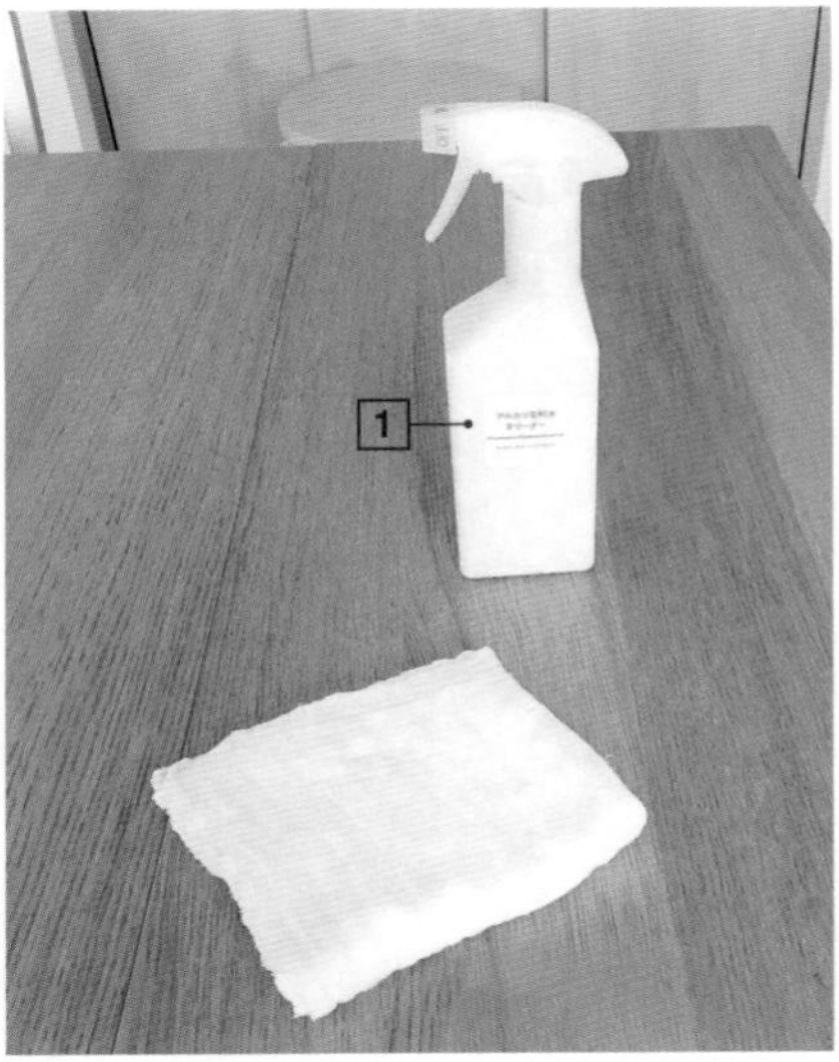

1 水からできたクリーナー
アルカリ電解水
450ml
価格：499円　※写真は旧仕様の商品です

イスの脚のフェルトのほこりはカーペットクリーナーで!

わたしは無印良品のカーペットクリーナーを、イスの脚に貼ってあるフェルトのホコリを取るのにも使っています。シンプルなデザインなので、出しっぱなしにしておける優れものです。

↓ぴょこぴょこぴさん

ヘッドが付け替えられる
カーペットクリーナー
約幅18.5×奥行7.5×高さ27.5cm
価格：690円

床の掃除はエッセンシャルオイルで仕上げてみて!

部屋の片づけをしたあとの仕上げは床掃除ですよね。わたしは床の拭き掃除をする際に、エッセンシャルオイルを数滴たらすようにしています。香りもいいし抗菌作用もあるのでオススメです。

↓あゆみさん

エッセンシャルオイル
ユーカリ
10mℓ
価格：1190円

キャスター付きゴミ箱なら掃除がスムーズに！

わたしが家の設計で唯一こだわったのがゴミ箱の置き場所です。外にゴミ箱を置くのは抵抗があったので、キッチンの斜め後ろにゴミ箱置き場を設置しました。いちばん奥にあるので、ゴミを捨てに行くときはちょっと遠いかなとも思いますが、とにかくゴミ箱は目立たない場所に置きたかったので……。

そのこだわりのゴミ箱置き場に置いているのが、無印良品のフタが選べるダストボックス・大です。これはフタが別売りになっていて、横開きと縦開きが選べるのが特徴。わたしは、さらにキャスターを追加して転がせるようにしているので、ゴミ箱の下に溜まるゴミも簡単に取れるんです。もちろん、天気のいい日は丸ごと洗って庭先に干せるので、いつも衛生的です。→mayuru.homeさん

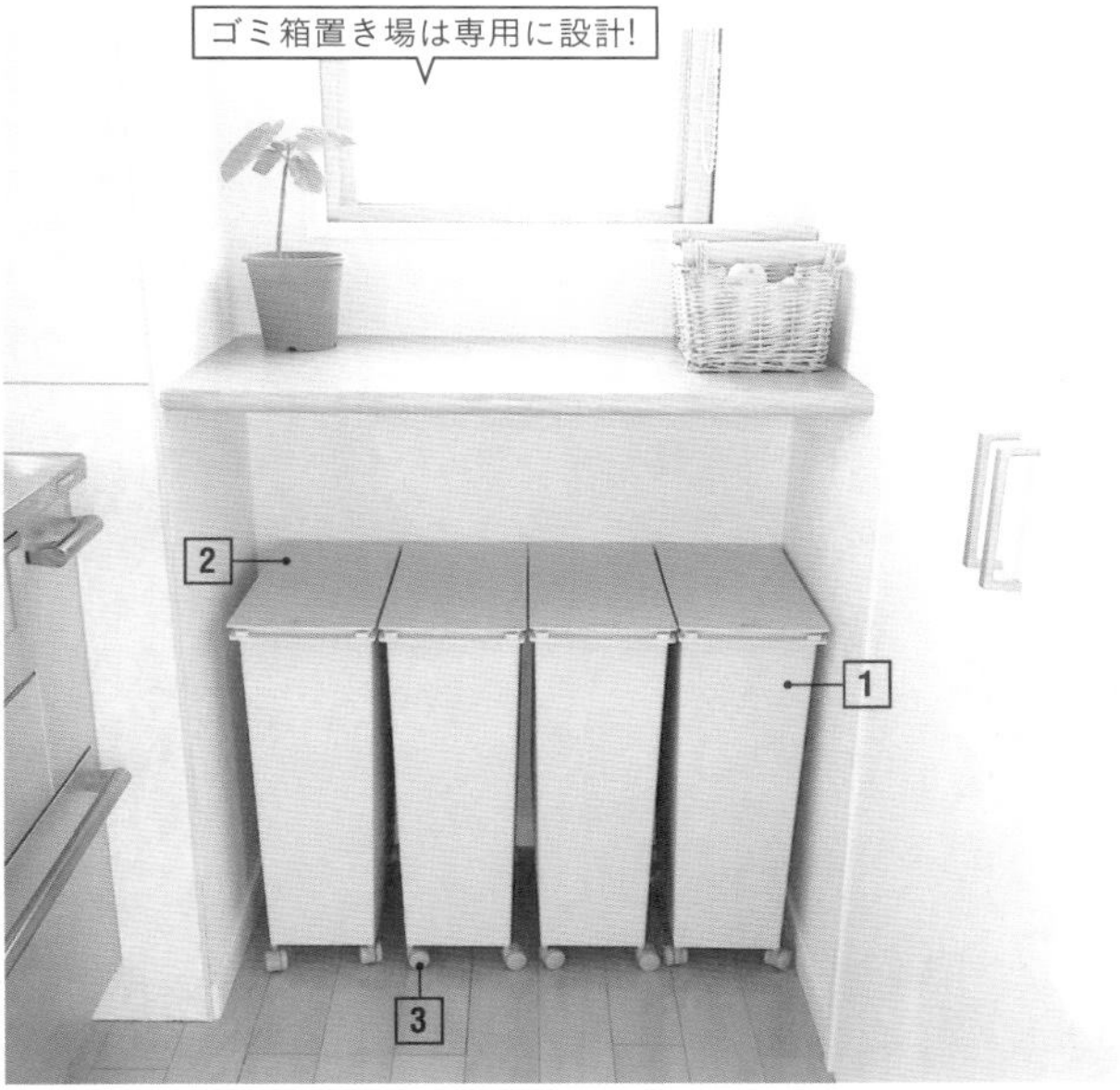

1

ポリプロピレン
フタが選べる
ダストボックス・
大（30L袋用）
袋止付・
約幅19×奥行41×
高さ54cm
価格：1790円

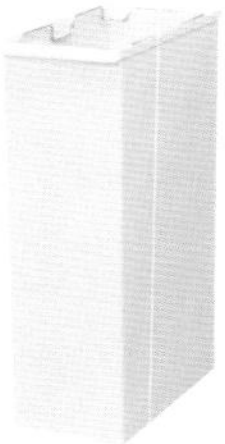

2

ポリプロピレン
フタが選べるダストボックス用
フタ・縦開き用
約幅20.5×奥行42×高さ3cm
価格：690円

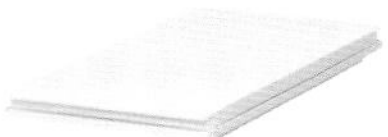

3

ポリプロピレン
収納ケース用キャスター
4個セット
価格：390円

洗剤類はシンク下に。無印良品のボックスで取り出しやすく。

「掃除道具は取り出しやすく」がモットーです。洗剤類や重曹は、水回りの掃除のときに取り出しやすいよう、洗面台のシンク下にボックスごとに整頓されています。洗剤のケースはすべて同じスタンドファイルボックスを愛用。2キロ〜5キロくらいの、大量サイズで買った密閉袋入りの粉洗剤を立てて、そのまま並べて収納するのに便利なんです。ファイルの背側に引き出しやすいよう穴が空いているのも、使いやすいポイント。重い粉末洗剤も、ラクラク取り出せます。同じ収納用品を使っているので、パッと見で中身がわかるよう、ラベリングは必須！　この仕組みのおかげで、2分もかからず掃除に取り掛かれます。

↓おさよさん

再生ポリプロピレン入り
スタンドファイルボックス
ホワイトグレー
約幅10×奥行27.6×高さ31.8ｃｍ
価格：590円

ステンレスバスケットならすべての掃除用品がすっぽりまとまる。

わが家の掃除用品はすべて無印良品のステンレスバスケットに入れています。深さがあるので、長さのあるモップや小ぼうき、ちりとりなんかもすっぽり入って使いたいときにすぐ取り出せるところがお気に入り。バスケットに入れる掃除用品も無印良品で揃えると、見た目に統一感が出て◎。面倒だった掃除も楽しくなりました。収納場所に困るスプレーボトルはバスケットに引っ掛ければ収納スペースも節約できるうえに、使いやすさも完璧です。

↓Yさん

1
ステンレスワイヤーバスケット5
約幅37×奥行26×高さ24cm
価格：2490円

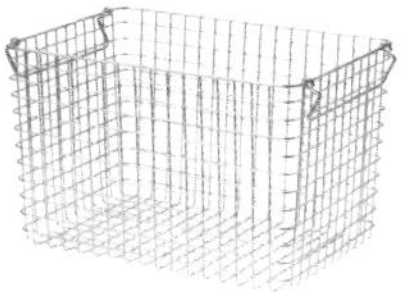

2
マイクロファイバーミニハンディモップ
約長さ33cm
価格：890円

3
卓上ほうき（ちりとり付き）
約幅16×奥行4×高さ17cm
価格：490円

4
ヘッドが付け替えられるスキージー
約幅24×奥行7×高さ18cm
価格：690円

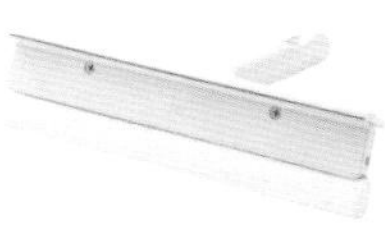

Category | 掃除

お風呂掃除は掃除道具を揃え、やる気をアップ！

寒い時期は、嫌いなお風呂掃除がますます面倒に感じますよね。そこで、わたしの場合は自分なりに使いやすいと思えるお風呂掃除道具を揃えることで、やる気をアップさせています。

無印良品のバス用品は白で色を統一できるし、バス用品や掃除用具などはワイヤークリップやS字フックなどを使うことで機能的にレイアウトできるのがいいですね。お風呂場がすっきりすると、やる気も断然アップします。

実際、機能的に掃除用具をまとめておけば、汚れが気になったときに、その部分だけをサッと掃除できるようになりますよね。こまめに掃除することで、カビの繁殖も防げます。

→kumiさん

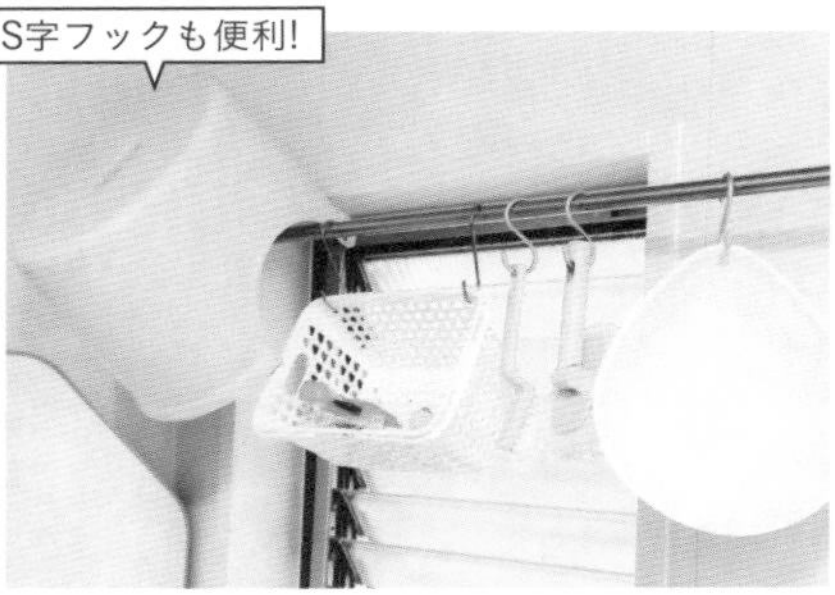

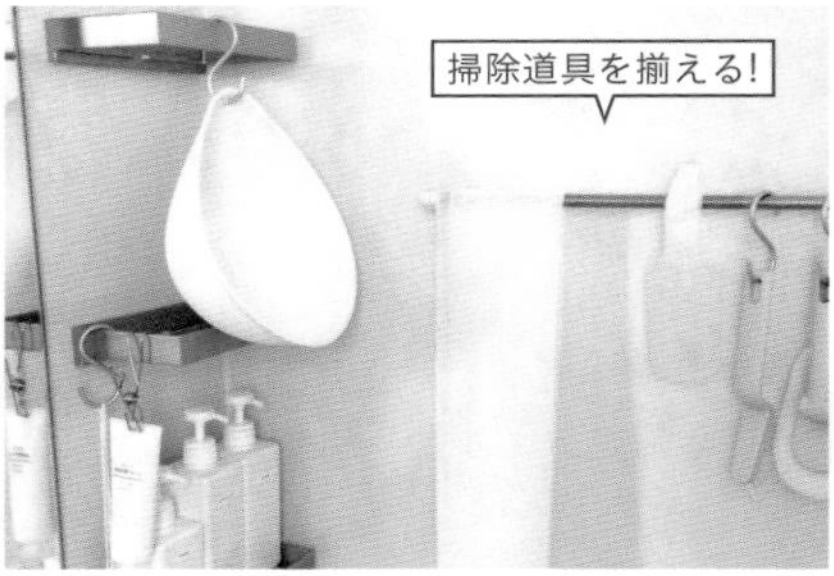

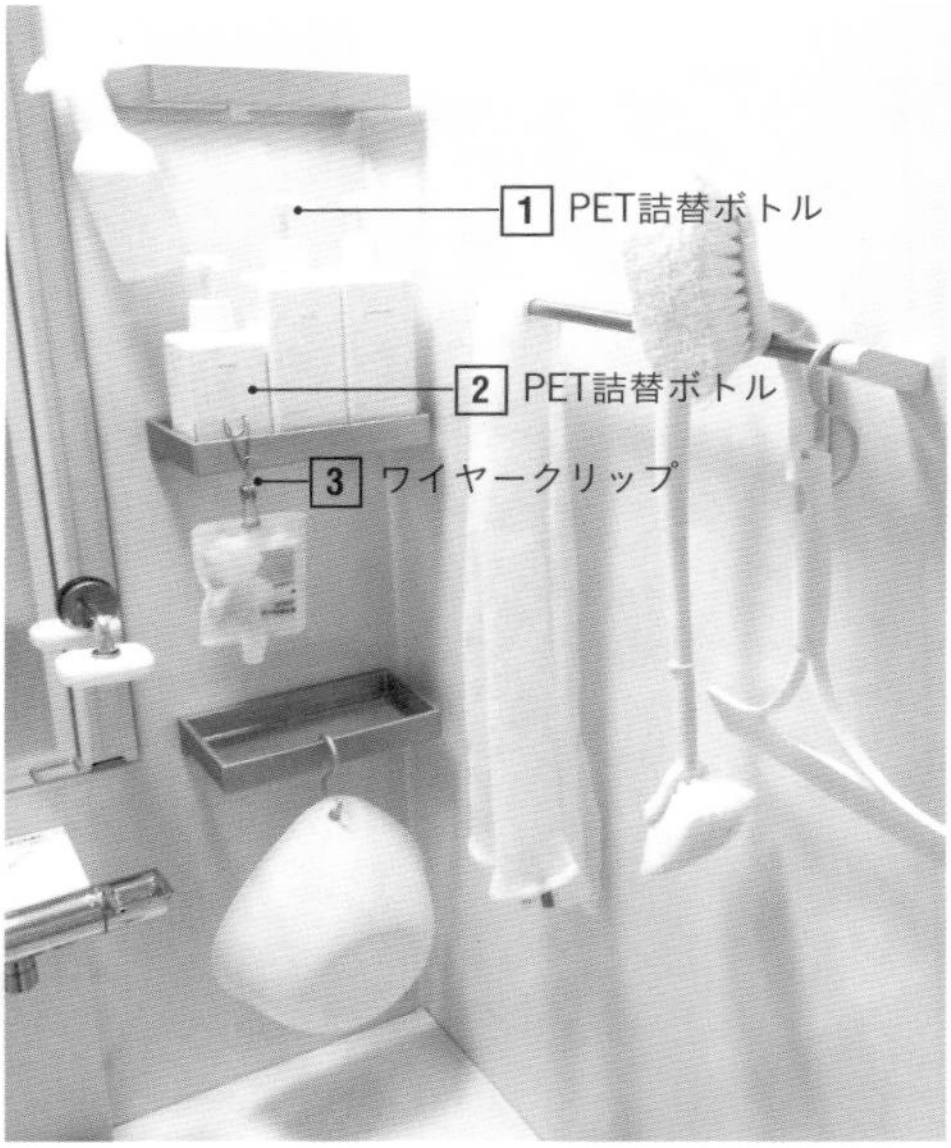

1

PET詰替ボトル
ホワイト
600ml
価格：350円

2

PET詰替ボトル
ホワイト
400ml
価格：290円

3

ステンレス
ひっかける
ワイヤークリップ
4個入・
約幅2×奥行5.5×
高さ9.5cm
価格：490円

タイル目地ブラシならお風呂掃除が隅々まで！

お風呂掃除の必需品といえば、まず、無印良品のタイル目地ブラシです。このブラシは、かゆいところに手が届くような商品で、とにかくお風呂の床の隅っこまでしっかり掃除できるんです。そして、もうひとつは無印良品のウレタンフォーム三層バススポンジ。スポンジの泡立ちがよくて水切れがいい。

この2つは、毎日のお風呂掃除に欠かせないので、壁にフックで掛けてあります。それと、風呂椅子フックに洗面器を掛けてあるんですが、その上にバススポンジを置いて、すぐ使えるようにしてあります。

↓あゆみさん

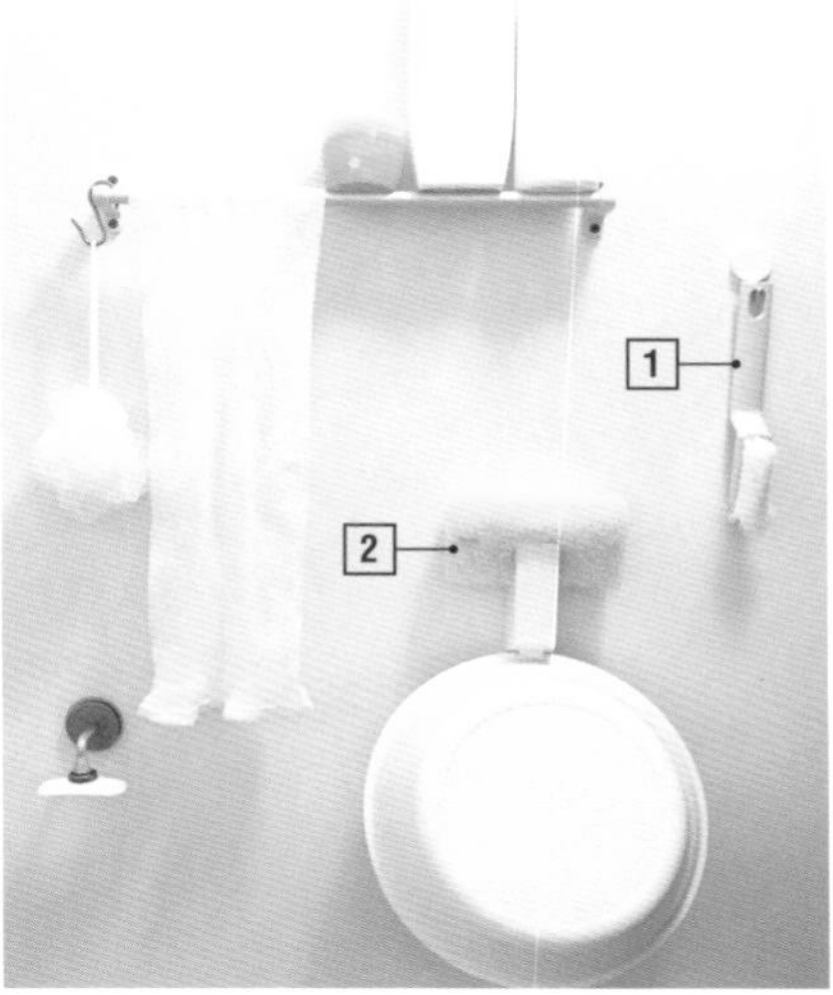

1 タイル目地ブラシ
約幅3×奥行19×高さ9.5cm
価格：290円

2 ウレタンフォーム三層バススポンジ
約幅7×奥行14.5×高さ4.5cm
価格：290円

掃除用具はS字フックを活用して衛生的に使います。

掃除道具はお風呂のドアに、無印良品のS字フックで掛けています。柄付きスポンジは全体の掃除に、硬いブラシは汚れが目立つところに使います。除菌シートでこまめに拭けば、全然汚れません。

↓Hさん

アルミS字フック・中 2個入
約幅4×高さ8.5cm
価格：190円

換気扇のフィルター掃除はタイル目地ブラシで。

お風呂の換気扇フィルターを洗うなら、無印良品のタイル目地ブラシがオススメです。ちょっと固めの毛先がフィルターにちょうどいい感じなんです。簡単にキレイに掃除できました。

↓ぴょこぴょこぴさん

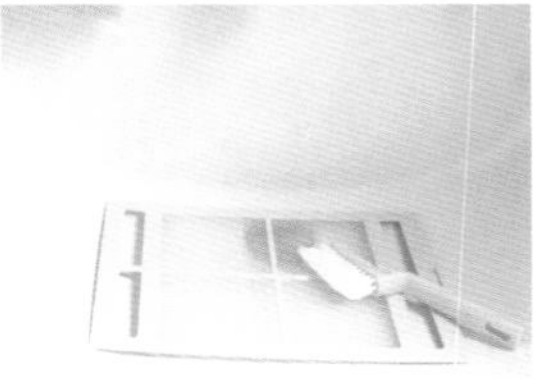

タイル目地ブラシ
約幅3×奥行19×高さ9.5cm
価格：290円

お風呂をキレイに保つには **吊り下げる引っ掛け収納**が◎。

わが家のお風呂用品は、引っ掛けて浮かせる収納が基本。洗面器には100均のカードリングを使い、無印良品のステンレス横ブレしにくいS字フックで引っ掛けてます。

ほかにもお風呂用スポンジやボディタオルなどお風呂で使っているアイテムはフックに掛けるようにしています。これなら水切れがよく汚れにくいため、掃除もしやすく、衛生面も気になりません。

↓mayuru.homeさん

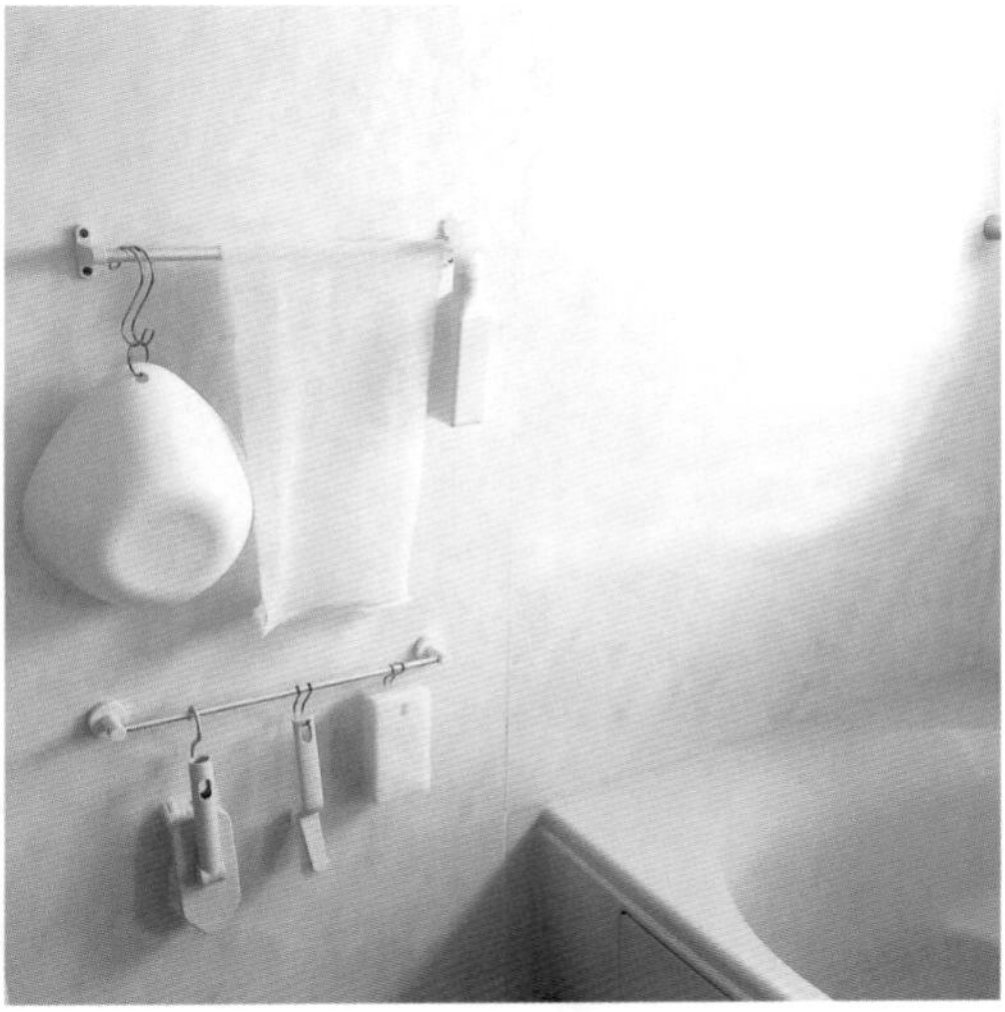

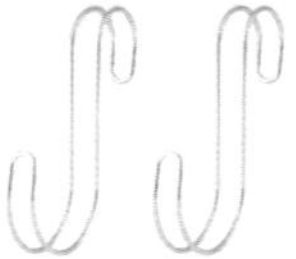

ステンレス 横ブレしにくい
S字フック・大　2個入
約7×1.5×14cm
価格：790円

白いウレタンウォームなら お風呂用具の**色統一**も簡単です。

お風呂で使うアイテムは白に統一することでシンプル化していま す。色を統一化することで清潔感が出てすっきりとした印象のお風呂に。またシャンプーボトルのラベルも剥がして使っているのもこだわりのひとつです。

一緒に使っている無印良品の白いウレタンの三層バススポンジは、色のシンプル化を邪魔をしないデザインはもちろん、機能的にもとても優れています。

↓あゆみさん

ウレタンフォーム
三層バススポンジ
約幅7×奥行14.5×高さ4.5cm
価格：290円

ゴミ箱やフックを活用して掃除がしやすい仕掛けをつくる。

お風呂場やトイレは無印良品のアイテムで、掃除がしやすい仕掛けを作っています。ポリプロピレンごみ箱・角型・袋止め付・小は、日々の出たゴミをすっきり処理できる定番品。掃除中はステンレス横ブレしにくいS字フック・大2個入で天井に床置きしているモノを吊るせば、床掃除もラクラクです。フック類は、なんでも引っ掛けたいとき便利なので、これだけでなくキッチンなどでも活用しています。

汚れやホコリ、ぬめりなどを溜めず、いつもキレイな状態を保つには、床や台上にモノを直置きしないのが一番！　家のあちこちで、吊り下げ収納用のフックがひと役買っています。→おさよさん

1 ポリプロピレンごみ箱・角型・袋止め付／小（約3L）
約幅10×奥行19.5×高さ20cm
価格：990円

吊るしてひとまとめ

2 ステンレス横ブレしにくいS字フック・大　2個入
約7cm×1.5×14cm
価格：790円

暗くなる突っ張り収納よりキャスター付きで簡単お手入れ。

トイレ収納には突っ張り棚を使っていましたが、照明が暗くなるので、思い切ってキャスター付きのストッカーにしてみました。掃除のときに移動できるので、意外に便利かもと思っています。→DAHLIA★さん

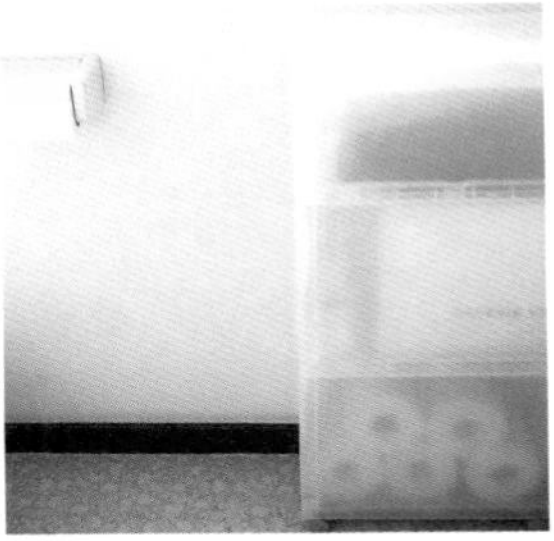

ポリプロピレンストッカーキャスター付き・1
約幅18×奥行40×高さ83cm
価格：3790円

竿にひっかけるだけでOK。お手軽ワイヤークリップ。

わが家では、加湿器のフィルターを月に1回はクエン酸で浸け置きして、天日干ししています。このとき役に立つのが、無印良品のステンレスのワイヤークリップ。物干し竿にサッと掛けられて便利です。→mayuru.homeさん

ステンレスひっかける
ワイヤークリップ　4個入
約幅2×奥行5.5×高さ9.5cm
価格：490円

水切れがすごい アクリルコップ なら掃除もラク。

すこし前まで、歯ブラシは無印良品の白磁歯ブラシスタンドで一本ずつ立てていました。しかし、今は髭剃りにしか使ってません。なぜかというと、スタンドを一個ずつ洗うのがとにかく面倒くさかったんです。そんなわけで、これはビックリするくらい早い段階で終了。代わりに無印良品のアクリルコップに、全部まとめて立てることにしました。

そのお陰で歯ブラシのお手入れも簡単になりました。まず、洗面台をダスターで拭いてから、キレイになったところに歯ブラシを横たわらせて、アクリルコップを洗います。そして、元気に振って水を切る。アクリルコップは水切れがすごくいいんです。しかも、サイズが小さいので、底までしっかり手で洗えるのがいいですね。↓阪口ゆうこさん

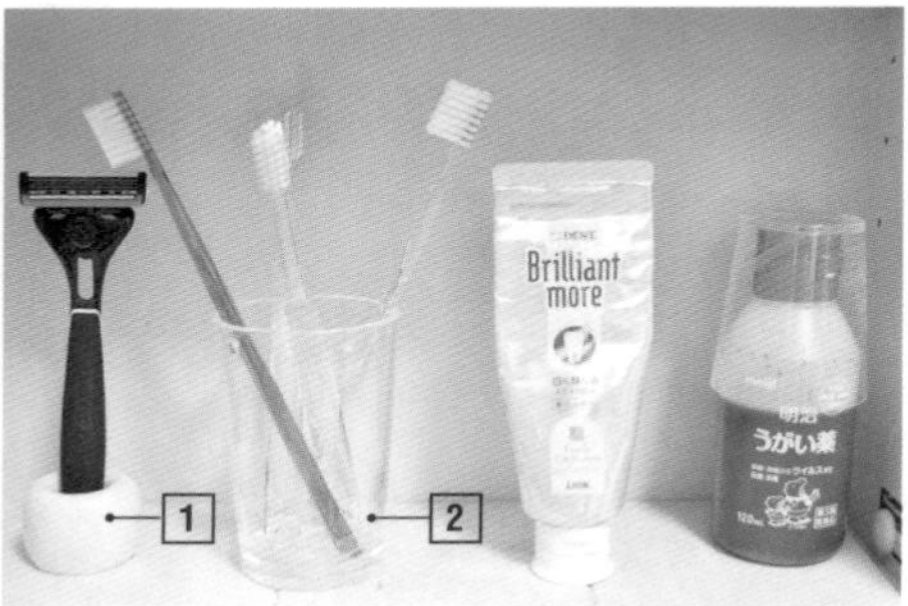

1

白磁歯ブラシスタンド
1本用
約直径4×高さ3cm
価格：350円

2

アクリルコップ
約直径6.5×8.5cm
価格：690円

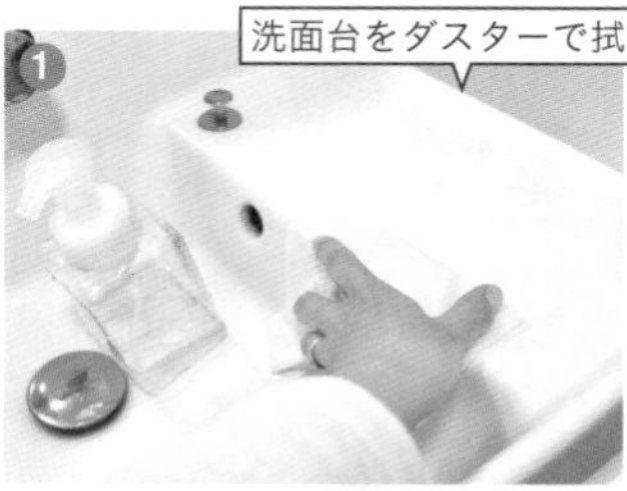

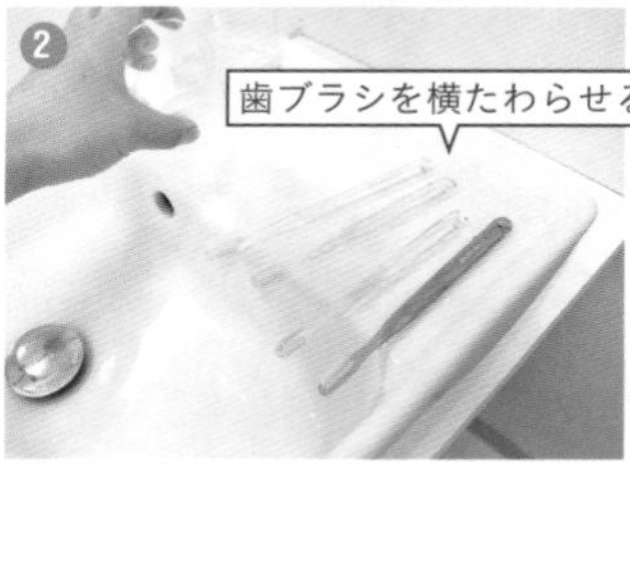

汚れやすい洗面所を掃除しやすく、**消耗品を整理。**

洗面所の棚の上段って、そのままだと大きいモノしか置けなかったりしませんか？　そこで、わが家では無印良品のファイルボックスを何個か置いてみました。色もシンプルな白で統一してます。洗剤やシャンプー、スポンジといった掃除用消耗品のストックを入れておけば、意外とたっぷり保存できますし、掃除も簡単になります。

　ボックスにまとめれば、掃除場所にまとめて持っていけるし、ひと目で全部の残量がわかるので、掃除をするのにもやる気が出てきます。

↓阪口ゆうこさん

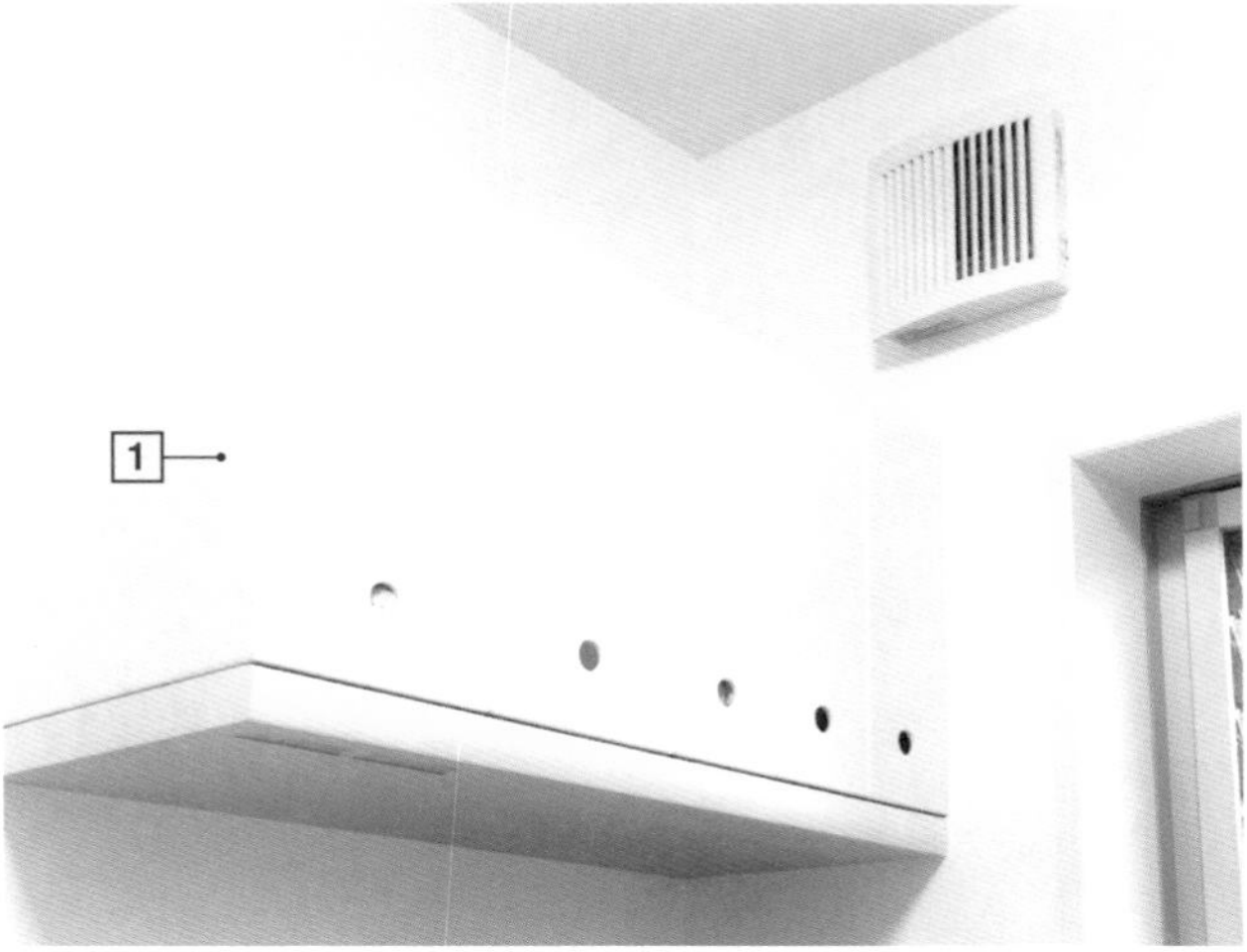

1
再生ポリプロピレン入り
スタンドファイル
ボックス・ワイド
ホワイトグレー
約幅15×奥行27.6×高さ31.8㎝
価格：790円

ホコリが溜まったら水洗い！いつでも清潔に保てる。

文房具の収納にぴったりなのがファイルボックス。ボックス別に分類分けして収納することができるため、ごちゃつきがちな文房具もすっきりと収納でき、取り出すときやしまうときも困りません。

また文房具を入れているとどうしても汚れてしまいますが、ファイルボックスを使うことで、洗いやすく衛生的に保てる点も気に入っています。

→shiroiro.homeさん

再生ポリプロピレン入りファイルボックス・スタンダードタイプ・½ ホワイトグレー
約幅10×奥行32×高さ12cm
価格：390円

スペースが少ない玄関は浮かせる収納で掃除しやすく。

モノが多いけれど収納スペースがあまりない玄関は、浮かせる収納に。浮かせることで、スペースに余裕が出るのはもちろん、掃除するときもいちいちモノをどかす必要がないため、とてもスムーズに行なえます。

また、設置が簡単にできるのも愛用している理由のひとつです。付けるだけで収納力がアップできるため一度使うと手放すことができないアイテムです。

→Kaoriさん

壁に付けられる家具3連ハンガー
オーク材突板　44ｃｍ
価格：3490円

小回りのきく卓上ほうきなら奥まで行き届く。

家族4人で生活していると、靴の数も膨大。普段使い、雨の日用、さらにお客様用のスリッパも……。そのぶん汚れやすくなる玄関の靴箱です。わが家は直置きせずに靴を管理しているのですが、それでもやっぱりゴミは出ます。

靴を全部どかして、一気に掃除機をかけるのもいいかもしれませんが……少し面倒くさい！と、ここで活躍してくれるのが無印良品の卓上ほうき。ちりとり付きなのもうれしいです。サッとほうきを取り出して、パッとゴミ取り。細かい部分、奥までもしっかり掃除できます。しまうときに立つのも収納に便利だし、コンパクトサイズなので、子どもが持つのにもちょうどよく、喜んで掃除を手伝ってくれるようになりました。

↓阪口ゆうこさん

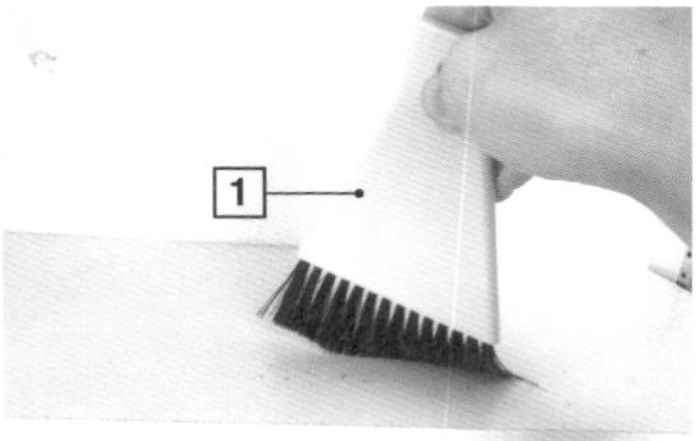

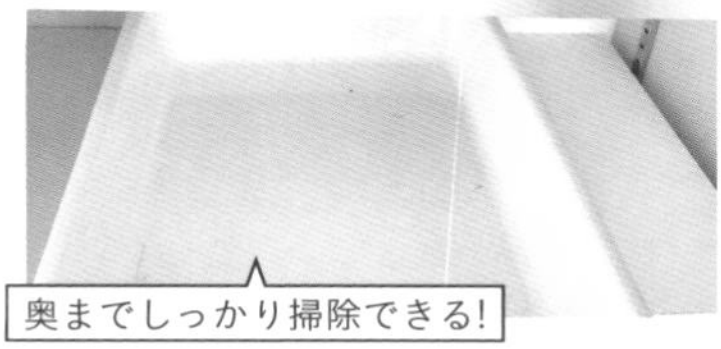

奥までしっかり掃除できる!

1

卓上ほうき
(ちりとり付き)
約幅16×奥行4×
高さ17cm
価格：490円

ヘッドが付け替えられるスキージー
約幅24×奥行7×高さ18cm
価格：690円

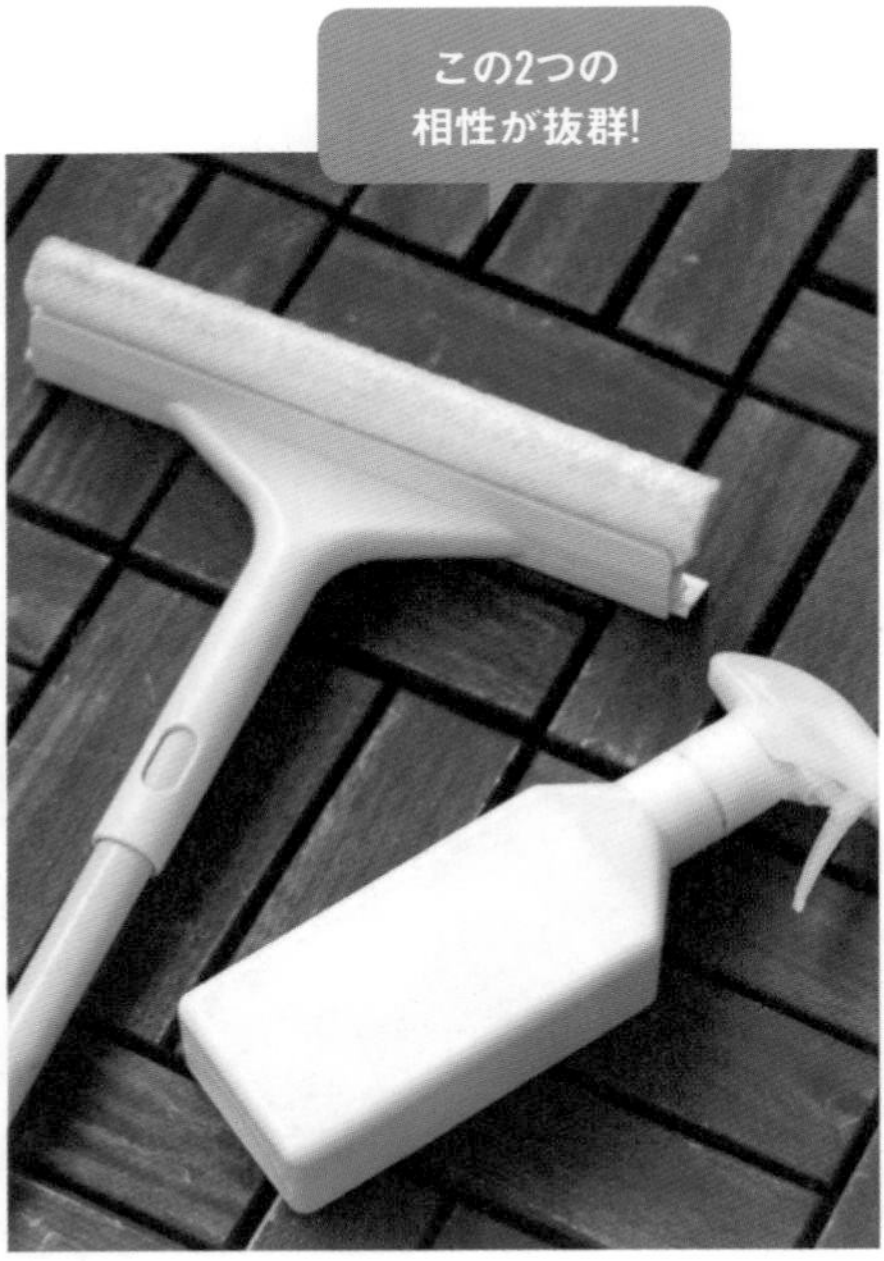

無印良品のスキージーなら窓掃除も雑巾要らずでラクラク。

窓掃除をするとき、水拭きに乾拭きと雑巾をいちいち変えるのは大変ですよね。わが家の窓拭きでは無印良品のスキージーとスプレーボトルが大活躍。スキージーにスポンジが付いているので持ち替え要らずなんです。スプレーボトルで多めに水をまいてスポンジ側で拭く。そのあとはくるっと回してスキージーに切り替えて水を落とせばOK。娘もおもしろがって窓掃除に参加してくれます。→mujikko-RIEさん

Brush

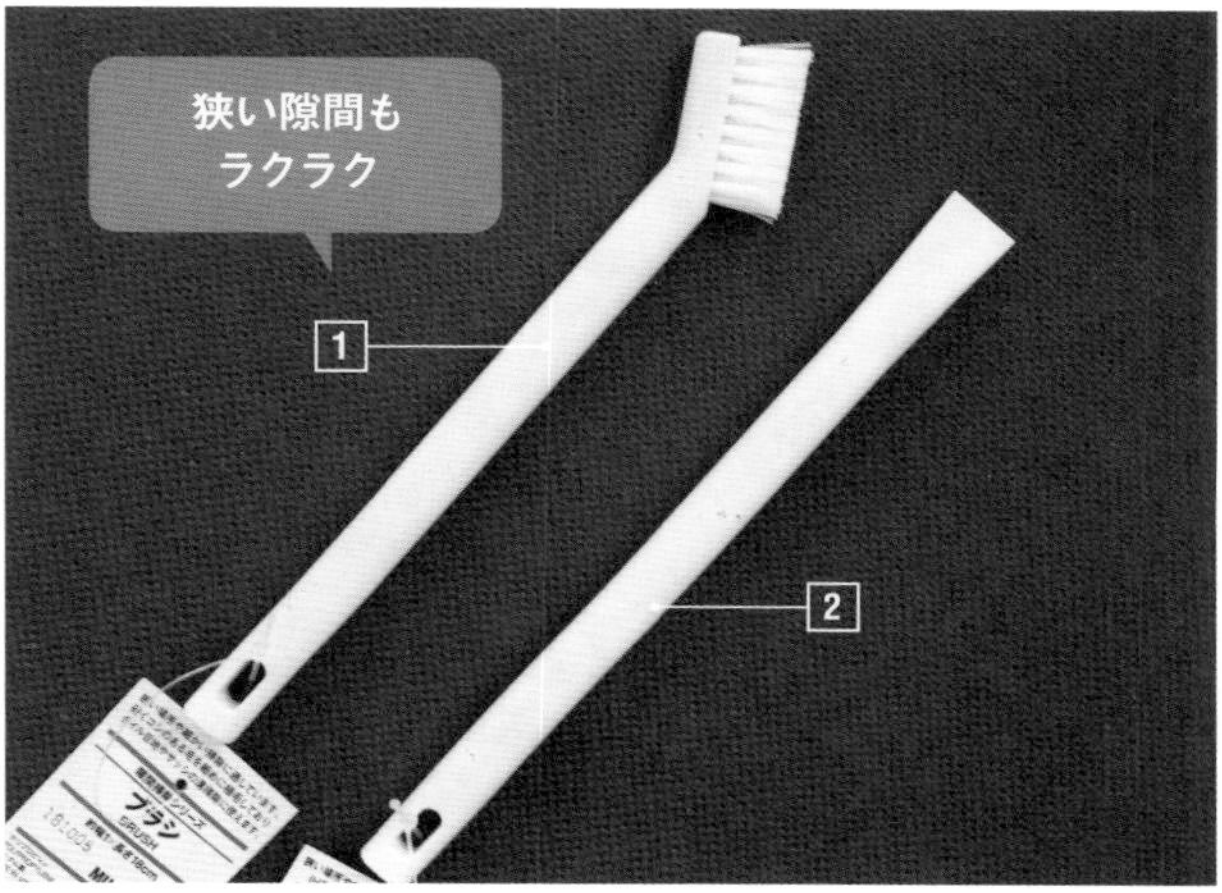
狭い隙間も
ラクラク
1
2

1

隙間掃除シリーズ・
ブラシ
約幅1×長さ18cm
価格：150円

2

隙間掃除シリーズ・
ヘラ
約幅1.5×長さ18cm
価格：150円

細かいところはミニヘラと隙間ブラシでキレイに。

キレイにしたくても手が届かない水回りの隙間のお掃除。そんなとき、無印良品のヘラと隙間ブラシがとても役に立ちます。この2つは隙間の奥まで手が届くので助かっています。たとえば、ヘラは先が四角いので隅にがっちりはまって汚れがあっという間に取れちゃうんです。持ち手も長く、抜群の使いやすさ。我が家のキッチンでいつも大活躍しています。隙間ブラシは水回りで活用中。歯ブラシよりも細くて隙間の奥まですいすい掃除できます。2つとも価格が安いのもうれしいです。→mujikko-RIEさん

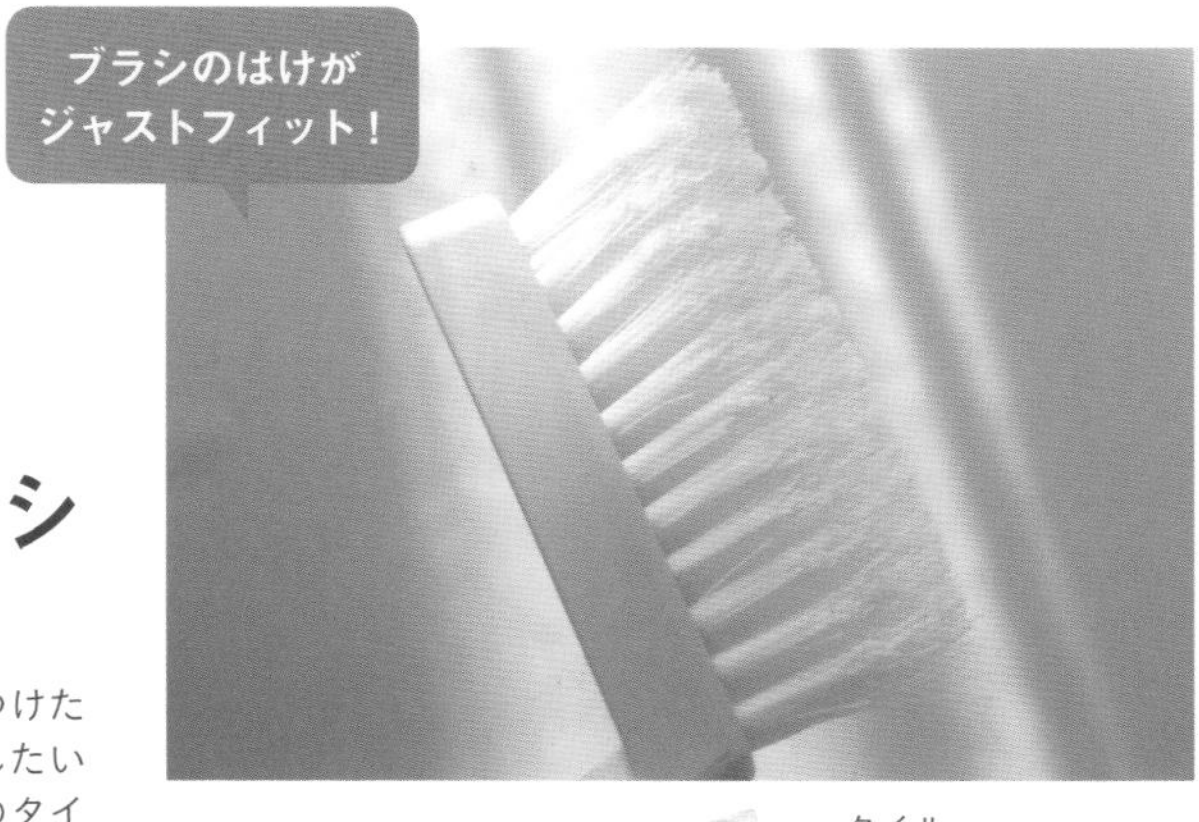
ブラシのはけが
ジャストフィット！

お風呂場床からスニーカーまでタイル目地ブラシ一本あればOK!

お風呂掃除のとき床や壁は傷つけたくないけど汚れはしっかり落としたいですよね。我が家では無印良品のタイル目地ブラシを使っています。毛のやわらかさもちょうどよくてブラシのカットも絶妙！ 細かい溝の汚れも落とせるんです。→ユキコさん

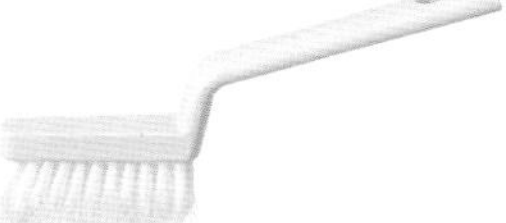

タイル
目地ブラシ
約幅3×奥行19
×高さ9.5cm
価格：290円

無印良品の手間なし&時短が叶う洗濯ワザ。

少しの工夫でパパッとすませて
時間と手間をできるだけ削減！
暮らしにゆとりが生まれます。

Category | 洗濯

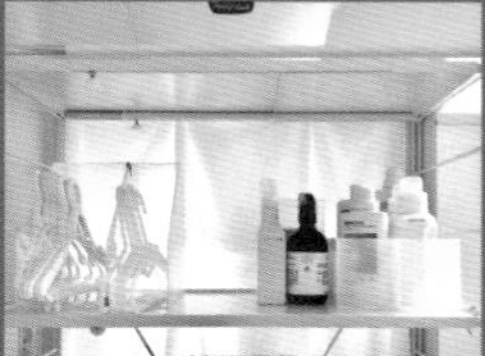

Category ｜ 洗濯

すぐに洗濯物が乾くなら部屋干しだって悪くありません。

雨が続くと、どうしても毎日部屋干しになってしまいます。そんなときにはサーキュレーターを使って快適な部屋干し。小型なのに空気循環力が高く、空調機と一緒に使えば洗濯物がすぐ乾きます。さらに低騒音で、本当に音が気になりません。

アルミ角型ハンガーはピンチがプラスチック素材よりもずっと耐久性のあるポリカーボネート材で、とにかくしっかりしています。ピンチの数が多いところも実用的でお気に入り。こんな風に嫌なイメージのある部屋干しも、グッズひとつで心地よい空間に様変わりしました。

↓mayuru.homeさん

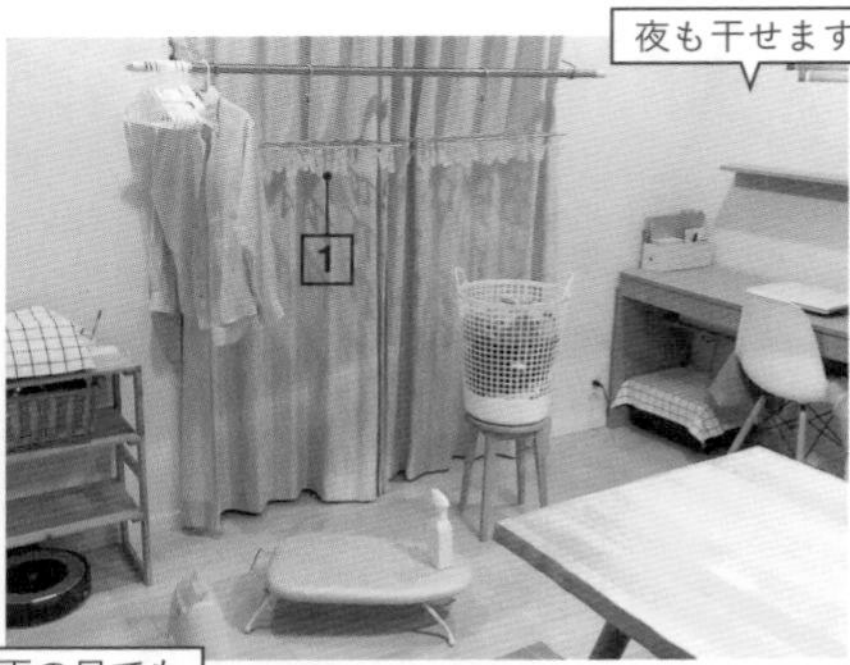

夜も干せます
1

雨の日でも
2

1
アルミ角型ハンガー
40ピンチ
価格：3690円
※写真は旧仕様の商品です

2
お手入れがしやすい首振り
サーキュレーター 18畳
型番：MJ-CIS18
価格：6990円
※写真は旧仕様の商品です

ハンガーから外さずしまえる。ひと手間省略で効率的に。

クローゼットにしまうときや洗濯物を干すとき、大活躍しているのが無印良品のアルミハンガーです。衣類の肩部分が飛び出ないような形状で、とにかくかさばらないところが優れもの。とくに冬場になると厚手のニットやコートが増えるので、すっきりさせたいときにはいつものハンガーです。

一番うれしいのは、干したあとそのままクローゼットにしまえること。時間の短縮にもなり、家事を効率的にこなせるようになりました。

↓あゆみさん

1
ゆったりしてます

冬服もすっきり

1
アルミ
洗濯用ハンガー
約幅42cm／
3本組
価格：390円

この形状だからラクにキレイに干せるんです！

洗濯物を美しく。面倒だと思う方も多いでしょうが、キレイに干してある洗濯物はそれだけでうれしくなるものです。首部分を広げなくてもTシャツがさっと通る無印良品のハンガー。プラスチックで軽いところもありがたいです。↓阪口ゆうこさん

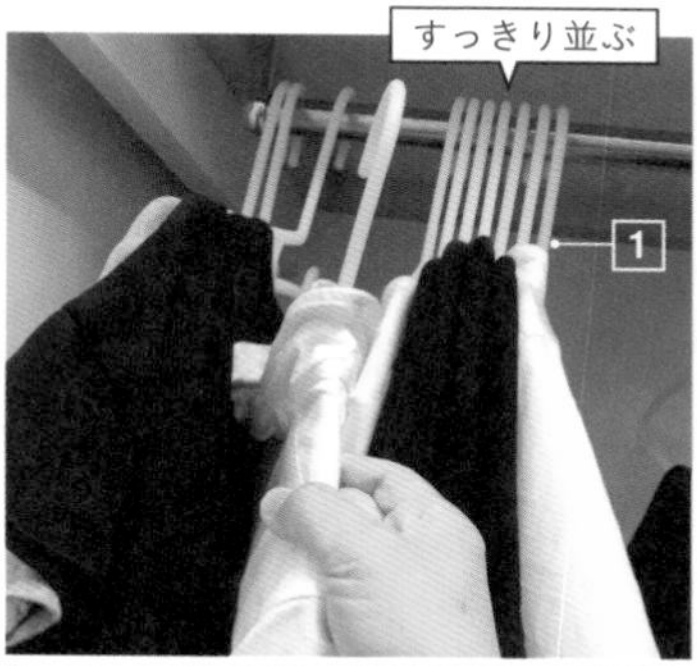

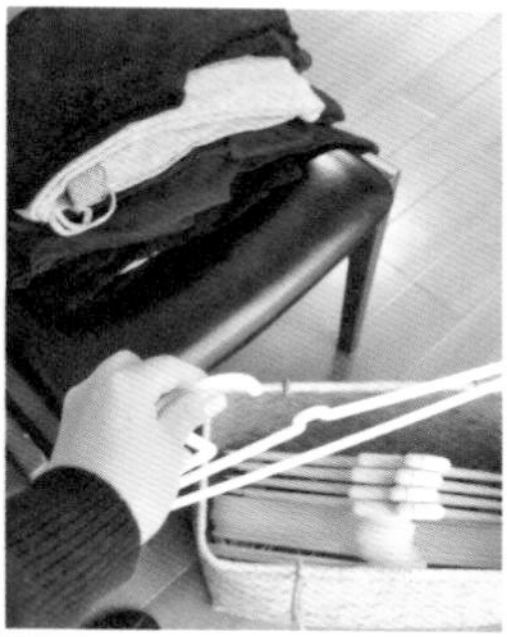

1
ポリプロピレン洗濯用ハンガー
約幅42cm／3本組
価格：390円
※写真は旧仕様の商品です

掛けておくだけでシワなく収納！

衣類を収納するときは、使用頻度の高いものと低いものに分けています。よく着るものを無印良品のアルミハンガーに掛けて並べると取り出しやすい。干したあとにそのまましまえるのもうれしいです。↓kumiさん

アルミ洗濯用ハンガー
約幅42cm／3本組
価格：390円

ゴチャつきやすいハンガーをスマートに！

ハンガーはファイルボックスへ。中に仕切りスタンドを入れれば数が少なくても倒れることはありません。さらにこの収納方法にしてからハンガー同士が引っかかってしまうストレスからも解放されました。↓かのんさん

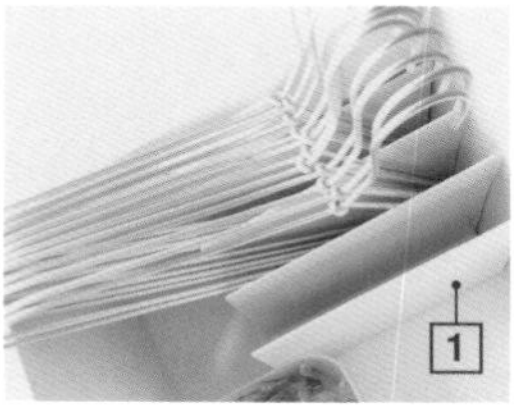

1
スチロール仕切りスタンド・ホワイトグレー3仕切・小
約21×13.5×16cm
価格：790円

Category ｜ 洗濯

かさばる洗濯グッズは種類別にしまって手際よく干す。

毎日の家事のひとつ、洗濯。洗濯グッズはハンガーや洗濯ばさみ、布団ばさみなど、ごろごろしていてかさばるものが多く、整理ができず洗濯するのにまごつくことも。

そこで、無印良品のメイクボックスを使って洗濯ばさみを種類別にしまっています。メイクボックスは大きさも豊富にあって、収納するものに合わせて選べます。あの大きさの洗濯ばさみを使いたい！というときに、さっと手に取れるのでがちゃがちゃと探す手間が省けました。

さらに角型のピンチハンガーはかなりコンパクトに折り畳めるので場所も取りませんん。そのうえ干すときはピンチの数が多く、機能性が高くて本当に助かっています。↓ぴょこぴょこぴさん

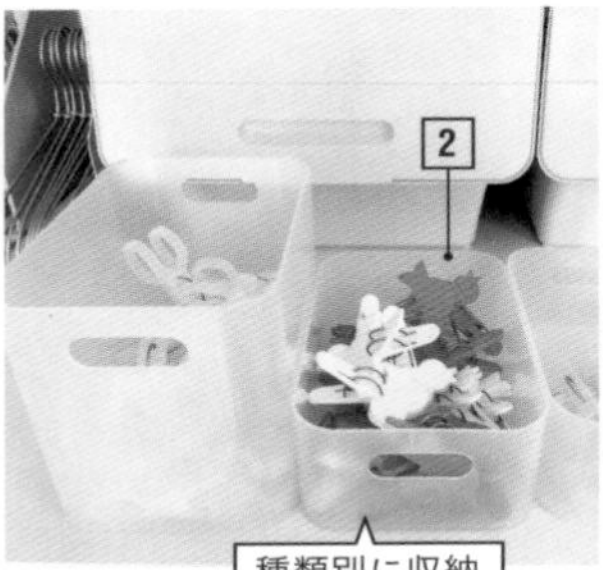

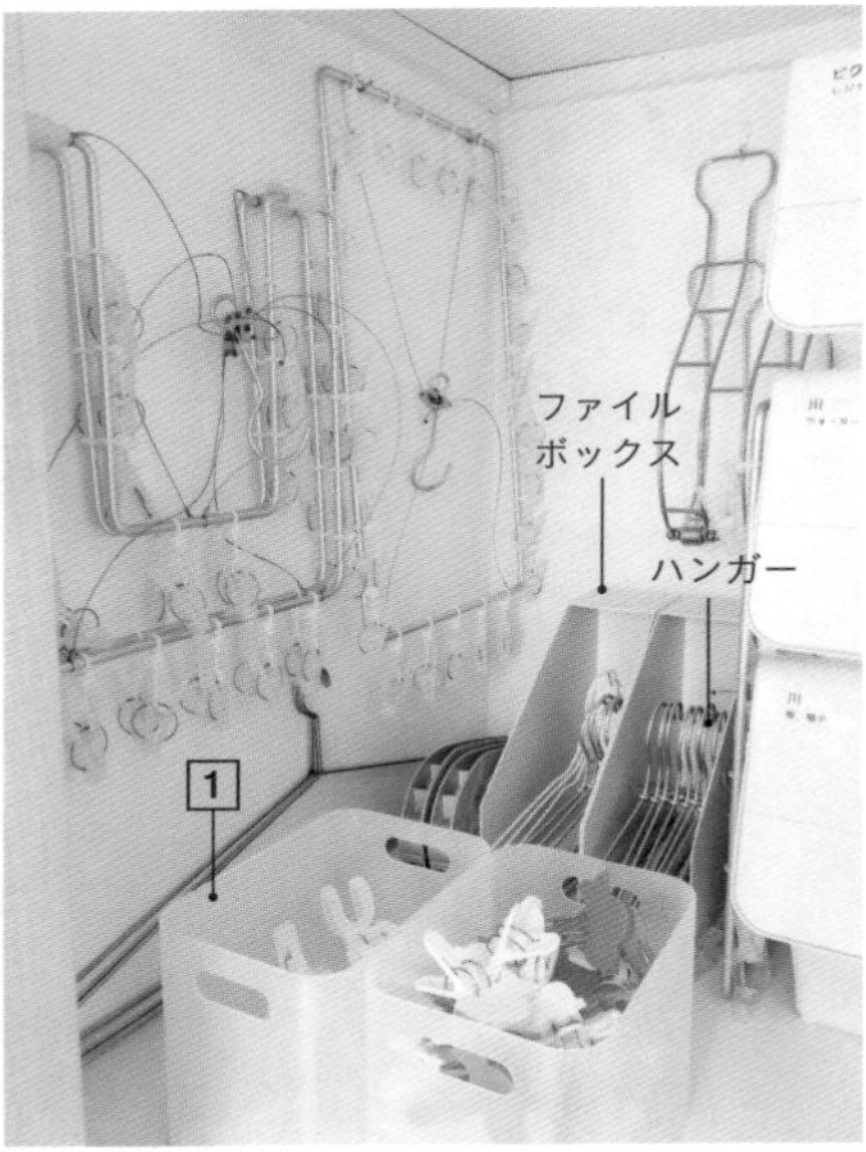

1

ポリプロピレン
メイクボックス
約15×22×16.9cm
価格：350円

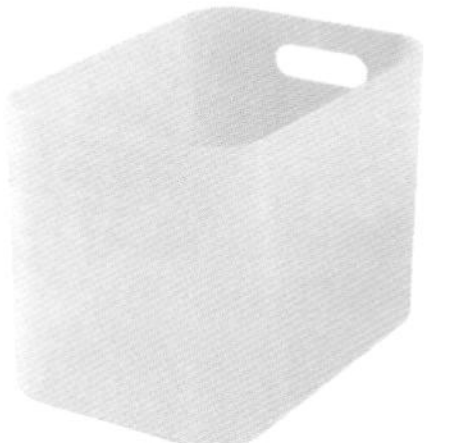

2

ポリプロピレン
メイクボックス・1/2
約15×22×8.6cm
価格：290円

ただ「通すだけ」！機能性を重視して面倒をなくす。

実はかなりズボラな私。気を遣いながら洗濯物をハンガーにかけて干して、取り込むときもハンガーから外して……。この工程、もっとラクにできないのかと思っていたところ、無印良品のこの形のハンガーに出会いました。

わが家はTシャツやカットソーが多く、子どももいるので洗濯物は毎日量が多いです。しかしこの首元に通すだけのハンガーのおかげで、洗濯がかなり楽になりました。軽くてズレ落ちすることもないので型崩れの心配もありません。クローゼットにしまうときもすっきり見えます。プラスチックですが丈夫にできているので、長持ちするのもうれしいところ。ちなみに私は、プラスチックの質感のあたたかみを感じられるところが気に入っています。↓阪口ゆうこさん

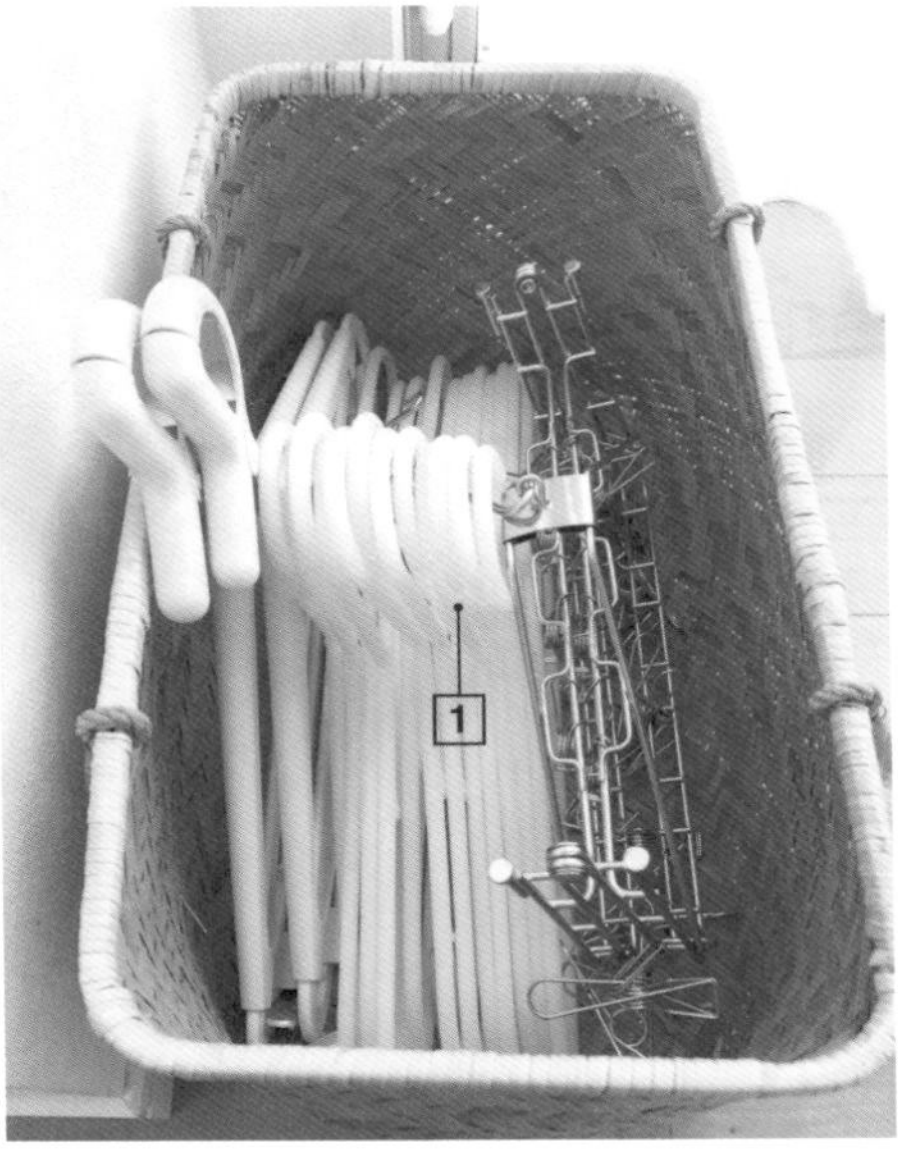

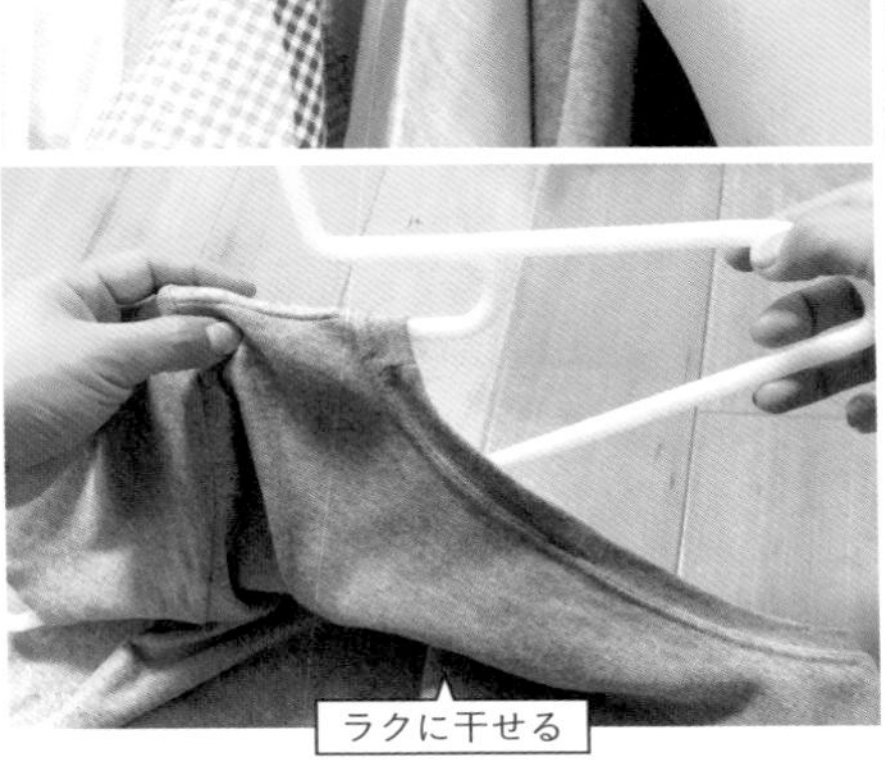

1

ポリプロピレン
洗濯用ハンガー
約幅42cm／3本組
価格：390円
※写真は旧仕様の商品です

軽くて形のいいシンプルなボックスで洗濯スペースが2倍に。

整髪料や洗顔料、ドライヤーや夫の髭剃り用品など、ランドリーには大ぶりのモノがどうしても散乱します。なるべくすっきりとした空間をつくりたい。

そんなとき、無印良品のメイクボックスは同じサイズのものを積み重ねて使えるので幅も取らずに収納できます。高さが違う2つのタイプがあるので、使い分けにも便利です。ランドリースペースが広くなることにより、洗濯物が干しやすくなりました。

無意味にスタッキングするのではなく、使用頻度の低いものは下に、私が毎日使うものはスタッキングせずに収納しました。ちなみに背の低いボックスは玄関に置き、荷物が来たときのためのハンコや荷ほどき用のハサミを入れています。

→ayakoteramotoさん

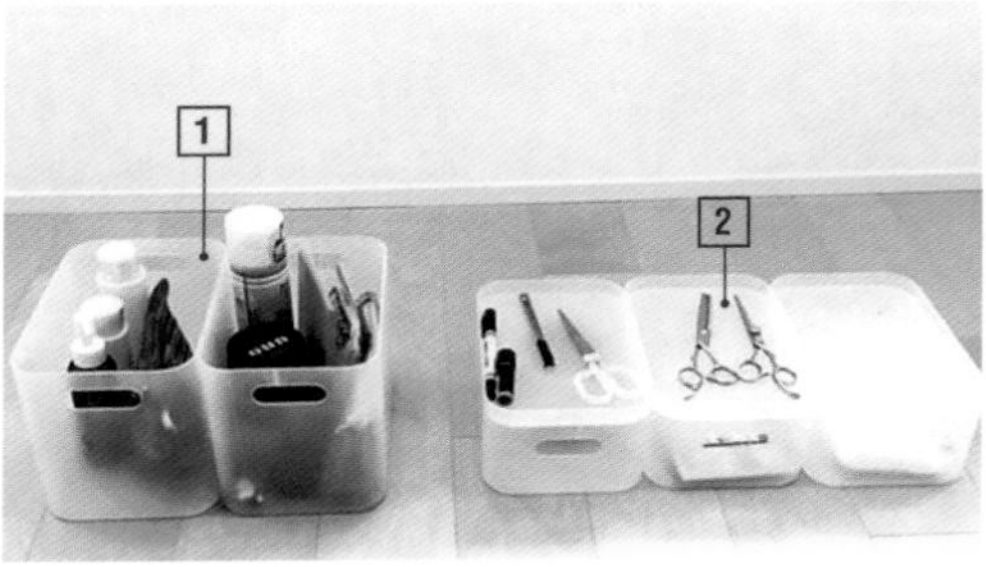

1

ポリプロピレン
メイクボックス
約15×22×16.9㎝
価格：350円

2

ポリプロピレン
メイクボックス・1/2
約15×22×8.6㎝
価格：290円

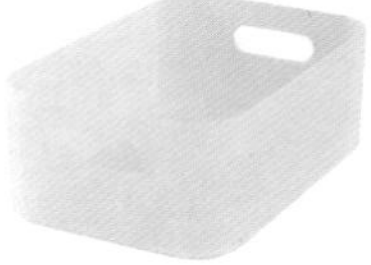

脱衣所の下着入れは白い床と合わせた色味で空間に統一感を。

半透明のクローゼットケースには下着や洗面道具類を収納し、頑丈収納ボックスにはシャンプーや洗剤などをストックしています。

ポリプロピレン収納ケース・横ワイドは脱衣スペースでも邪魔にならないし、洗濯し終わった洋服をぽいぽい放り込める手軽さも◎。奥行きが狭まっているので、下着を入れるのにはちょうどいい大きさ。頑丈収納ボックスは特大サイズ。外から中身は見えないので、気にせず何でも入れられて重宝してます。

白い床なので、無印良品のアイテムは統一感が出せます。白を基調として、シンプルでクリーンな空間ができました。

↓かもめさん

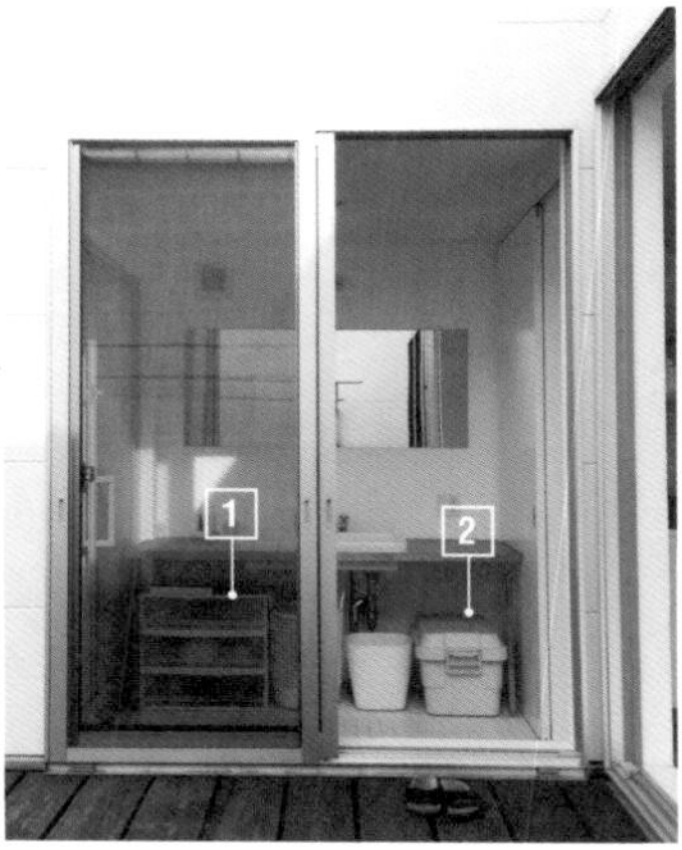

1 ポリプロピレン収納ケース・引出式・横ワイド・小
約幅55×奥行44.5×高さ18cm
価格：1990円

2 再生ポリプロピレン入り頑丈収納ボックス・特大
約幅78×奥行39×高さ37cm
価格：3490円

シンプルなデザインだからキレイなランドリーができる。

脱衣所を白に統一し、せっかくなので隣のランドリースペースも色を合わせようと購入した無印良品の白いタオル。大きさもさまざまあり、ハンドタオル、フェイスタオル、バスタオルと揃えることができます。

生地はふわふわとしており、何度洗濯してもしなやかに気持ちよく洗いあがるので、安心して子どもにも使っています。

アルミの洗濯用ハンガーの収納場所はランドリー。サイズが大小あり、小さいものは子どもの服を掛けるのにちょうどいいので助かっています。私がいちばん気にいっているのは、並べて収納したときに見栄えがよく、キレイにまとめることができるところですね。↓かもめさん

1
アルミ洗濯用ハンガー
約幅33cm／3本組
価格：350円

衣類やストック品の収納にブリ材のバスケットは最強。

3人の男の子を育てているので、洗濯物の量も膨大です。そこで、衣類を洗濯したら畳まず、ハンガー掛けにしたまま収納。子どもが自分でできるやり方にしています。

ランドリースペースもとてもシンプル。脱いだ後に洗濯するモノはそのままネットに、すぐ洗わないパジャマなどは、無印良品の重なるブリ材角型バスケットに入れているんです。あえて脱衣カゴを使わないのは尾崎家流です。それぞれのクローゼットにも、脱いだ服の一時置きとしてブリ材のバスケットを置いています。もちろん、お風呂で使うシャンプーなどのストックもこの場所に。バスケットに入る量しか持たないと決めています。

↓尾崎友吏子さん

重なるブリ材
角型バスケット・中
約幅35×奥行37×高さ16cm
価格：1990円

清潔感も出す。奥行きを使ってすっきり収める。

手を洗ったり、トイレに行ったり、来客があったときにも必ず使われる洗面所は、とくに清潔感を保てるように心がけている場所です。タオルや夫のシェイバー、自分のサニタリー用品が丸見えなんてもってのほか。奥行きのあるバスケットを使ってとにかくどんどん収納していきます。

中でも私が気に入っているのがラタンバスケット。服の一時置きに使ったり、友人が泊まりに来たときは、銭湯の脱衣カゴのように使ってもらえて、楽しく便利に活用しています。横ブレしにくいフックには掃除機を引っ掛けたり、最近では乾かす必要のある洗濯用品を引っ掛けるのにも使っています。こういうフックは、どの部屋でも役に立ちますよね。

↓あゆみさん

すっきり見える

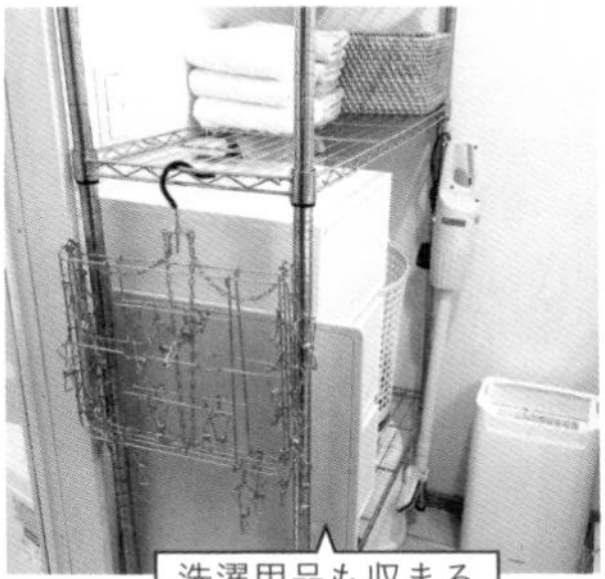

洗濯用品も収まる

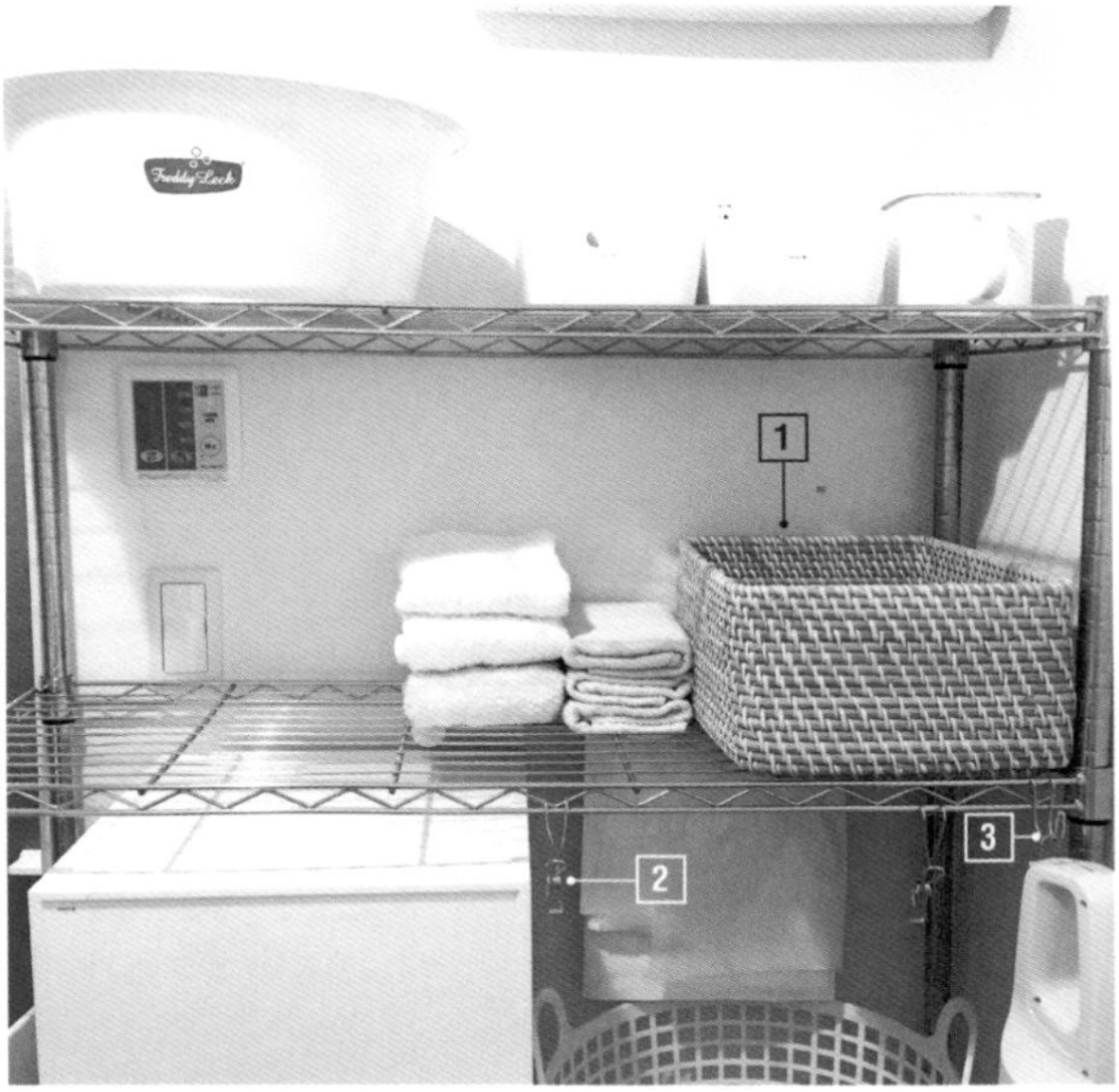

1
重なるラタン
長方形バスケット・中
約幅36×奥行26×高さ16cm
価格：2290円

2
ステンレス
ひっかける
ワイヤークリップ
4個入・
約幅2×奥行5.5×
高さ9.5cm
価格：490円

3
ステンレス
横ブレしにくいフック・小
3個入
約直径1×2.5cm
価格：490円

狭いランドリーは必要なものだけキレイに収納。

まず無印良品のシェルフの利便性の高さといったらありません。ランドリーはどうしても狭い場所なので、収納には何かと困ります。横に幅はとれないので、とにかく高さがほしくて購入しました。棚板の位置も自由に変えられるし、組み立てもラクにできます。

引き出しの中の、高さが変えられる仕切ケースは、その名の通り、布地を折り返しながら高さを調節しながら使えるのできるので、いろんな収納ボックスに入れて応用できます。服や下着を取り込んだときに、仕切りがあるとそれだけでしまいやすくなります。

スペースが限られているからこそ、ムダをなくしてスムーズな空間をつくりました。→mayuru.homeさん

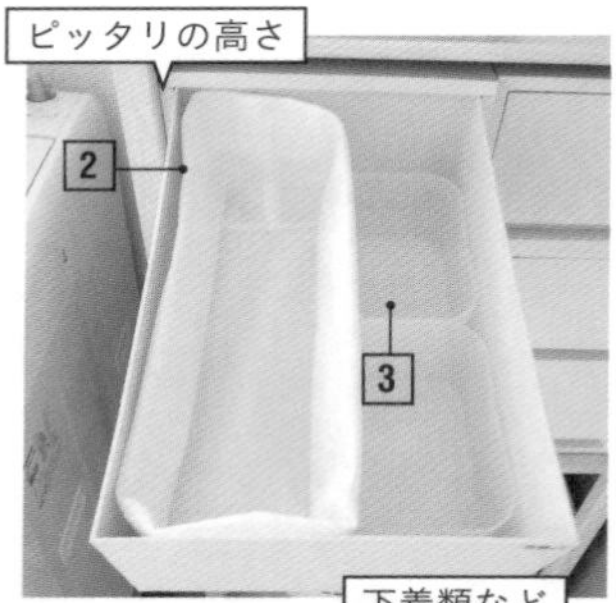

1

パイン材
ユニットシェルフ・58cm幅・大
幅58×奥行39.5×高さ175.5cm
価格：1万5900円

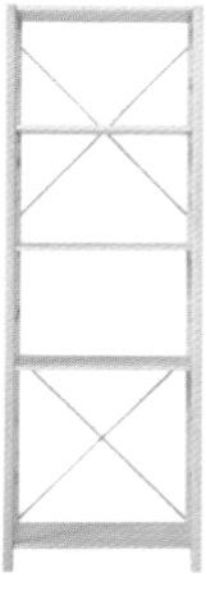

2

高さが変えられる
不織布仕切ケース・小・2枚入り
約幅11×奥行32.5×高さ21cm
価格：690円

3

ポリプロピレン
メイクボックス・¼横ハーフ
約幅15×奥行11×高さ4.5cm
価格：190円

ただ置くだけの仕組み。洗濯用品や衣類は片づけやすく。

リビング収納が狭く、洗濯用品はランドリーにしまっています。かさばるハンガーはファイルボックスに収納して、物干しと一緒に使えるようにしています。これで、激的に洗濯がスムーズになりました。また、無印良品の収納ケースの引き出し（コンパクトサイズなのでムダな場所を取りません）、ソフトボックスは見た目よりもずっと造りがしっかりしていて、洗濯後の衣類入れに愛用しています。お風呂上がりのタオルも棚に置くだけにして、片づけやすく。収納ケースにはそれぞれ何が入っているかわかるようにラベルを貼っています。こうすると、子どもも自分でどこにしまえばいいのかわかってくれるので助かります。引き出しがいっぱいあるのも、楽しめるポイントですね。→kumiさん

置くだけなのでラクラク

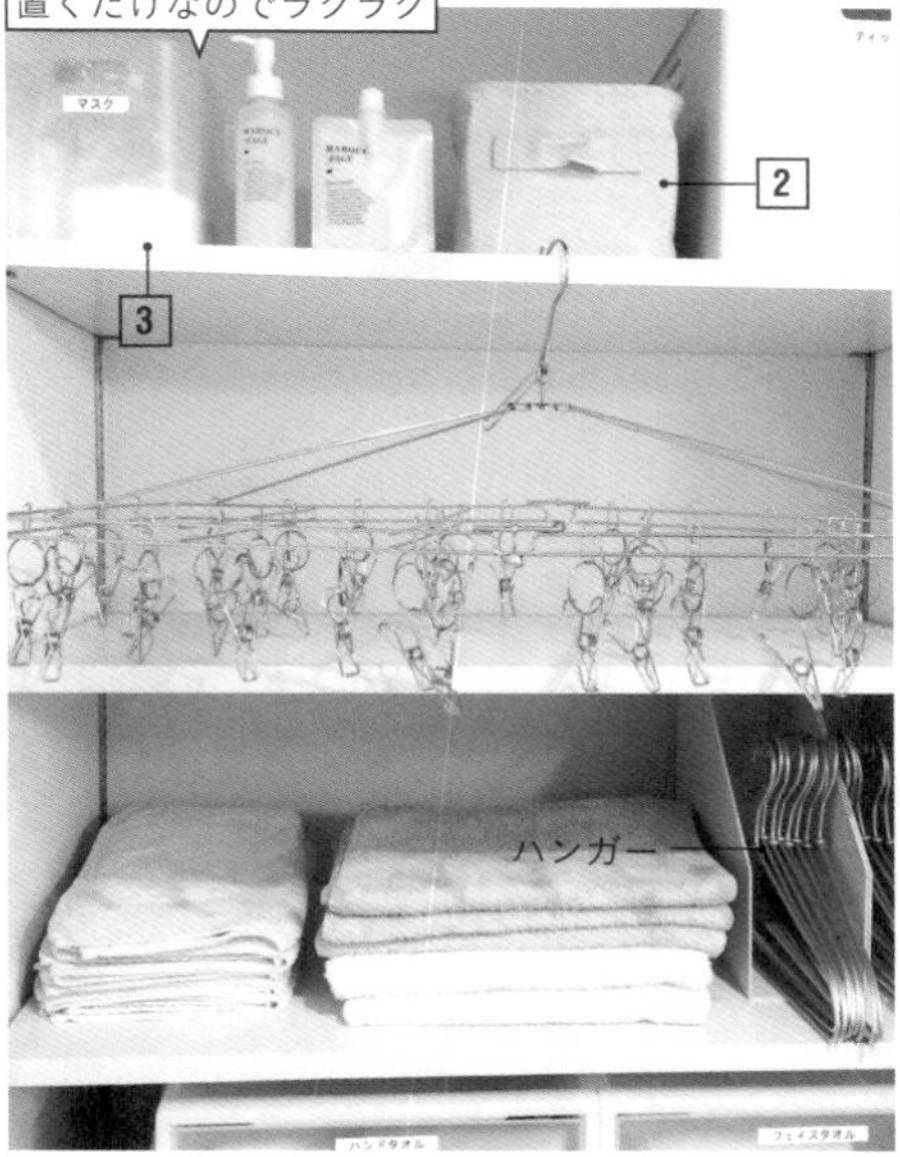

便利な収納ケース

1

ポリプロピレン収納ケース
引出式・小
約幅34×奥44.5×高18cm
価格：1490円

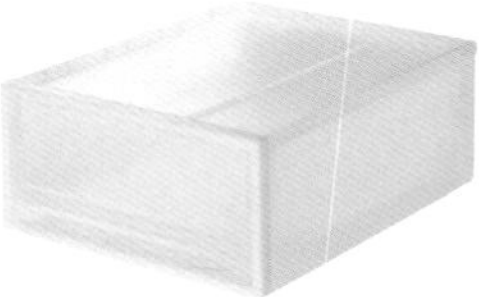

2

ポリエステル麻
ソフトボックス 長方形 ハーフ 小
約幅18.5×奥行26×高さ16cm
価格：590円

3

ポリプロピレン
メイクボックス
約幅15×奥行22×高さ16.9cm
価格：350円

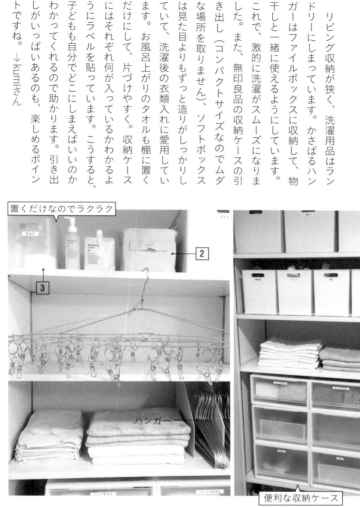

Category | 洗濯

毎日「ちょこっと」。ながら掃除でキレイに洗濯。

脱衣所は洗濯も兼ねる場所なので、ホコリが溜まりやすいですが、清潔感は絶対に保ちたいと常々思っています。

ハンガーは小さいサイズのもので、子ども服を掛けるのにぴったりなので、洗濯して干すときによく使います。洗い終わった後はすぐ引き出しへ。ここには下着や靴下など、なくしやすい細々としたものをしまうようにしています。なるべく床にモノを置かない仕組みを作り、スペースも広くとれるようにしました。

毎日する洗濯だからこそ、いつもキレイな空間にしたいもの。普段から「ながら掃除」「ちょこっと掃除」を心がけたら、すっきりした空間になって行動しやすくなりました。清潔な場所での洗濯は、衣類だけでなく心も洗われます。

→mayuru.homeさん

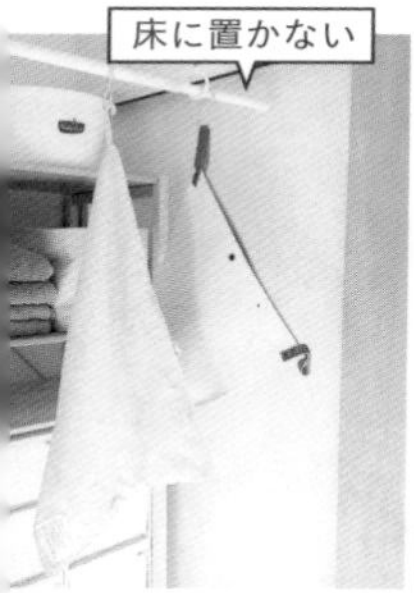

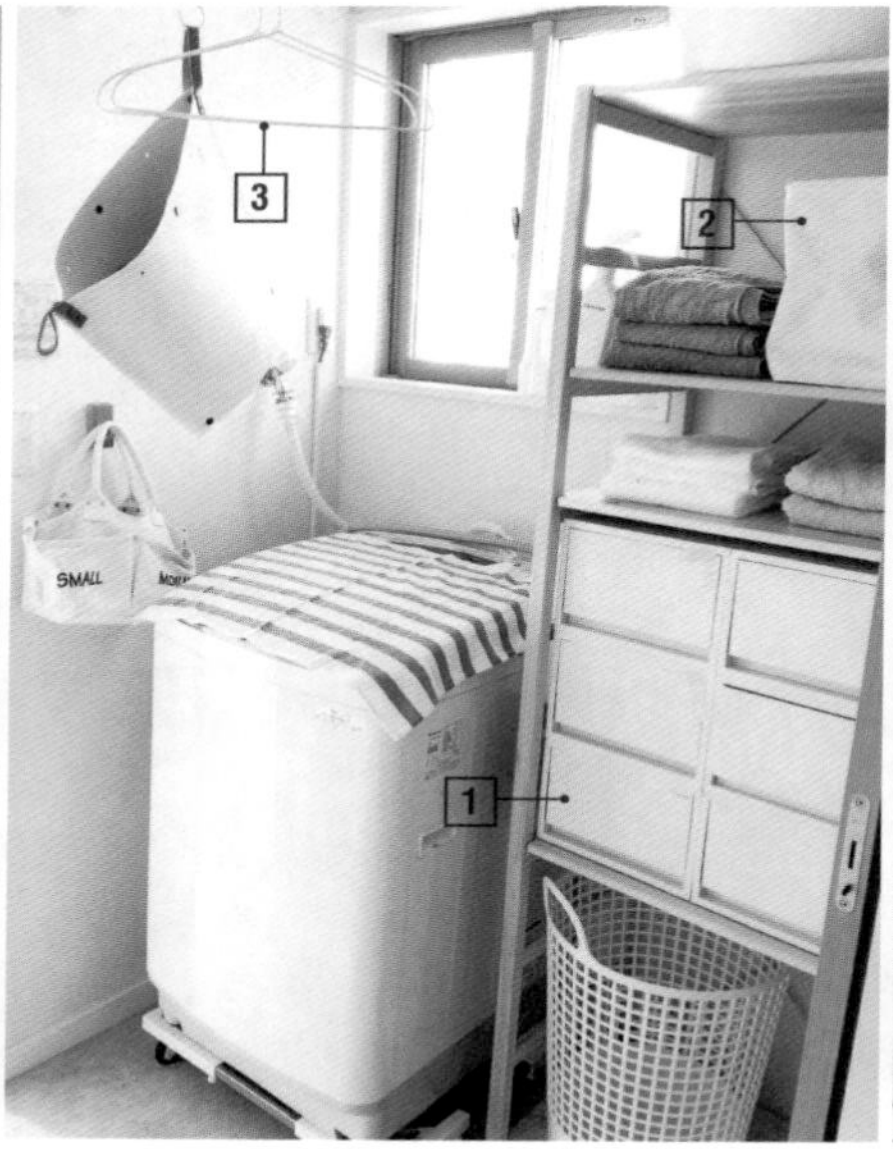

1

ポリプロピレンケース・引出式・深型・ホワイトグレー
約幅26×奥行37×高さ17.5cm
価格：1490円

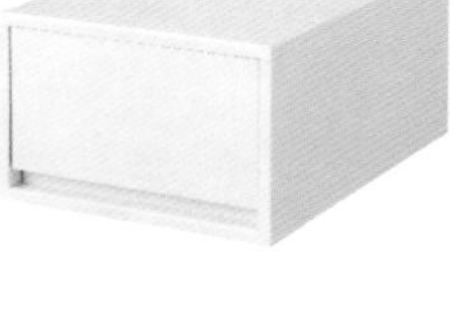

2

ポリエステル麻・ソフトボックス・長方形・中
約幅37×奥行26×高さ26cm
価格：890円

3

アルミ洗濯用ハンガー
約幅42cm／3本組
価格：390円

とくに気を遣うベビーグッズ。丁寧な洗濯と清潔なボックス。

ベビーベッドの下にお世話グッズをしまっています。無印良品のメイクボックスには洗い終わったガーゼを入れました。せっかくキレイに洗濯したのなら、しまう場所もキレイにしたいですね。

↓あゆみさん

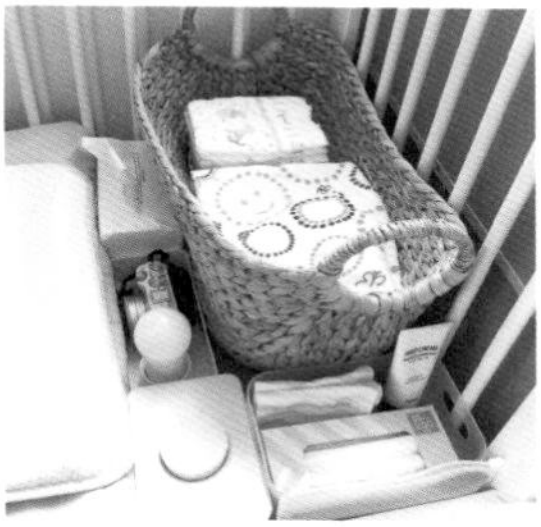

ポリプロピレンメイクボックス・½
約幅15×奥行22×高さ8.6cm
価格：290円

どこにでもつけられる！サニタリーに収納スペースを確保。

簡単に取り付け可能なオーク材のフック。脱衣所のような狭い場所で洗剤など細々したものを収納するためのバッグを掛けています。洗濯機を動かすときに、さっと洗剤を入れられて便利です。

↓mayuru.homeさん

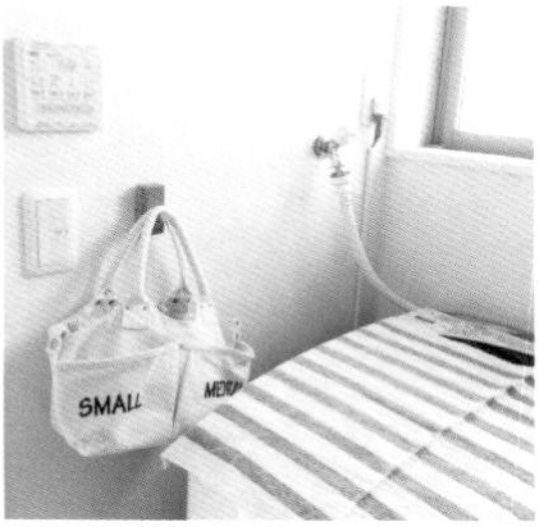

壁に付けられる家具フック オーク材
幅4×奥行6×高さ8cm
価格：990円

奥行きあるボックス活用で、浴室乾燥も広々と。

決して広いスペースではない洗面所。奥行きのあるボックス収納で、散乱しがちな化粧品などをしまっています。わが家は浴室乾燥をするので、やっぱり広々とした空間で洗濯したいですね。

↓あゆみさん

1 ポリプロピレンファイルボックス・スタンダードタイプ・ホワイトグレー・½
約幅10×奥行32×高さ12cm
価格：390円

お揃いのハンガーだから洗濯が楽しくなる。

洗濯物を干すとき、ハンガーを片付けるとき。ただお揃いのハンガーというだけで、とても楽しくなります。乾いたあとの衣類の肩が出っ張らないように配慮されている点もうれしいポイントです。

↓かもめさん

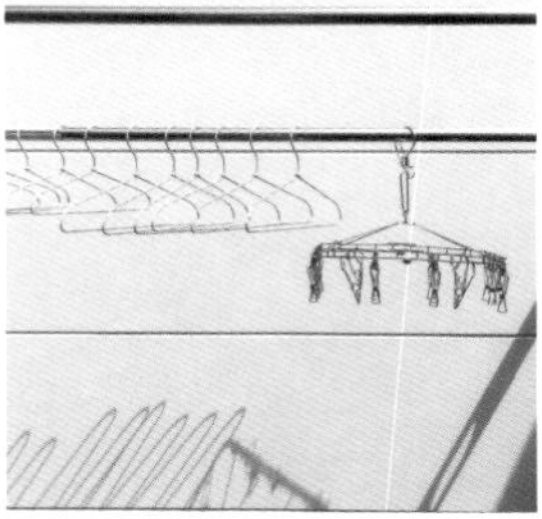

アルミ洗濯用ハンガー
約幅33cm／3本組
価格：350円

Category ー 洗濯

細々した洗濯用品をラクにキレイに収納。

洗濯ばさみやハンガーなどランドリースペースには細々としたものが増えがちです。これらをすっきりキレイに収納したい！ こんな悩みをステンレスワイヤーバスケットが見事解決してくれました。

大きく場所をとりがちな洗剤類はファイルボックスに入れてサッと取り出しやすく、散らからない仕組みに。タオル類は浅型のバスケットを使ってラック2段目に収納しました。バスケットは2つ用意し、フェイスタオルとバスタオルで分けています。毎日使うものばかりなので、なるべくラクに作業ができるように。見た目もすっきりしているので、洗面所のスペースが広々と見えます。ステンレス製だから丈夫で錆びにくく、湿気が気になる場所でも安心して使っています！→ta__kurashiさん

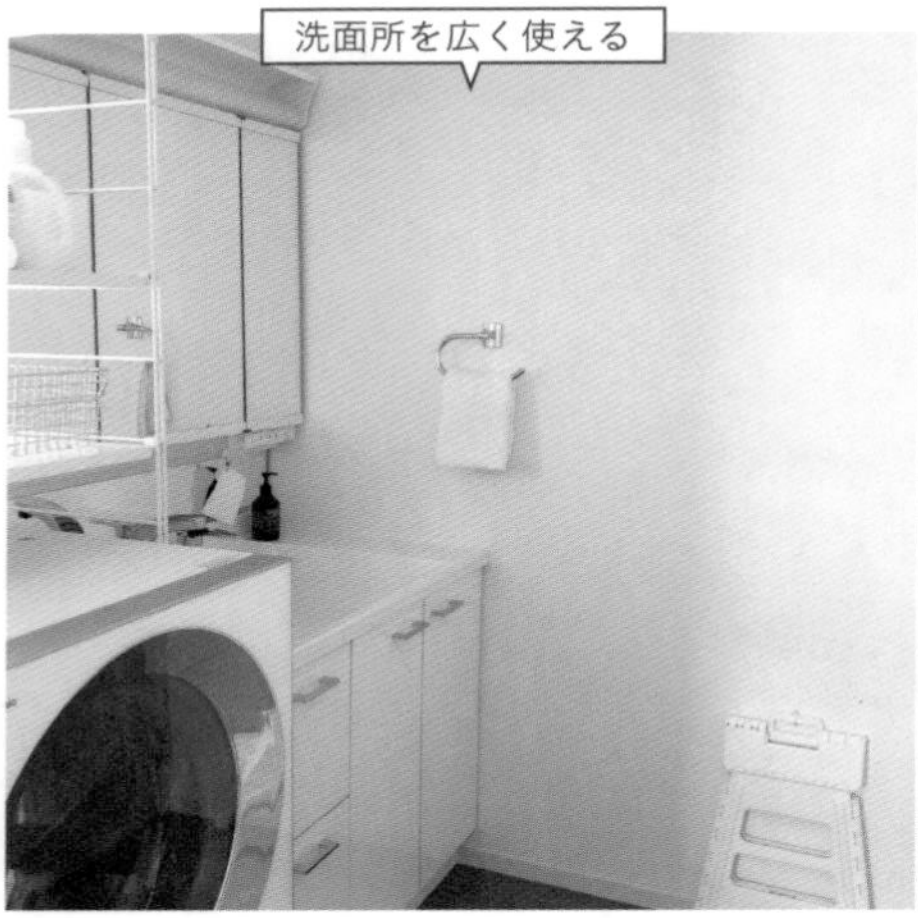
洗面所を広く使える

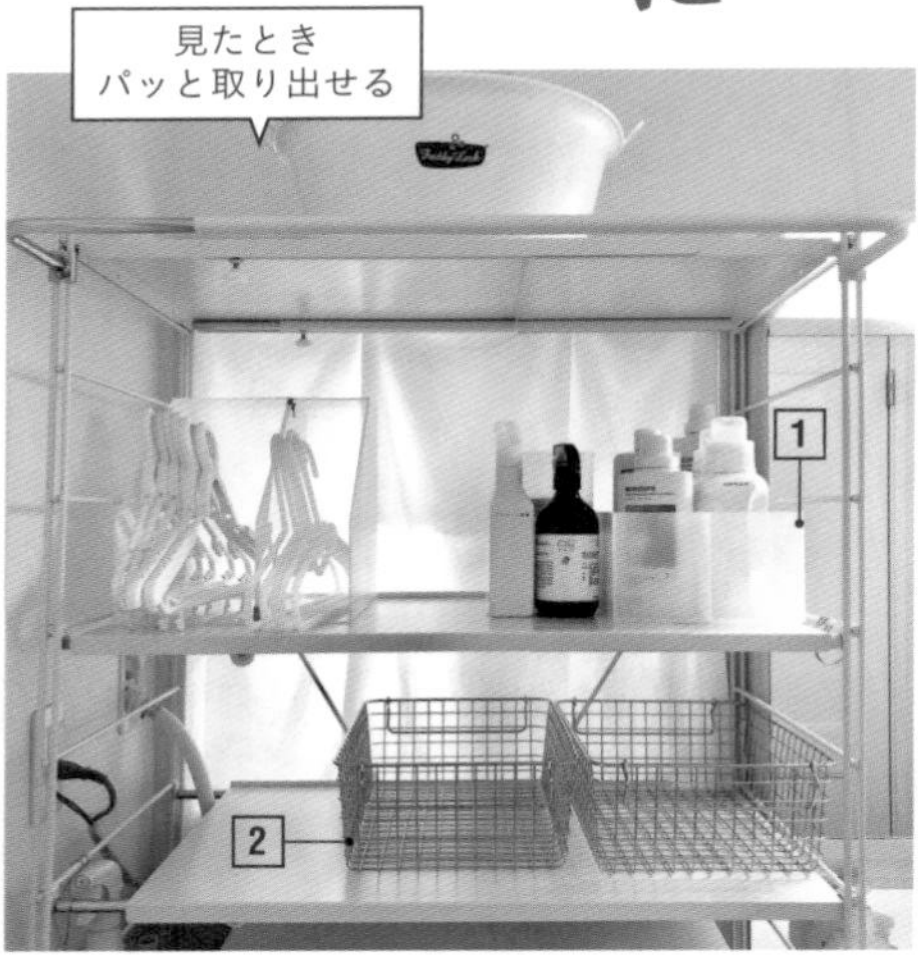
見たとき
パッと取り出せる
1
2

1

ポリプロピレンファイルボックス・スタンダードタイプ・½
約幅10×奥行32×高さ12cm
価格：390円

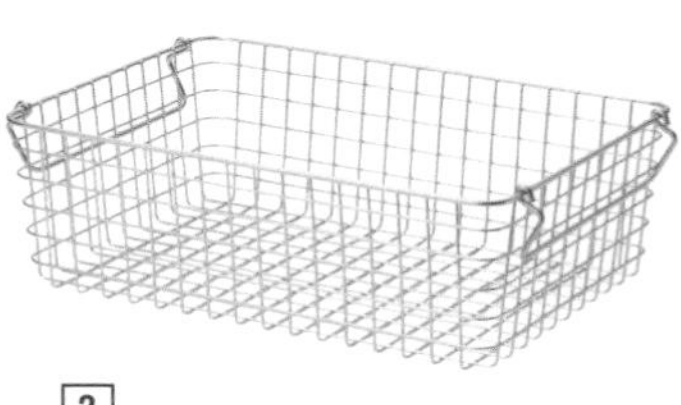

2

ステンレスワイヤーバスケット3
約幅37×奥行26×高さ12cm
価格：1790円

置くものを厳選！ “昔からある”を見直してすっきりサニタリーに。

「不要なモノはもたない」「無駄な家事はやらない」。そんな暮らし方を実践しているので、部屋のいたるところに無印良品のアイテムを活用しています。今回は、サニタリールームをご紹介します。

まず、よく驚かれるのが脱衣所に洗濯カゴがない点。わが家は、あえて洗濯カゴを置かず、洗濯ネットにそのまま洗濯物を放り込むだけでOKなんです。また、洗面ボウルの下にはラタンのバスケットを忍ばせ、脱いだパジャマの一時置き場に。後ろのお風呂場から出てすぐ着られて、入れたものが透けない素材なのですっきり見えるのがお気に入りポイントです。

↓マキさん

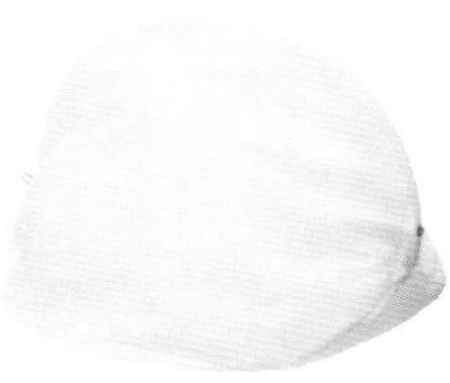

1
ポリエステルクッションメッシュ洗濯ネット／丸型
約28.5×20×20cm
価格：390円
※メイン写真の商品は旧仕様です

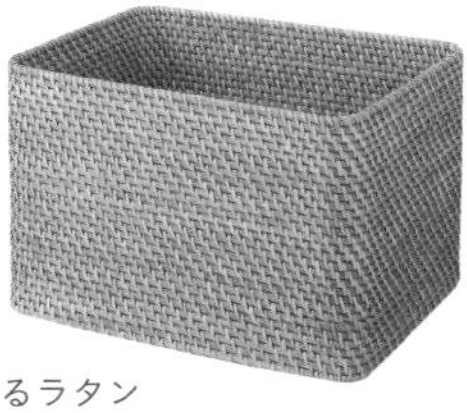

2
重なるラタン
長方形バスケット・大
約幅36×奥行26×高さ24cm
価格：2990円

整理収納アドバイザー「cozy-nest 小さく整う暮らし」

尾崎友吏子さんに聞く 手間がなくなる洗濯のコツ。

アイロン掛けは
リビングで。
一角にさりげなく収納

アイロン掛けはリビングで。アイロンは取り出しやすいよう、碁盤やDVD、ゲームなど、リビングで使うモノと一緒に、重なるラタンシリーズの収納にしまわれています

「ラクに洗濯するコツは、〝一度で終わらせる〟。そうすれば、手間も時間もミニマルに。それぞれの家族が〝ついで〟にできる工夫もオススメです。」

3人の息子を持つ母でありながら、共働きの尾崎さん。ふつうに暮らしていたら、とても忙しくなるはずですが、ゆとりを持って毎日の暮らしを楽しまれています。

家族の人数が多いので、息子が大きくなってきたときに、大量の洗濯物にも頭を悩ませたと言います。そんな尾崎さんが、ラクに洗濯できるようになったコツを教えてもらいました。

まず心がけたのは、「一度にやること」。洗濯機の前にランドリーネットを設置して、家族が各々、直接洗濯物を仕分けられる仕組みにしました。尾崎家では、洗濯物入れは使いません。ハンガーに掛けて干すタイプの衣類は、直接、洗濯機の中へ。主にタオルなどの白いもの、靴下やパンツなどの黒っぽい洗濯物は、無印良品の洗濯ネットに仕分けして、ネットごと洗濯機で洗い、ネットごとベランダにある乾燥機の中まで運びます。「何度も洗濯機やかごから手を出し入れしないだけで、洗濯が驚くほどスムーズになりました」と尾崎さんは語ります。

また、洗濯でもっとも面倒な「畳む」家事も、尾崎家では賢く省略。ハンガーで干す洗濯物は、乾いたらそのままファミリークローゼットに掛けるだけ。シワにもならず、あえて「畳まない」収納で、大幅な手間の省略と時短に成功しました。「家のハンガーは、基本的に無印良品のアルミハンガーに統一。わが家に約100本あります。5人家族なので、一人当たり20本。洗濯にも収納にも使うので、これぐらいがわが家の適量」だと言います。

Profile

1970年、神奈川県生まれ。大阪在住。主婦歴20年、子育て歴18年。働きながら、3人の息子の母として暮らす。モノを減らして家事を効率化する方法をブログ「cozy-nest　小さく整う暮らし」で紹介。著書に「3人子持ち働く母の家事と家計をラクにする方法」、「3人子持ち働く母の『追われない家事』」（共にKADOKAWA刊）など。

家族が
それぞれに洗濯物を
振り分けます!
ハンガーに干す洗濯物は
直接洗濯機の中へ
ランドリーの収納は
ブリ材のバスケット
黒っぽい衣類
白い衣類

「面倒な洗濯の手間が半減するコツ。
洗濯物は家族がネットに分類してネットごと洗濯。
ハンガーで干すものは、乾いたらハンガーごと収納。」

洗濯で面倒な「畳む・しまう」を省略するアイディア。ハンガーで干したら、そのままハンガーごと衣類をクローゼットの中へ収納しています

尾崎さん愛用の無印良品

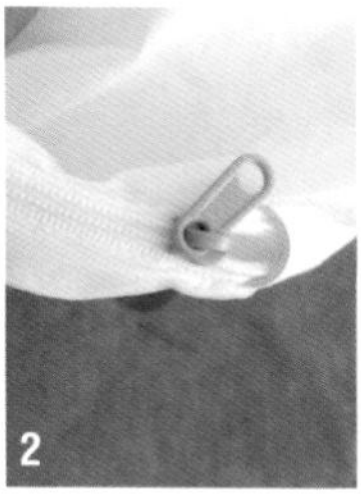

2

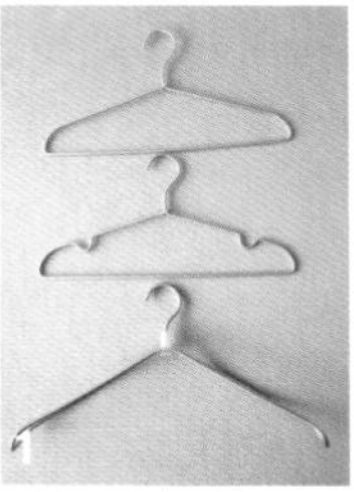

1

1 無印良品のアルミ洗濯用ハンガー。薄いので、服をかけてもクローゼットの場所を取りません。濡れた服を吊るしてまとめて運ぶので、軽いところも◎

2 洗濯ネットはリピート買いしている定番。「100均のものとは耐久性が違うし、吊り下げていても見た目がキレイ」と絶賛愛用中

尾崎家の洗濯に欠かせないのが、無印良品のアルミ洗濯用ハンガーと洗濯ネット。どちらもリピート買いしている愛用商品だと言います。「わが家では収納にも干すのにも、このアルミ洗濯用ハンガーを使っています。アルミ製なので、プラスチックよりも耐候性が高く、干すとき紫外線や風雨に当たっても劣化しにくいのがいいんです」と教えてくれました。また、濡れた服を吊るしてまとめて運ぶので、軽量なところもよいのだとか。

そして、洗濯の手間を減らすために洗濯ネットも大活躍しています。洗濯機の前面に吊るされているこの無印良品のネットは、「この大きさがちょうどいい」と長年活用。「洗濯ネットだけなら、安いモノでも十分役目を果たします。ただ、やっぱり大量の洗濯物をまわしながら長年使っていて、〝保ち〟が違うことを実感。シンプルな見た目も気に入っています」と、繰り返し購入しているそうです。

息子が小さかった頃にセットしていた「着替えセット」を再現。ブリ材のバスケットを着替え入れとして使っていました

**子ども用の
着替えセットは
上から着る順番に**

着替えは、下着、上着、ズボン……と着る順番にセット。子どもでも自主的に衣類を管理する意識が身につく、暮らしのアイディアです

洗濯の手間を時短できたカギは、「できるだけ家族各人が自分で管理できる」仕組み作り。尾崎家では、洗濯物を分類するのも、洗濯した後の衣類の管理も自分でやるのがルールです。

「子どもが小さい頃は、着替えセットのボックスを作って、自分で着替えられるように工夫していました」。乾かした洗濯物も、ハンガーごとクローゼットの一時置き場へ持っていき、そこから家族各々の収納場所へ移動させます。干す時から、人別にハンガーを並べているので取り込んだあと仕分ける手間が省けます。

「靴下、下着、ハンカチなど、仕分けた洗濯物も個人が自分で片づけます。下着や靴下などは畳まず、ぽいぽい投げ入れられる収納で、大雑把でもカンタンに片づけられるようにしているんです。

また、取り込んだ洗濯物をリビングなどの居室に溜めないのもポイント。取り込んだ洗濯物を置く専用スペースを作れば、リビングが畳んでいない洗濯物の一時置きになるのを防げます」。

夫のコーナー
取り込んだ洗濯物を
吊るすスペース

基本はアルミ洗濯用ハンガー・約幅42㎝／3本組（390円）にかけて、重なるブリ材長方形バスケット・中（1590円）もストック入れなどに活用しています

洗濯が終ったら、各自でクローゼットへ。それぞれの収納ルールを決めておけば、着るのも洗濯するのも、スムーズなんです。

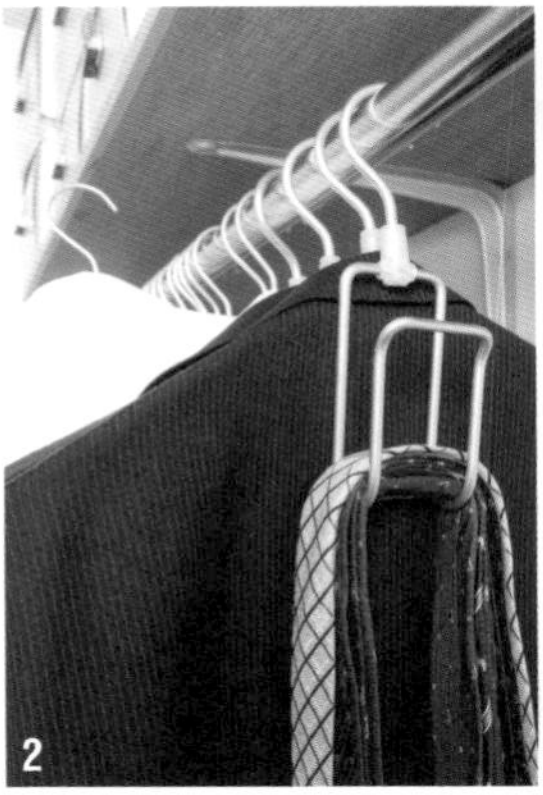
2

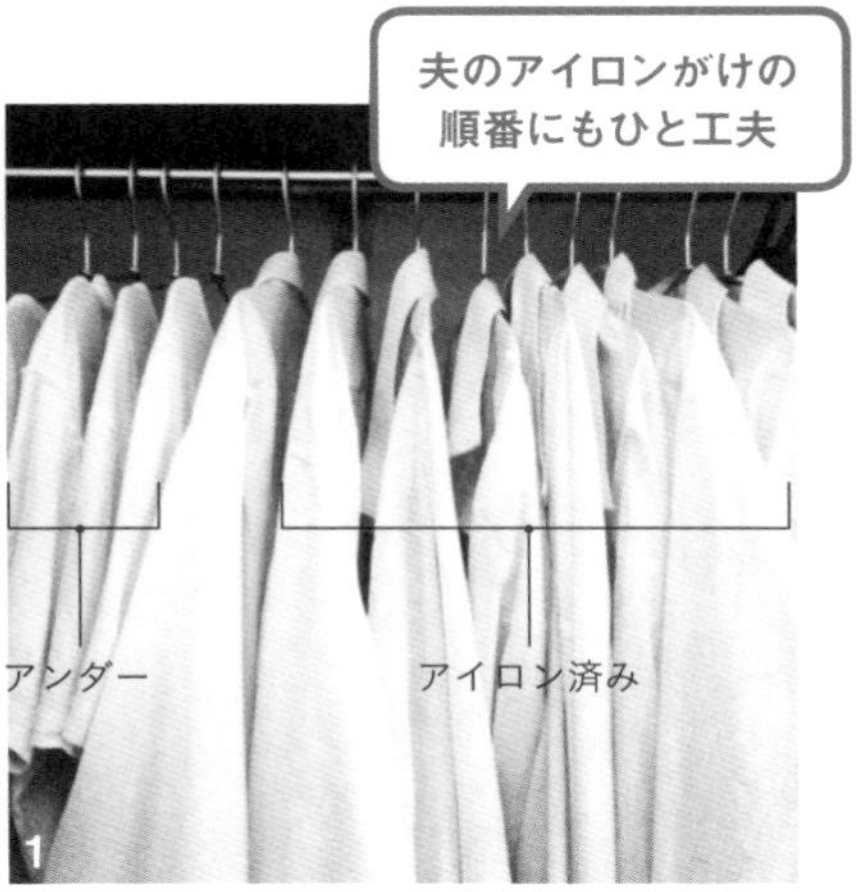
夫のアイロンがけの
順番にもひと工夫
アンダー
アイロン済み
1

1 夫の仕事着は、アンダーとアイロン済のシャツを両方着用。アンダーとアイロン済の中間から取れば、すぐワンセットが着られるように配置

2 ネクタイの収納はアルミハンガー・ネクタイ／スカーフ用（290円）を使用。ひと目で柄がわかるので、朝に選びやすく、時短になります

無印良品で心地よいキッチンづくり。

毎日使うキッチンでは、自分と一心同体になってくれる収納が欠かせません。効率よく料理できる空間に整えましょう。

Category | キッチン

Category ｜ キッチン収納

見た目から美しく。キレイにするには「楽しさ」が必須。

パントリー内には食器類や調味料類を置いています。引き出し式のポリプロピレンケースには主に食器をしまい、なるべく同じモノを揃えることによって統一感を出して、見た目をよくしています。引き出しというのはいくつあっても邪魔にならないので、収納するにあたって大活躍しますし、使い終わった食器を片づけることも楽しくなります。

頑丈収納ボックスにはガスコンロやビール、乾物など調味料をストックしています。大きさがそれぞれあるので、収納するものによって使い分けも大事です。

ダストボックスは横幅が19㎝とコンパクトなので、分別用に並べています。すっきり収まってとても使いやすいです。

↓かもめさん

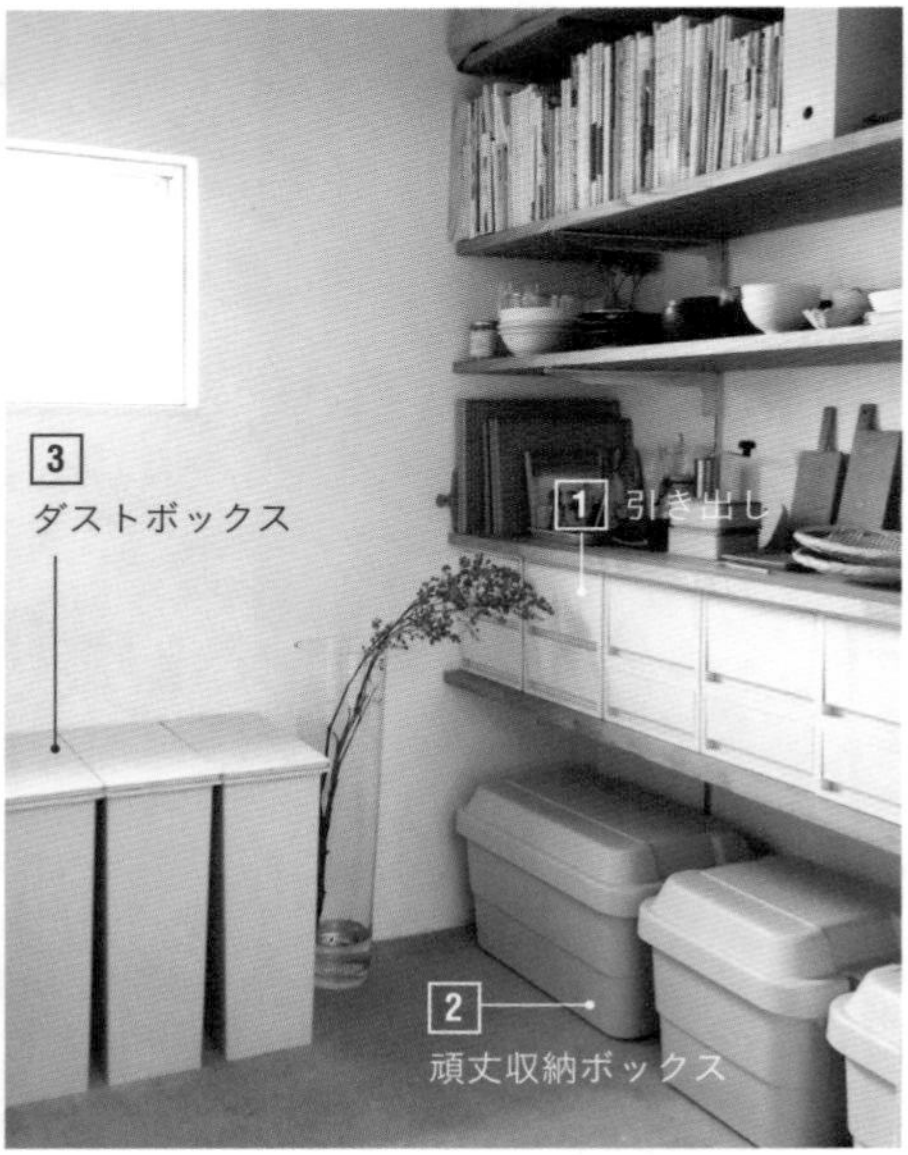

1

ポリプロピレンケース・
引出式・深型・
ホワイトグレー
約幅26×奥行37×高さ17.5㎝
価格：1490円

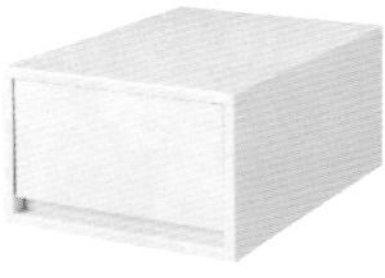

2

再生ポリプロピレン入り
頑丈収納ボックス・大
約幅60×奥行39×高さ37㎝
価格：2490円

3

ポリプロピレン
フタが選べる
ダストボックス・
大（30L袋用）
袋止付・
約幅19×奥行41×
高さ54㎝
価格：1790円

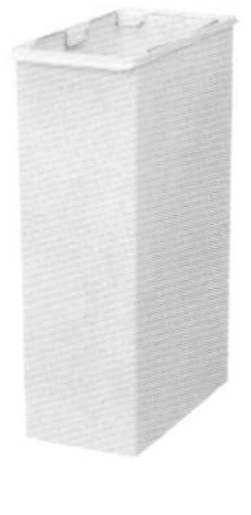

ポリプロピレンはキッチン収納の強い味方です。

アジアンやミッドセンチュリーなどのインテリア遍歴を経て、どんなテイストの部屋にも合う無印良品のアイテムを愛用しています。

とくにアクリルや、ポリプロピレンの収納グッズは重宝しています。シンプルで、いつでも買い足せる安心感と、いろいろな場所で使えるところが気に入っています。キッチンのキャビネットではケース類が大活躍。中に入っているモノが見えるのでどこに何があるかが直感的にわかります。

またこれらの素材は、掃除やお手入れがしやすい点もメリット。サッと拭いたり、丸ごと水洗いするだけで、キッチンの収納をいつも清潔に保てます。

→mujikko-RIEさん

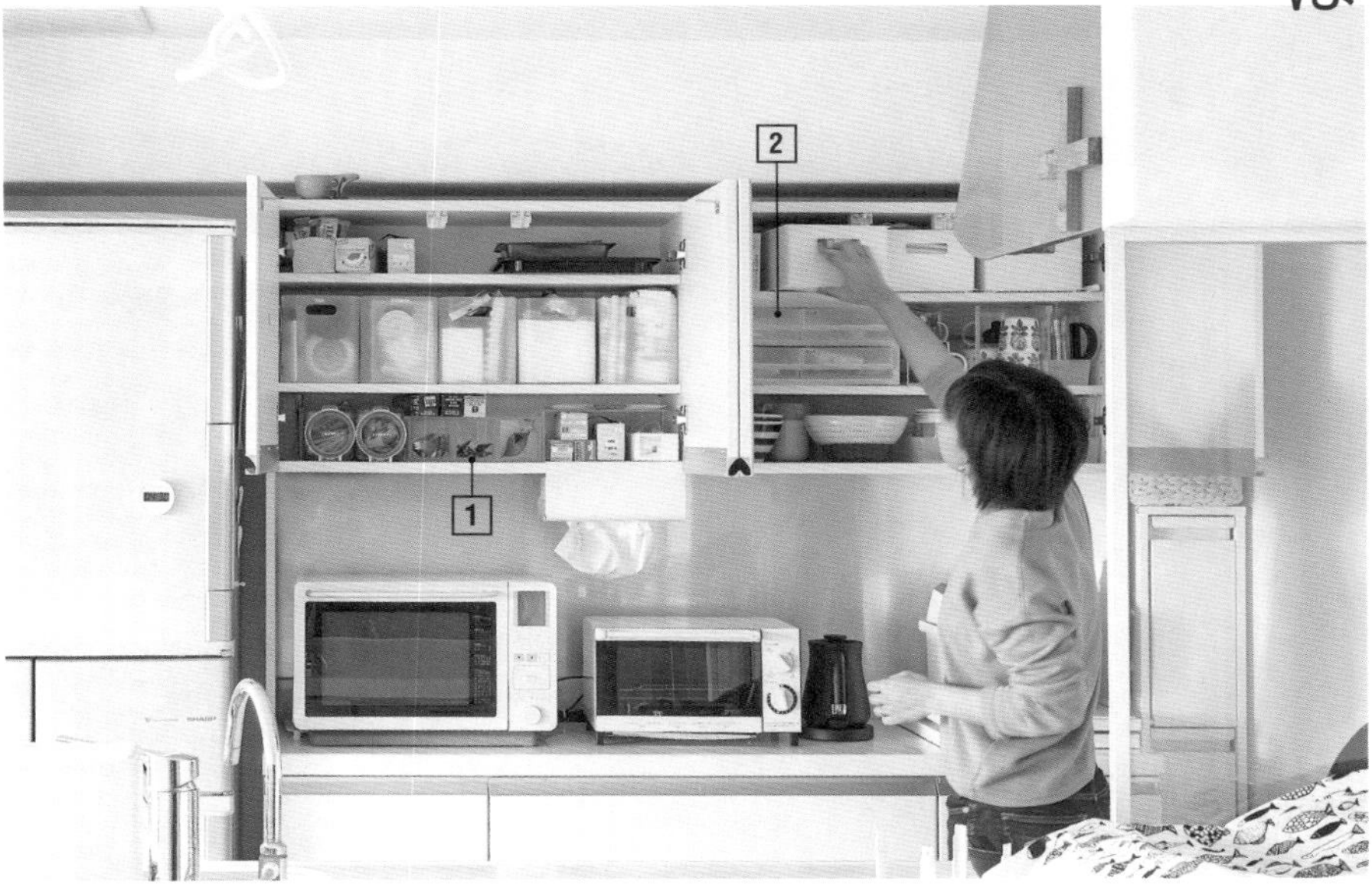

1

アクリル
小物収納・3段
約幅8.7×奥行17×
高さ25.2cm
価格：2290円

2

ポリプロピレンケース
引出式・横ワイド・薄型2個
幅37×奥行26×高さ9cm
価格：1490円

お気に入りが詰まったキッチン収納。

家の中で1番好きな風景。とくに意識をして置いてるわけではないですが、色合いが、木とステンレスと黒と白だけ。……って、今頃気づきました。

キッチンの収納では、ホワイトグレーのボックスに調味料等を収納しています。ケースが軽く、さっと引き出せて使いやすいです。IHの下のステンレスユニットシェルフに専用パーツの引出式・ワイヤーバスケットを付けて収納にしています。台所道具を1段目に、乾物などよく使う物を2段目に入れて、すぐに引き出せて使いやすくしています。

ステンレスは錆びにくいのでキッチンに合わせやすくて気に入っています。右側のシェルフも、無印良品の高さ46㎝タイプのステンレスユニットシェルフを組み合わせています。↓かもめさん

1 ステンレスユニットシェルフ・ステンレス追加用ワイヤーバスケット
幅56cmタイプ用
価格：3990円×2

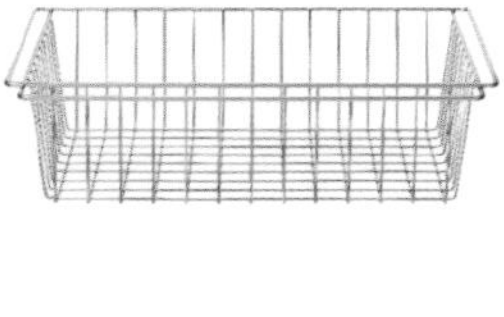

2 ステンレスユニットシェルフ・ステンレス追加棚
幅56cmタイプ用
価格：4490円×3

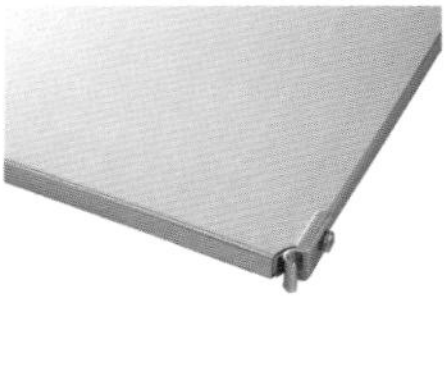

3 ステンレスユニットシェルフ・ステンレス追加用帆立・ミニ
高さ46cmタイプ用
価格：3790円×2

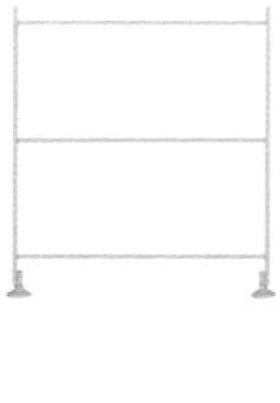

シンク下の収納はファイルボックスで仕切りをつくる。

シンク下の収納は、形もサイズも違う調理器具がたくさんあって、整理整頓がとても難しい場所。

　そこで、仕切りの代わりになるのが無印良品のファイルボックス。大きさがワイドとノーマルの2種類あるので、大きめなザルなどはワイドに、スリムなボウルやレモン絞りなどはノーマルに収納しています。ファイルボックスに収まらないサイズはそのまま収納して、両側からファイルボックスで挟んで、仕切りとして使っています。

　浅い引き出しにはメイクボックスを利用してガスボンベや油こしのフィルター、紙皿、ストローなどの小物を収納しています。バラバラになることがないので、とても使いやすいです。

↓ぴょこぴょこぴさん

シンク下収納1

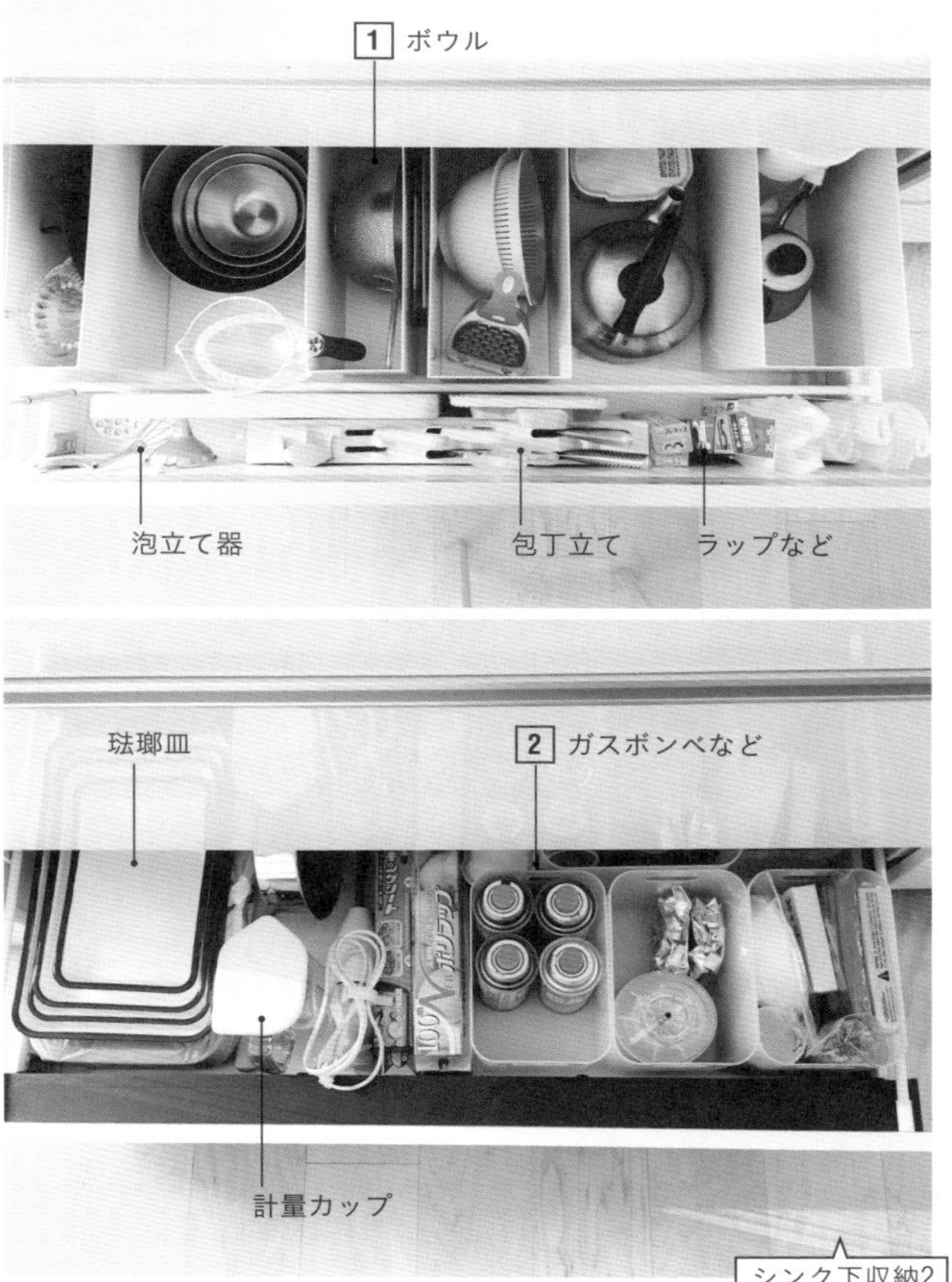

シンク下収納2

1

再生ポリプロピレン入りファイルボックス・スタンダードタイプ
ホワイトグレー
約幅10×奥行32×高さ24cm
価格：590円

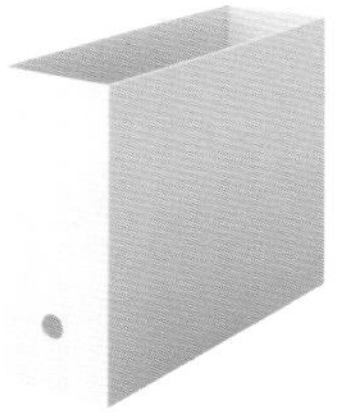

2

ポリプロピレンメイクボックス・½
約幅15×奥行22×高さ8.6cm
価格：290円

キッチンを見せる収納にすれば掃除意欲も湧く。

ポイントは右下のステンレスシェルフです。幅１１２㎝の存在感があるシェルフをキッチンの下に置くことで、統一感を出しています。これは見せる収納なので、こまめに掃除しようと意欲が湧きますよね。また、ホワイトグレーのファイルボックスには、キッチン回りの掃除グッズや洗剤等を収納していますが、サッと引き出せて使いやすく、掃除もしやすいのがポイントです。

わが家の中でいちばん好きな風景がキッチンです。トースターやオーブンレンジもモノトーンの物にし、棚にはシンプルなデザインの食器や小物などを配置しました。結果、木と黒と白だけのシンプルな色合いになっていて、キレイを保とうとやる気が出ます。

↓かもめさん

1

ステンレス
ユニットシェルフ・
追加棚
幅112cmタイプ用
価格：9990円

2

ステンレスユニットシェルフ・
ステンレス追加用帆立・ミニ
高さ46cmタイプ用
価格：3790円

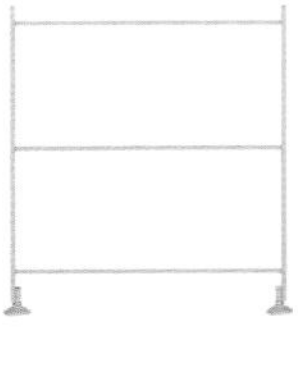

3

再生ポリプロピレン入り
ファイルボックス・
スタンダードタイプ・ワイド
ホワイトグレー
約幅15×奥行32×
高さ24cm
価格：790円

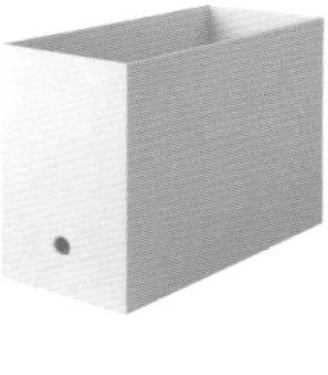

キッチンのゴミ箱を捨ててフックで代用。掃除要らずに。

キッチンのゴミ箱って汚れ具合がすごくて、真冬に掃除するのが本当にイヤなんです。

そこで、思い切ってゴミ箱を捨てて無印良品のステンレス扉につけるフックを導入。シンク横に取り付けてビニール袋を引っ掛けるだけにしてみました。ちなみに、左がプラ用で右が可燃用です。

実は、わが家の勝手口を出てすぐのところに、市のゴミ袋を張った大きなゴミ箱があるんです。だから、このビニール袋がいっぱいになったら外のゴミ箱に放り込むだけ。これでゴミ箱掃除というムダな作業から解放されました。

↓阪口ゆうこさん

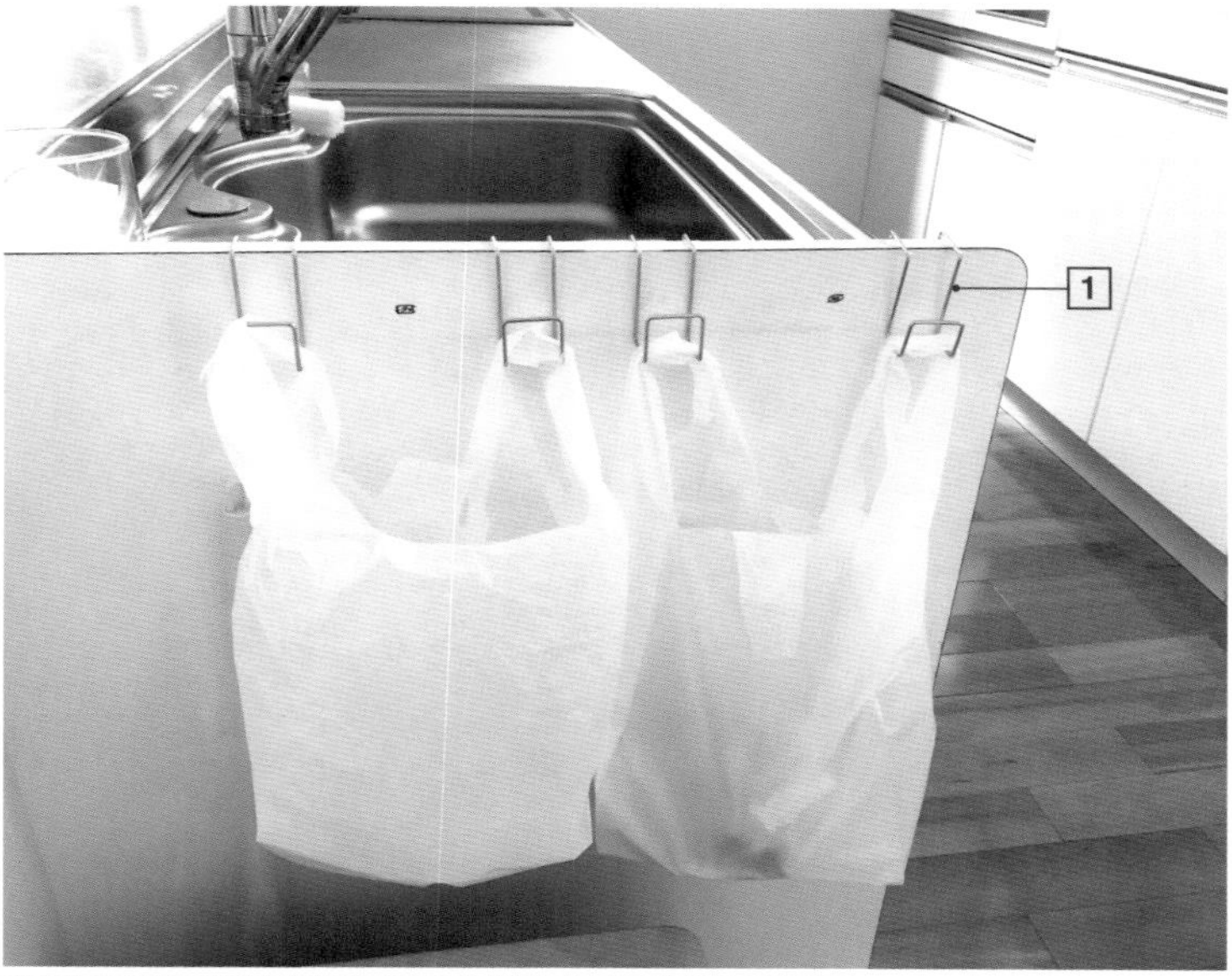

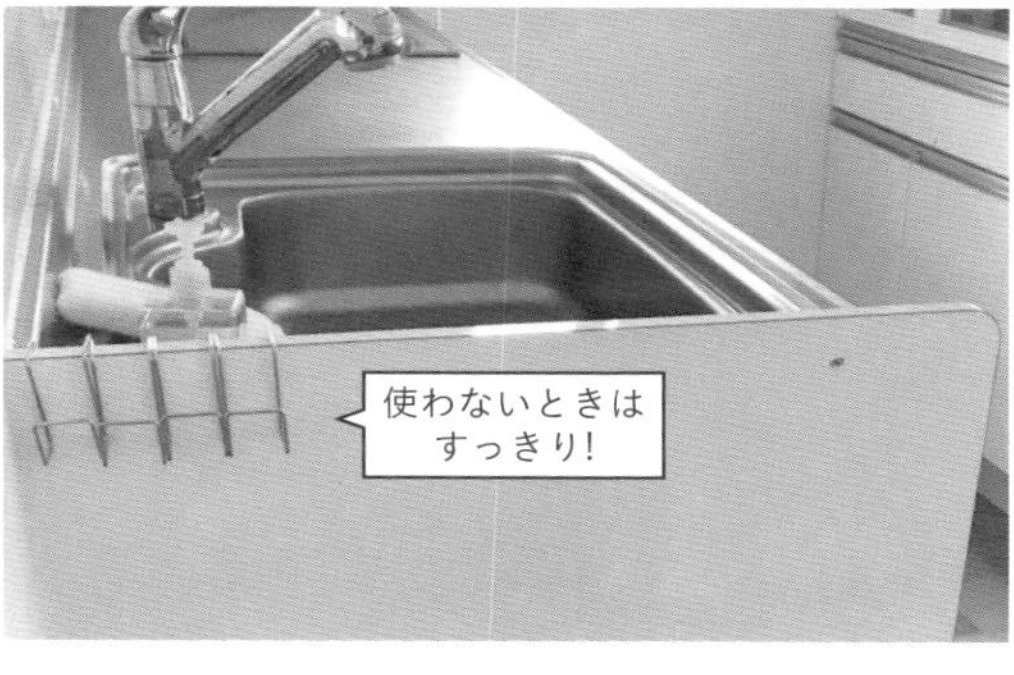

1
ステンレス
扉につけるフック
約幅3.5×奥行6×
高さ6cm
価格：290円

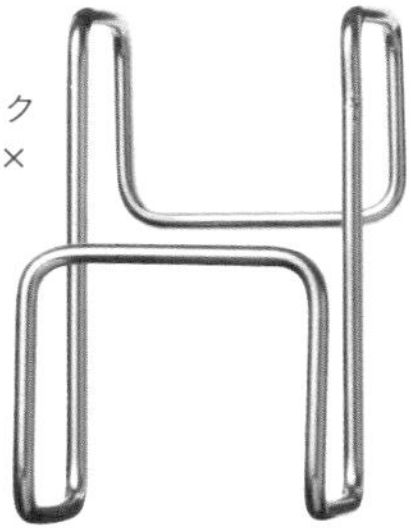

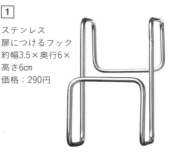

機能性重視のオープン収納で位置を固定化。

キッチンやパントリーでは、機能性とり出しやすさを重視しています。オープンな棚や、ラベリングされた収納で、モノの配置をわかりやすくしています。基本的には私しか足を踏み入れないので、わかりやすさが一番大切なんです。ひと目で何があるかが把握できるパントリーでは、はじめて足を踏み入れても、迷うことはありません。

その秘密は、シェルフで分割しモノの住所を決めること。たとえば消耗品ストックはファイルボックスに一括収納し、パンやお菓子など使用頻度が高いモノはスムーズに取り出せるブリ材バスケットへ。食器類はアクリルの仕切り板を使い、下のお皿が取り出しやすいようにするなど、使うモノ別にしっかり管理されています。↓Uさん

1 ワンタッチで組み立てられるダンボールスタンドファイルボックス・5枚組 A4用
約幅10×奥行28×高さ32cm
価格：890円

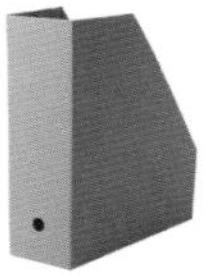

2 アクリル仕切棚・小
約幅26×奥行17.5×高さ10cm
価格：890円

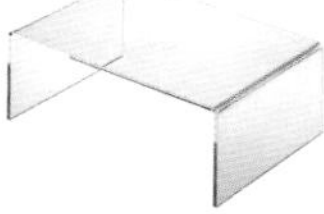

3 重なるブリ材角型バスケット・中
約幅35×奥行37×高さ16cm
価格：1990円

ウォールシェルフに雑貨を飾りキッチンを楽しくアレンジ。

キッチンにも「見せる、隠す、飾る」収納があります。調理家電や食材はシェルフに置き、ぽかんと空いた壁面にウォールシェルフを設置して、ディスプレイして楽しんでいます。台所しごとの合間に眺められる位置に、お気に入りの雑貨を飾り、毎日使う場所を楽しく彩ります。↓渡邉さん

壁に付けられる家具棚 オーク材突板 88cm
約幅88×奥行12×高さ10cm
価格：3990円

出番の多いツールは、すぐ取れるようトレーにまとめて。

台所は毎日使う場所なので、重視するのは料理も掃除も「すぐやれる」こと。出しっぱなしでもキレイに保てるのがルールです。とくによく使うモノは、木製トレーにセットすると置く場所が決まっておすすめです。↓Mさん

木製　角型トレー
約幅27×奥行19×高さ2cm
価格：1490円

キッチン雑貨はケースに移し変えて生活感を出さないように。

ホイルやラップといった雑貨は、パッケージデザインが統一されておらず生活感が現れやすい。シンプルなケースに入れ替えれば、ごちゃごちゃに見える雑貨も一瞬でインテリアを邪魔しないものに早変わりします。↓Mさん

ポリプロピレンラップケース
小／約幅20～22cm用
価格：450円

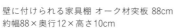

ワイド引き出しケースは積み重ねて使うともっと便利！

よく使うカトラリーや食器用布巾の収納にポリプロピレンケース・引出式・横ワイドの浅型と薄型を使っています。カラーはわが家では白系の食器とよく馴染むホワイトグレーを愛用中です。浅型、薄型どちらも横幅が同じなので、積み重ねて使えるのがお気に入り。設置する収納棚の高さに合わせて、2段にしたり、3段にしたりカスタマイズできるんです。少し高さがある浅型には布巾などを、薄型にはカトラリーを、と区別できるので重宝します。

↓ta__kurashiさん

1 ポリプロピレンケース・引出式・横ワイド・浅型・ホワイトグレー
約幅37×奥行26×高さ12cm
価格：1390円

2 ポリプロピレンケース・引出式・横ワイド・薄型・ホワイトグレー
約幅37×奥行26×高さ9cm
価格：1290円

仕切板なら買い足して収納スペースをカスタムできる！

重ねると取り出しにくいお鍋やフライパンは、スチール仕切板を複数並べて、間に立てて収納しています。お鍋の大きさや収納スペースに合わせて調節＆組み合わせられるので使い勝手もいいですよ。

↓Aさん

スチール仕切板
大・幅16×奥行15×高さ21cm
価格：490円

フライパンはファイルボックスに立てて収納する手もあります。

シンク下はスペースがあっても、すでにモノが入っていてフライパン専用のラックが置けないという人はファイルボックスをお試しあれ。文房具用品ですがフライパンやフタを立てて収納することができます。

↓Kさん

ポリプロピレンスタンドファイルボックス・A4用
約幅10×奥行27.6×高さ31.8cm
価格：590円

½サイズだから調味料の出し入れがとってもラクチン！

ファイルボックス・スタンダードタイプの½サイズを使って、IH下にあるスライド式収納内で醤油やみりんなどといった液体調味料を整理しています。気づいたら倒れていたり、漏れた液体が収納スペースを汚してしまったり……という液体調味料収納の〝あるあるトラブル〟を解消してくれました。

½サイズなので、コンパクトにまとめることができ調味料類の出し入れがとてもラク！汚れたときは丸洗いできるので、常に清潔な状態を保つことができます。→あかねさん

調味料がぴったり入った！

再生ポリプロピレン入りファイルボックス・スタンダードタイプ・1/2 ホワイトグレー
約幅10×奥行32×高さ12cm
価格：390円

大切な食器を傷付けないやわらかケースが優秀なんです。

わが家のキッチンでは、茶碗などの食器入れにやわらかポリエチレンケースが大活躍。とってもやわらかい素材でできているので大切なお茶碗や汁椀が傷付くこともなく、汚れたときは丸洗いもＯＫ。常に衛生的に保てます。

茶碗や汁椀をまとめて入れることで、棚の中で積み重ねた茶碗が倒れたりすることもなく、省スペース化も図れます。また両手で持てるよう両サイドに穴が空いているので、ご飯の準備のときはケースごと移動！作業時間の短縮にも一役買ってくれています。→emiyutoさん

ご飯を準備するときはケースごと移動！

やわらかポリエチレンケース・ハーフ・中
約幅18×奥行25.5×高さ16cm
価格：590円

キッチン収納は3つのアイテムでシンプル収納。

キッチンのシンク下の収納は無印良品の3つのアイテム「ファイルボックス」、「整理ボックス4」、「キッチンツールスタンド」で収納しています。無印良品で揃えると、買い足したいときにもデザインの統一が簡単で便利です。いろんな場所に使えるアイテムなので安心して使っています。

各アイテムの収納の内訳は、ファイルボックスにはお鍋のフタ、整理ボックスには包丁やハサミ、箸置き、缶切りなど、ツールスタンドにはトングやキッチンツールを入れています。とくにツールスタンドは白磁でずっしりと重く、いろいろなモノを入れても倒れにくいのがいいです。本物の磁器っていいですね。

→ayakoteramotoさん

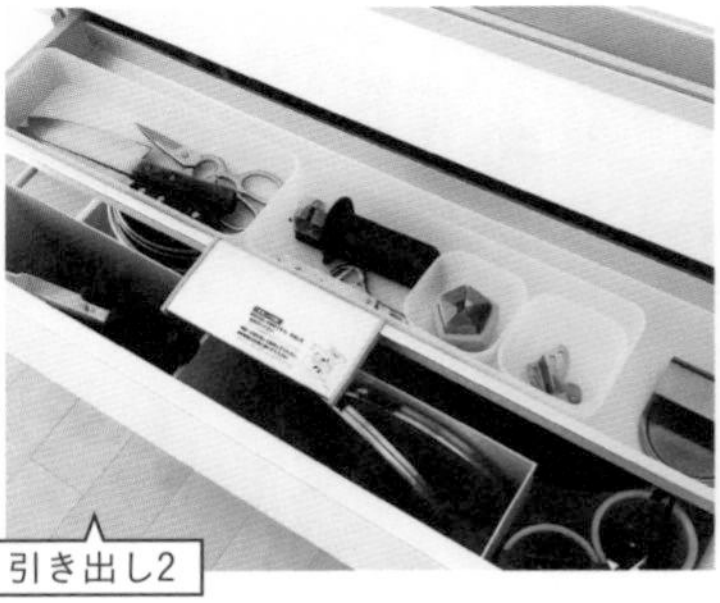

1

再生ポリプロピレン入りファイルボックス・スタンダードタイプ ホワイトグレー
約幅10×奥行32×高さ24cm
価格：590円

2

ポリプロピレン整理ボックス4
約幅11.5×奥行34×高さ5cm
価格：220円

3

磁器ベージュ キッチンツールスタンド
約直径9×高さ16cm
価格：990円

キッチン用品は引き出して すぐに取り出しやすい工夫を。

キッチン用品の収納には無印良品のステンレスユニットシェルフの引き出しを組み合わせて、調理用具などを収納しています。仕切りには見えやすいように、半透明のメイクボックスシリーズや100均のアイテムを組み合わせ、引き出したときに一目でわかるようにしました。取り出すにもしまうにも使いやすい収納を目指しています。

高さのあるモノはメイクボックスで取り出しやすく収納しています。また、大きめなモノは金属トレイの上に乗せて、取り出しやすくしました。

↓かもめさん

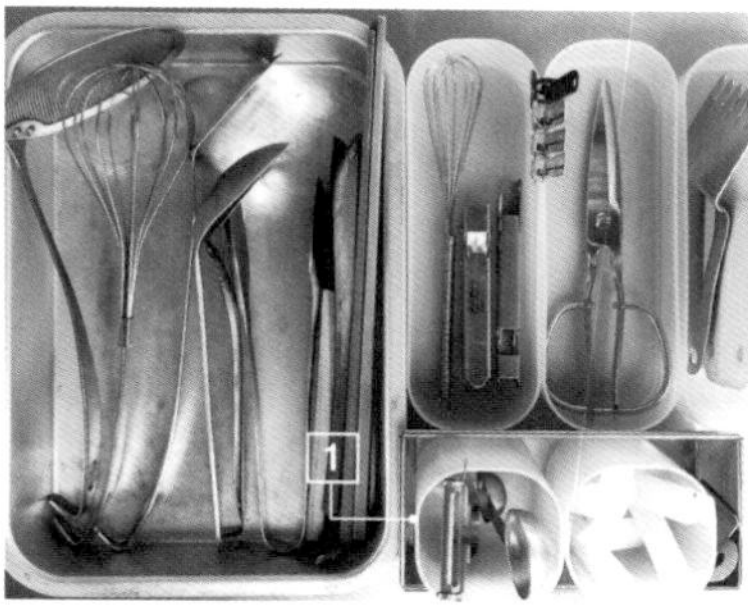

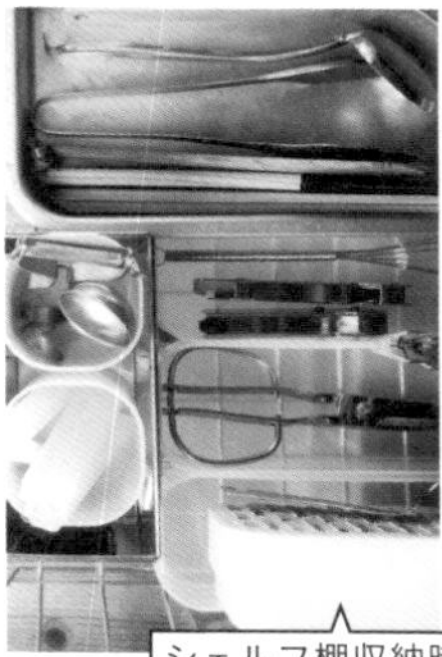

シェルフ棚収納時

1

ポリプロピレン
ブラシ・ペンシル
スタンド
約幅7.1×奥行7.1
×高さ10.3cm
価格：150円

よく使う調理器具は吊るす& 立てる収納で見た目も美しく。

ほとんど仕切りのないワンルーム。全部見えているのに心地よいのは、ホワイトを主役に、白木と植物のグリーン、ステンレスなど、色も素材も厳選しているから。とくに、実用の調理器具は色やサイズ感を揃え、モノとモノの間をあけて、飾るつもりで並べると生活感が薄れます。→ponsukeさん

1

アルミS字フック・
中　2個入
約幅4×高さ8.5cm
価格：190円

2

磁器ベージュキッチン
ツールスタンド
約直径9×高さ16cm
価格：990円

カトラリーは定位置&シンプルトレーで取り出しがスムーズに。

実はわが家には、お客様用品はないんです。布団、スリッパ、食器、カトラリーも例外ではありません。〝減らせるものは減らす！〟。その観点で、普段からお客様に出しても恥ずかしくないようなお気に入りのカトラリーを普段使いしています。

カトラリーの定位置はキッチン引き出し上段。引き出し内の仕切りにはポリプロピレン整理ボックス2を使っています。定位置を決めるほか、さっぱりとしたデザインの仕切りトレーを使うことで、毎日の取り出しがとてもスムーズなんです。

→yk.apariさん

ポリプロピレン整理ボックス2
約幅8.5×奥行25.5×高さ5cm
価格：190円

散らかりがちな冷蔵庫内のパック品はボックスでまとめる。

無印良品のポリプロピレン整理ボックスシリーズは、文具やカトラリーなど、さまざまな場所の収納に便利なアイテムですが、冷蔵庫内の整理整頓に使うのもオススメです。私は、ポリプロピレン整理ボックス4を納豆・玉子豆腐・豆腐の仕分けに使っています。

作り置きは密閉容器に入れることで保存できますが、納豆などパッケージされているものって庫内で散らかってしまいがちですよね。でも、収納ボックスを使うことでひとまとめにできるので、冷蔵庫の中がすっきりしました。

↓ぴょこぴょこぴさん

ポリプロピレン整理ボックス4
約幅11.5×奥行34×高さ5cm
価格：220円

½サイズのファイルボックスでキッチンの収納スペースを区分け。

ノートや書類などを収納するポリプロピレンファイルボックスも、コンロ下のキッチン収納棚の中に入れれば、引き出し内の空間を手軽に仕切ることができます。

サラダ油やごま油などといった調味料を入れておけば、調理器具とぶつかって倒れる心配もないし、マグカップにお玉やフライパン返しなどのキッチンツールを立てて置くこともできちゃいます。ポリプロピレンファイルボックスにはいくつか種類がありますが、½サイズなら、上から取り出すスライド式収納でも使いやすいですよ。

↓あゆみさん

調味料もキッチンツールも収まる

再生ポリプロピレン入りファイルボックス・スタンダードタイプ・1/2
ホワイトグレー
約幅10×奥行32×高さ12cm
価格：390円

大きすぎず小さすぎないベストなサイズ感でムダな空間ナシ！

ポリプロピレン整理ボックスは、本当にいろいろな使い方ができてとても便利！ 大きすぎず、小さすぎないので、引き出し収納の整理整頓には欠かせません。

数あるサイズの中でも、とくに使いやすいと感じるのが「整理ボックス3」。高さが5㎝とスリムなのに浅すぎない形状だから、見た目以上の収納力があります。

ムダな空間をつくることなく収納スペースを仕切れます。

↓ta__kurashiさん

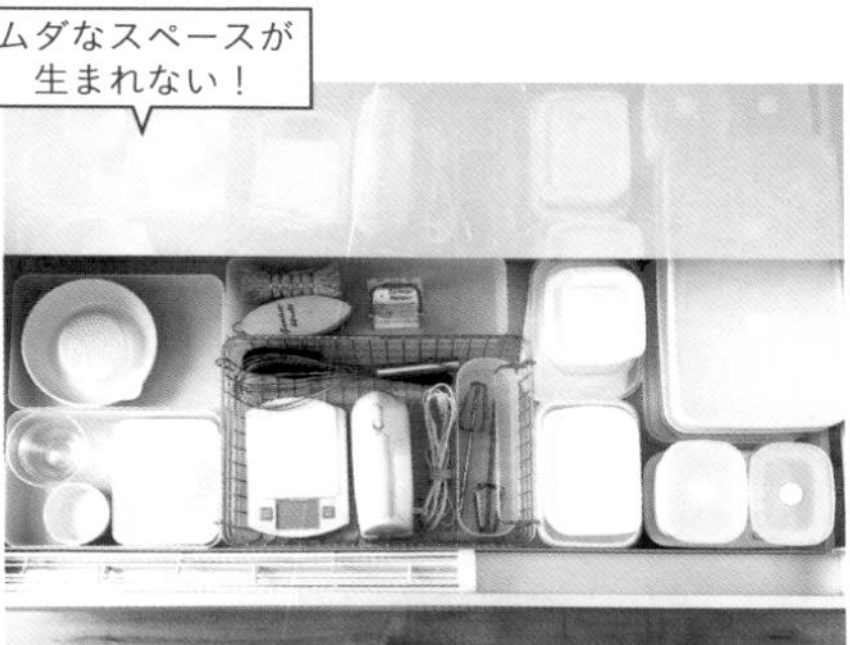
ムダなスペースが生まれない！

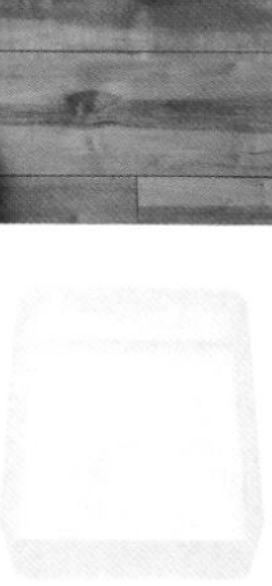

ポリプロピレン
整理ボックス3
約幅17×奥行25.5×高さ5cm
価格：250円

Category 1 キッチン収納

「アクリル仕切棚」なら食器棚の空間を少しもムダにしない。

デスクなどでも便利なアクリル仕切棚は、キッチンの食器棚でも大活躍！　わが家では、平皿や深皿の収納に活用しています。

食器棚の中を仕切れるだけではなく、上にも下にも食器をしまうことができるのがポイント。食器はあまり重ねすぎると取り出しにくいし、また破損の原因にもなりますよね。でも、アクリル仕切棚で上下に空間を区切ることでそれぞれ異なる種類の食器を置けるようになるし、取り出しがグッとスムーズになりました。

また、とても透明度が高いアクリル製なので、何個置いても圧迫感がまったくないのもお気に入り。購入する食器に合わせ、食器棚の中を自分でカスタマイズする感覚で調整することができます。

↓Yさん

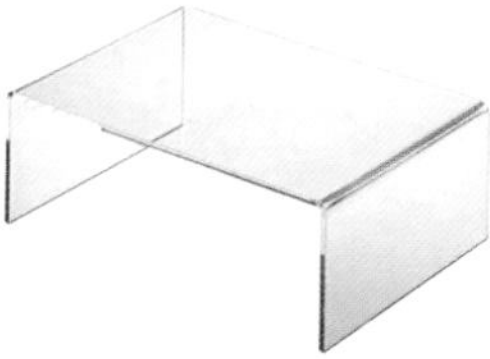

アクリル仕切棚・小
約幅26×奥行17.5×高さ10cm
価格：890円

フタを付ければ使用頻度の低いお皿やお椀もホコリをかぶらない。

ポリプロピレンスタンドファイルボックス・A4用は、大きなお皿を立てて収納するのにとても便利。置いて重ねて収納するよりも、収納力が増えて空間を最大限に活用できます。収納するお皿のカラーや形をある程度揃えることで見た目もすっきりします。

また下段には、ポリプロピレンファイルボックス・スタンダードタイプに使用頻度が低い茶碗などを入れて置いています。キャスターもつけられるフタをかぶせることで、使わない間でもホコリをかぶることがありません。

→shiroiro.homeさん

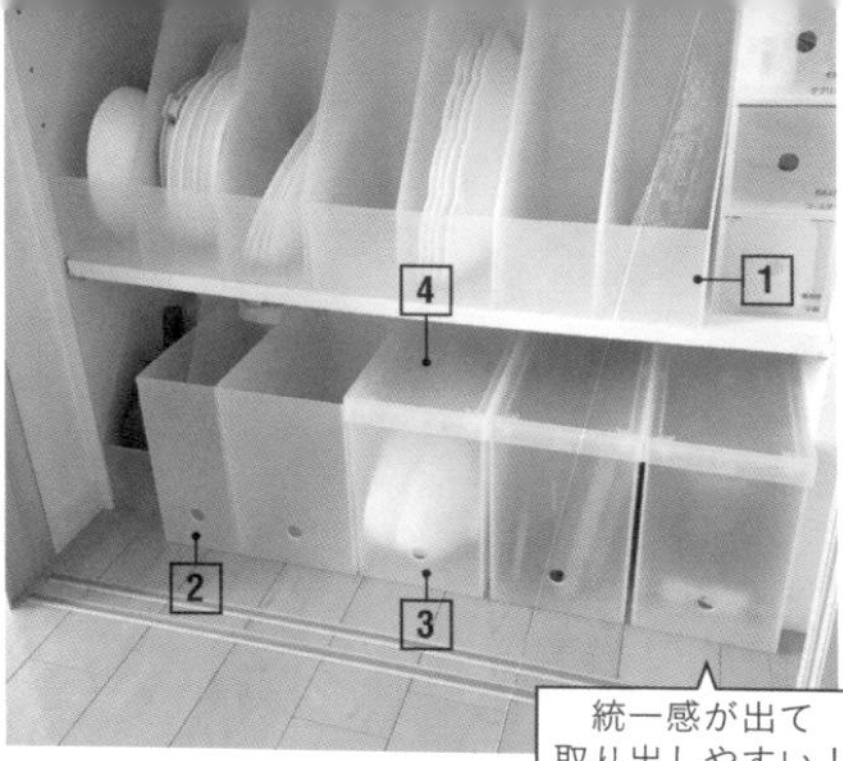

1 ポリプロピレンスタンドファイルボックス・A4用
約幅10×奥行27.6×高さ31.8cm　価格：590円

2 ポリプロピレンファイルボックス・スタンダードタイプ・A4用
約幅10×奥行32×高さ24cm　価格：590円

3 ポリプロピレンファイルボックス・スタンダードタイプ・ワイド・A4用
約幅15×奥行32×高さ24cm　価格：790円

4 ポリプロピレンファイルボックス
スタンダード用キャスターもつけられるフタ・幅15cm用・クリア　価格：490円

食器の出し入れはボックスでまとめて一気に。

今日は時間があったので、全部食器を出して、棚を拭き上げました。定期的にしないとホコリが溜まってしまうのです。

わが家の食器が多いか少ないかはわかりませんが、ボックスを使ってまとめているので、取り出すのは結構簡単です。とくに無印良品のトレーは大きくて茶碗なども収納しやすい高さなので使いやすいです。

また、左側にはよく使う食器をまとめています。食器の数が大事ではなく、限られた場所にすっきり取り出しやすく入るように見直していきたいです。

→mayuru.homeさん

1 ポリプロピレン整理ボックス3
約幅17×奥行25.5×高さ5cm
価格：250円

2 ポリプロピレン整理ボックス2
約幅8.5×奥行25.5×高さ5cm
価格：190円

引き出しのツール類もケースを使ってキレイに片づけ。

キッチンアイテムは種類も多く、サイズもまちまちなため、引き出し収納では散乱しがちです。そこでオススメなのが整理ボックス。入れるモノにぴったり合うケースで整頓してみましょう。↓Kさん

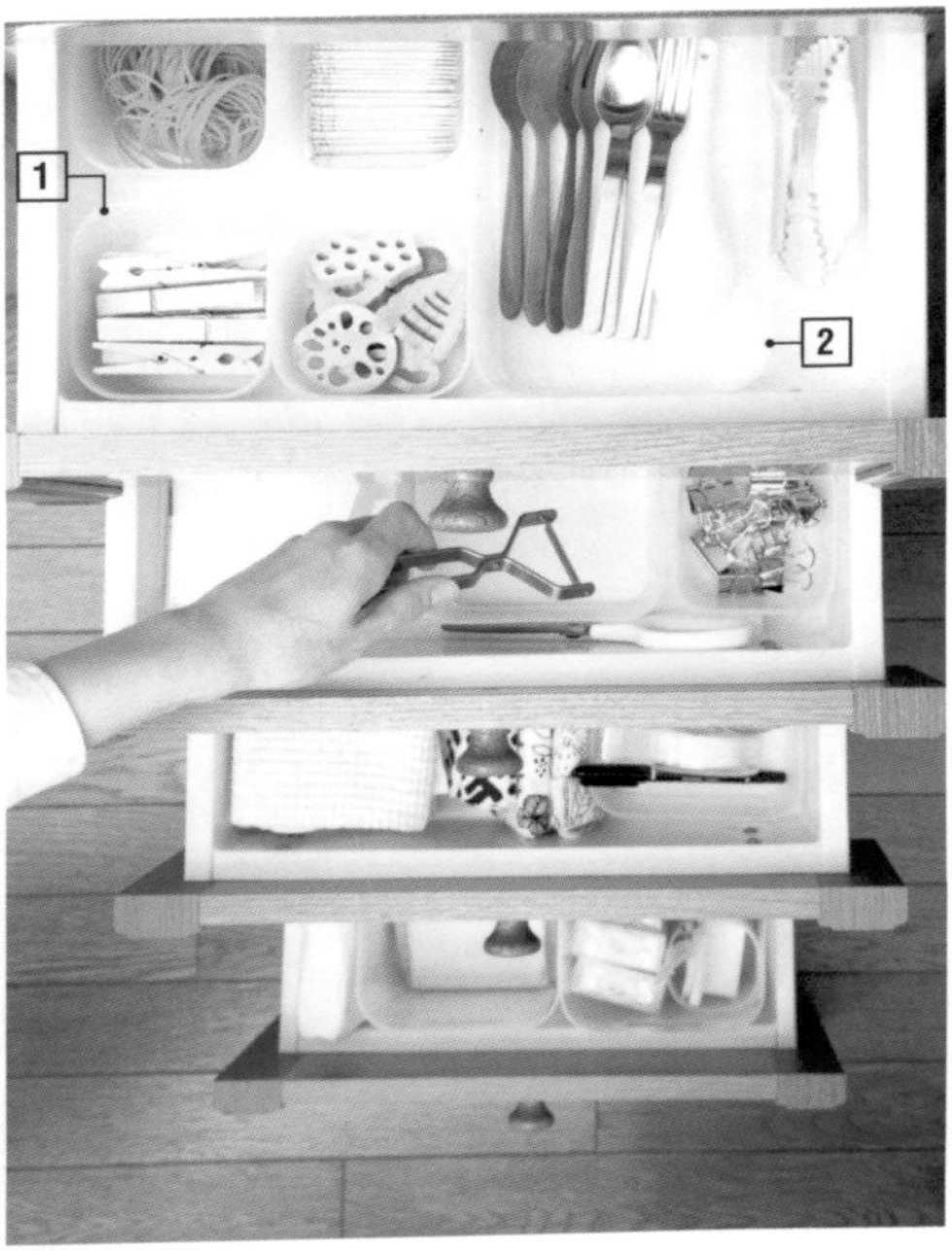

1 ポリプロピレン整理ボックス1
約幅8.5×奥行8.5×高さ5cm
価格：100円

2 ポリプロピレン整理ボックス3
約幅17×奥行25.5×高さ5cm
価格：250円

子どもがお手伝いできるようにカトラリーをまとめて収納。

子どもがいると、専用のカトラリーが必要になってきます。子どももカトラリーを出すお手伝いをしてくれるけど、家族みんなの分を揃えるのに大変そうでした。そこで家族みんなのカトラリーを収納ケースにまとめてみました。

以前は整理ボックスに種類別に入れていましたが、今ではこのボックスを一つ出せば準備完了。子どもでも簡単にお手伝いができるようになりました。

同じようにキッチンツールは余裕を持った収納になっています。種類を絞って、使いやすく、取り出しやすいようにして使っています。↓nikaさん

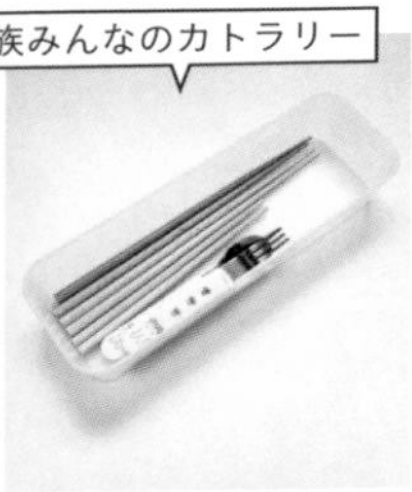

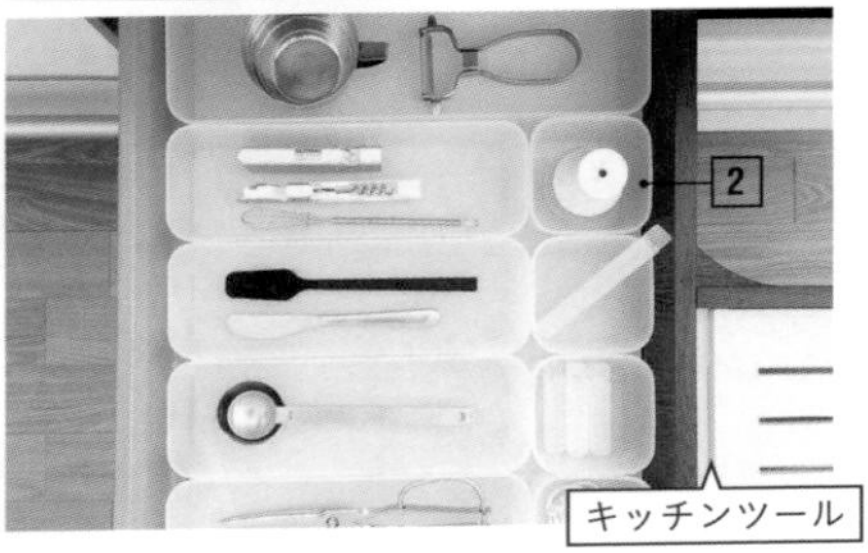

1 ポリプロピレン整理ボックス2
約幅8.5×奥行25.5×高さ5cm
価格：190円

2 ポリプロピレン整理ボックス1
約幅8.5×奥行8.5×高さ5cm
価格：100円

汚れてもじゃぶじゃぶ洗えてキレイを保てる万能仕切り。

シンク下の奥が深い引き出しは、汚れてもすぐに洗える無印良品のファイルボックスとアクリル仕切りスタンドで仕切っています。

お鍋の大きさはいろいろあるので、常にある程度は動かしやすい仕切りが便利です。アクリル仕切りスタンドはしっかりした作りで倒れにくく、調理器具のスタンドとして使いやすいです。また、お鍋は大きめのファイルボックスに入れておくことで仕切る必要もなく、ムダが少ないです。汚れやすいキッチン周りですが、両方とも洗うことができるので、汚れてしまっても、簡単にキレイにできます。まだまだベストではないかもしれませんが、もっと工夫して見やすく使いやすい収納を目指します。

↓ぴょこぴょこぴさん

シンク下収納左

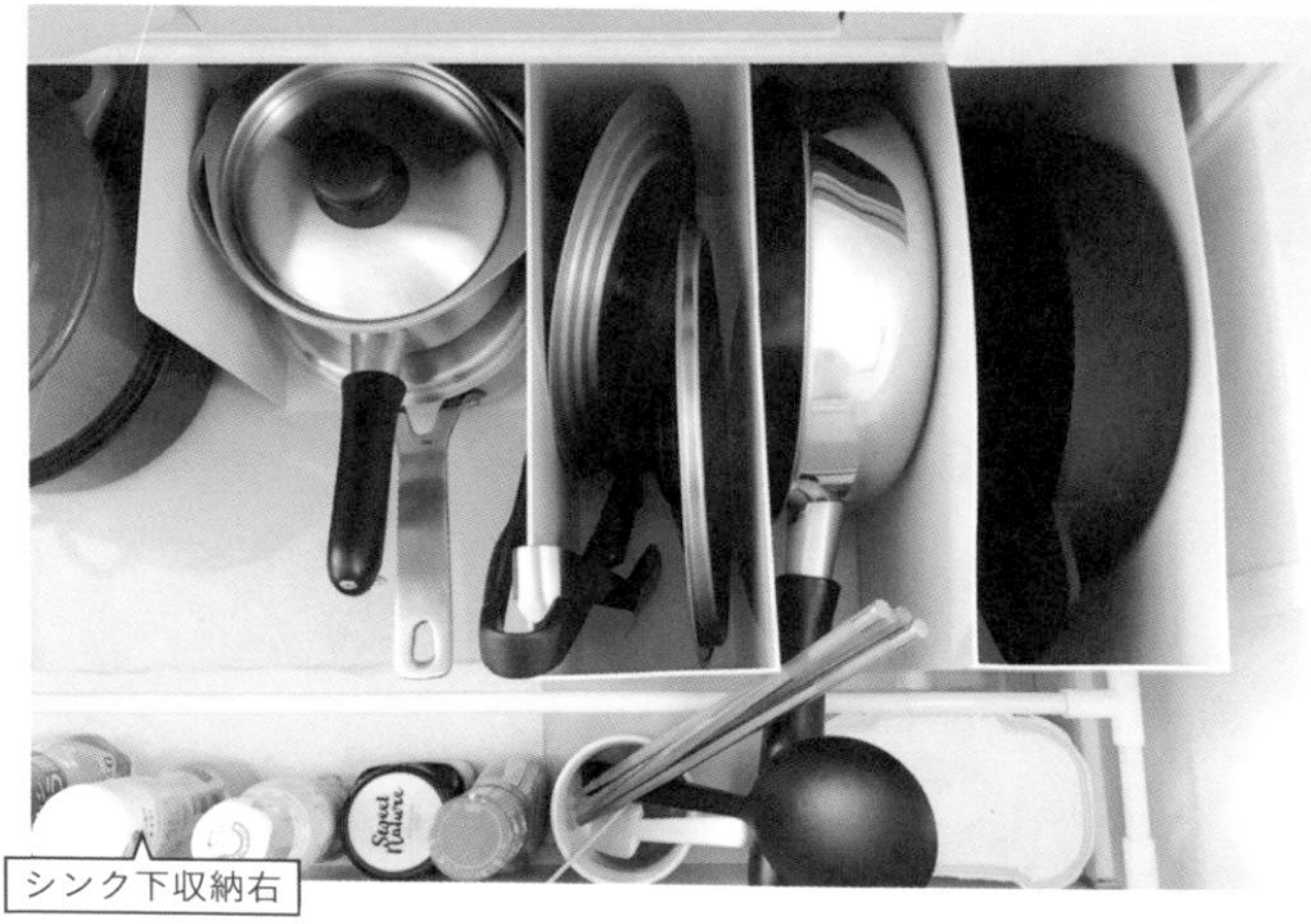

シンク下収納右

1

アクリル仕切りスタンド
3仕切り
約幅13.3×奥行21×高さ16㎝
価格：1190円

2

スチール仕切板 小
幅10×8×高さ10㎝
価格：390円

Category ー キッチン収納

丈夫で形状もいい!
洗いやすくて いつでも衛生的です。

わが家はキッチンツールも無印良品です。買い替えのタイミングで各種メーカーのモノを吟味していますが、気付いたらお気に入りはいつも無印良品（笑）。それだけ使いやすいんです!

ステンレス製のツールは、調理中先端に食材がこびり付いてしまうこともありますが、浸け置き洗いやスチールたわしでゴシゴシ磨くことですっきりキレイに。いつまでも汚れが残ってしまうことがありません。もちろん、力を入れてこすっても傷つきにくく、丈夫にできています。無印良品のキッチンツールは、どれも形状がシンプルだから、洗いやすいですし、常に衛生的に保てます。計量スプーンは液体を混ぜるときにも使えるなど汎用性も高く、ムダな洗いものが減る点も気に入っています。↓ユキコさん

シンプルイズベストな
無印良品の秀逸キッチン
ツールがズラリ!

並べて吊るしても
統一感が出やすい♪

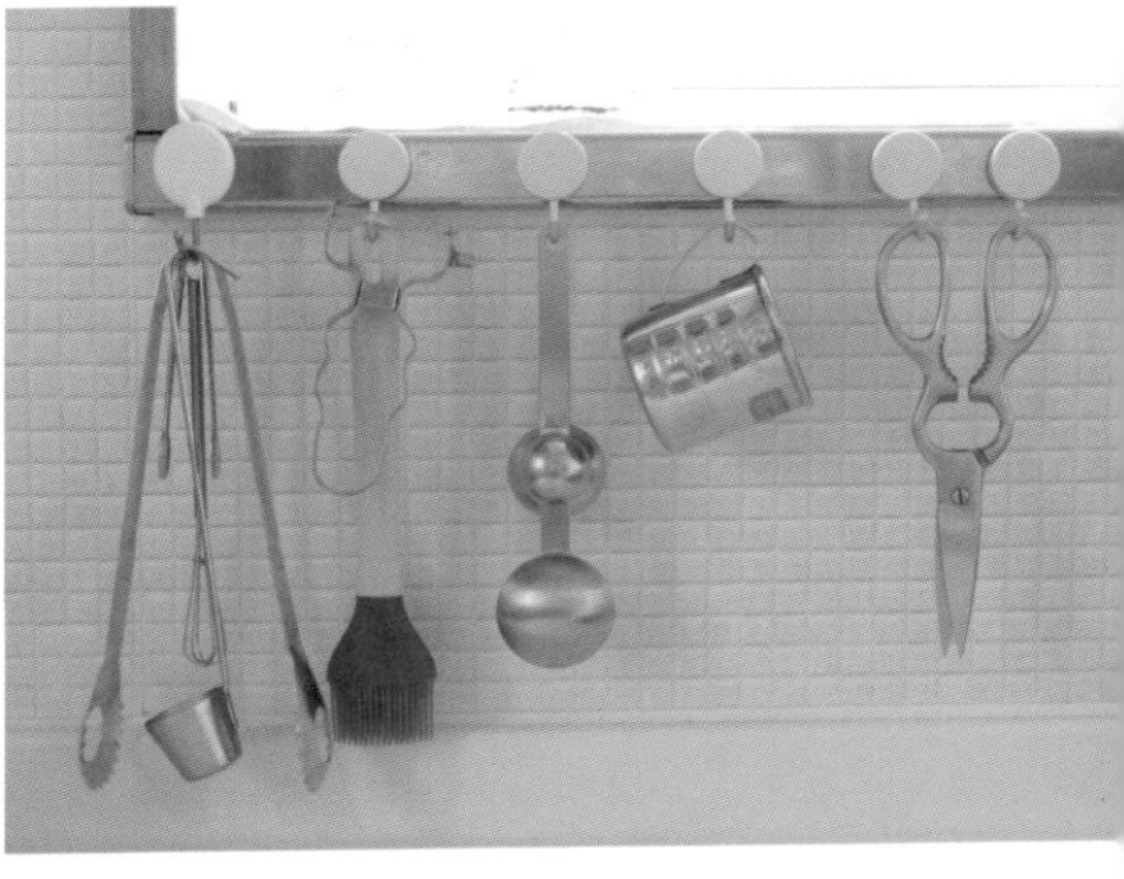

1

ステンレス
お玉・大
約幅8.5×
長さ30cm、
柄24cm
価格：890円

2

ステンレス
お玉・小
約幅7.5×
長さ25.5cm、
柄20cm
価格：690円

3

シリコーン
調理スプーン
長さ約26cm
価格：490円

4

竹箸 30cm
価格：150円

重ねにくいお皿もアクリルの棚で美しく。

形の違う食器の収納は、悩みのタネ。無理に重ねてしまうと見た目もよくないし、お皿が欠けたり、最悪、割れてしまうなんてことも。

そこで無印良品のアクリル仕切棚を導入してみました。お皿を置けるスペースが増えて、同じ種類だけを重ねてすっきりと収納することに成功しました。アクリル製なのでお皿が見えにくくなることもないし、何よりも見た目が美しく整頓されているのが素晴らしい。見つけやすく、取りやすくが叶いました。

↓Hさん

1 アクリル仕切棚・小
約幅26×奥行17.5×高さ10cm
価格：890円

収納の中にケースで仕切りを作れば収まりバツグンです。

食器やキッチンツールを引き出しにすべてしまっています。流しの下の浅い引き出しには、モノのサイズにあったケースが並び、サッと開けるだけで在庫がひと目でわかるようになっています。

↓大木さん

ポリプロピレンラップケース　大
約幅25～30cm用
価格：490円

細長いキッチン用品はツールスタンドで場所を節約。

菜箸やヘラなどキッチンには細長いツールがたくさん。縦にスペースがあるシンク下なら、ツールスタンドに立てる収納が省スペースです。重量があるので多少のモノならザクザク差せて便利です。

↓Hさん

磁器ベージュキッチンツールスタンド
約直径9×高さ16cm
価格：990円

Category ｜ キッチン収納

統一感のある仕切りを使えば普通の食器棚がおしゃれなチェストに。

箸置きなどの細々したものは、リーズナブルなポリプロピレン整理ボックス1に。いくつも並べることで小分けにでき、見た目以上の収納力を叶えられます。

またアクリル仕切棚も使っていますが、ポリプロピレンもアクリルも圧迫感がないため、たくさん設置してもごちゃつい た見た目になりません。

茶碗などを置いている角型トレーも無印良品。サイズがいくつかあるので、どれを購入しようか迷いましたが、小回りの利く幅27cmをチョイスしました。収納アイテムをすべてクリアカラーと木製で揃えることで、キッチン収納らしい清潔感が出せたと思います。

↓Yさん

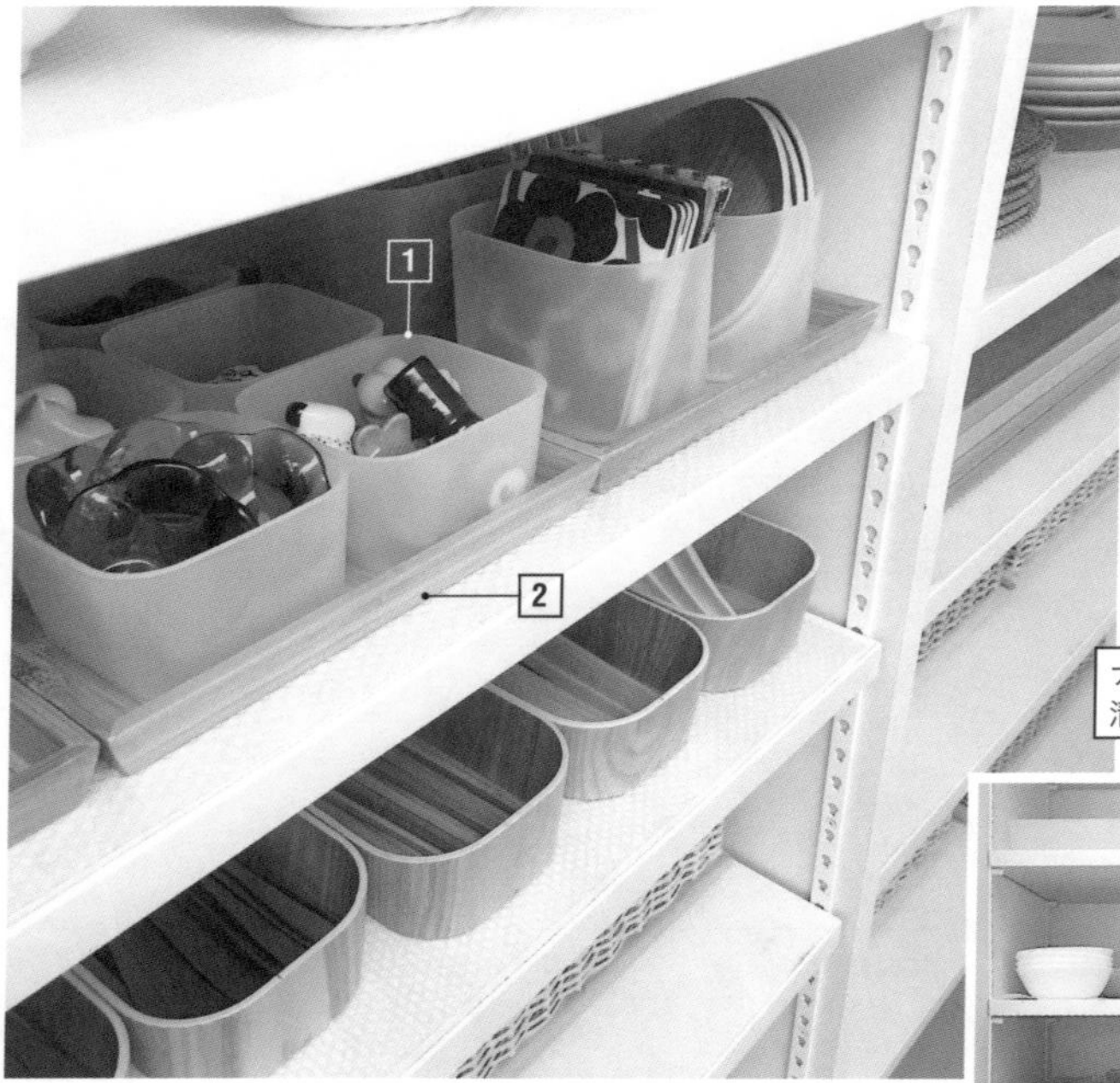

ナチュラルな印象で清潔感ある収納棚に

1 ポリプロピレン整理ボックス1
約幅8.5×奥行8.5×高さ5cm
価格：100円

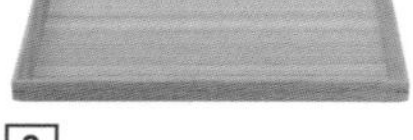

2 木製 角型トレー
約幅27×奥行19×高さ2cm
価格：1490円

わかりやすくて取り出しやすい！効率も上がります。

シンク下の深い引き出しに食器を収納する際は、仕切りスタンドを使って立てて収納するのがポイント。重ねて収納するとどうしても、下に置いた皿が取り出しにくいので避けるのが得策です。立てて収納することで大皿もスッと取り出せて、食器選びの楽しみも倍増しますよ。

また、マグカップや小皿といった小さめの食器は、ステンレスワイヤーバスケットを2段重ねにすると収納力がアップ。さらに、ポリプロピレンメイクボックスで仕切りれば下に置いたモノも取り出しやすくお皿の管理もしやすくなります。↓大木さん

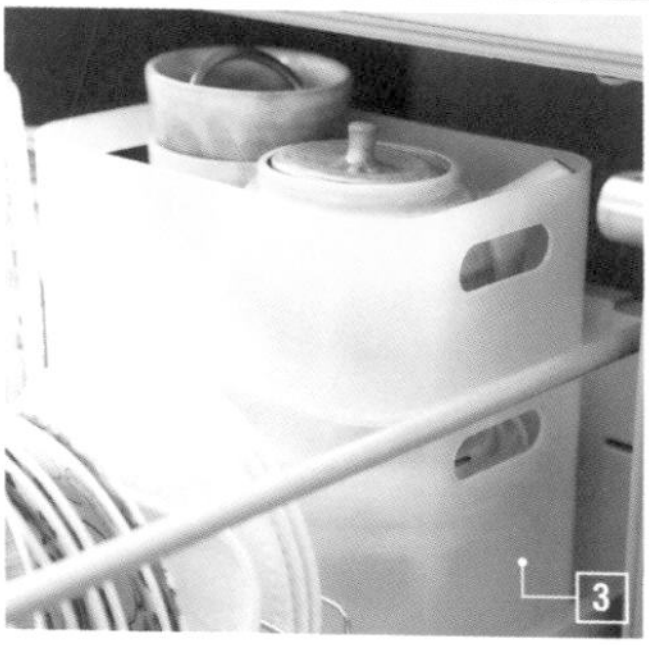

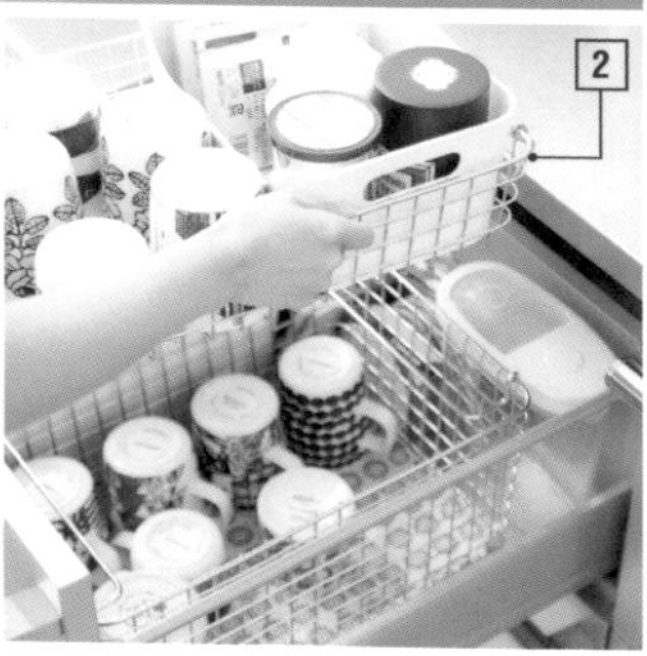

1
ポリプロピレン
ファイルボックス・
スタンダードタイプ・A4用
約幅10×奥行32×高さ24cm
価格：590円

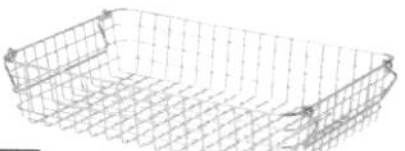

2
ステンレスワイヤー
バスケット2
約幅37×奥行26×高さ8cm
価格：1490円

3
ポリプロピレン
メイクボックス
約15×22×16.9cm
価格：350円
※1/2サイズのものを重ねて使用しています

キッチンツールは整理ボックスですっきり収納。

引き出しの中の細々したキッチンツールの収納は、整理ボックスにおまかせ。浅めや深め、大きめや小さめとサイズがたくさんあるので、キッチンの引き出しにぴったりと収まってくれます。

大きめのボックスにはボウルなど、トングやシリコンスプーンなどは細長いボックスに、輪ゴムやつまようじ、型抜きといった細々したモノは正方形の小さめのボックスを愛用。

入れたいモノの大きさによって選ぶことができるので重宝して使っています。

→Minaさん

1
ポリプロピレン整理ボックス4
約幅11.5×奥行34×高さ5cm
価格：220円

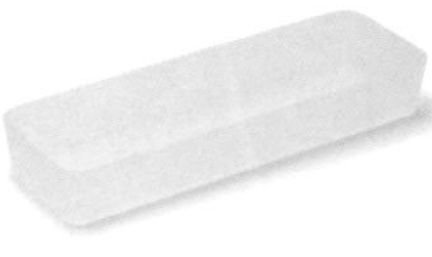

2
ポリプロピレン整理ボックス1
約幅8.5×奥行8.5×高さ5cm
価格：100円

3
ポリプロピレン整理ボックス3
約幅17×奥行25.5×高さ5cm
価格：250円

狭いキッチンスペースにはクリップで上から吊るす。

狭いキッチンスペースではレシピを広げるのも一苦労。そんなときに役立つのが、ひっかけるワイヤークリップ。

これがあればレシピを吊るしながら作業ができるので、落ち着いて料理をすることができます。レシピのほかにも、ごみ袋やキッチンペーパーなどキッチンで使ういろいろなモノを挟めるので、ひとつ持っておくと助かります。↓あゆみさん

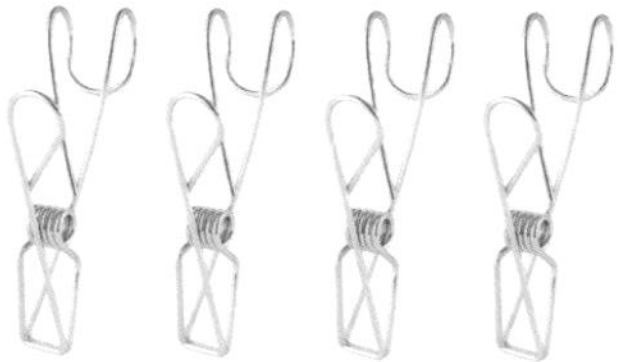

ステンレス
ひっかける
ワイヤークリップ
4個入
約幅2×奥行5.5×
高さ9.5cm
価格：490円

細かい仕切り板のおかげで使いたいモノに即アクセス！

スペースが狭いキッチンこそ、空間を有効活用しましょう。中途半端に空いてしまった食器棚と壁のスキマを埋めるのにぴったりなのが、ポリプロピレンケース・引出式ハーフです。

収納しているのは薬類ですが、中が仕切り板で細かく分けられているのが大きなポイント。ざっくりと入れても、中でごちゃつかずに整理することができます。取り出すときもすぐにどこに何があるかわかり、便利です。↓ともあさん

ポリプロピレンケース
引出式ハーフ・
浅型・1個（仕切付）
約幅14×奥行37×高さ12cm
価格：1090円

調理器具とカトラリーがぴったり収まるサイズ感。

キッチンの引き出しの中は、整理ボックスとメイクボックスで仕分け。モノの大きさと用途に合わせて、ボックスを使い分けています。取り出しやすく、汚れたらそのままジャブジャブ洗えるポリプロピレン製で長く使えること間違いなし！散乱しがちな調理アイテムが一カ所に集中しているので、余計な買い足しを防ぐのにも役立ちそうです。↓マキさん

1　2

1
ポリプロピレン
整理ボックス2
約幅8.5×奥行25.5×
高さ5cm
価格：190円

2
ポリプロピレン
整理ボックス4
約幅11.5×奥行34×
高さ5cm
価格：220円

使うモノを丸ごとバスケットに！お茶の準備がサクッとできます。

食事どきに定番で使うものをセットしておくと、準備や片づけがラクになります。キッチンには、コーヒー豆やコーヒーフィルター、コーヒーミルにティーバッグといったリラックスタイムに使うアイテムがステンレスバスケットにセットされています。「さあ、お茶にしよう」と思ったときに、バスケットごと作業台やテーブルに持ち運びできるのでとても効率的です。↓Kさん

ステンレスワイヤーバスケット4
約幅37×奥行26×高さ18cm
価格：1990円

モノが散乱しがちなパントリー内も取り出しスムーズ。

私は食器棚にブリ材バスケットを入れて、チェストのようにバスケットごと引き出して中のモノを取り出しています。このバスケットは重ねて使うのもよいですが、このように棚に並べて置けば簡易的な引き出し代わりになっちゃいます！

　このバスケットが、わが家の小さなパントリー。上段左には乾物類、右には子ども用品、下段左にはインスタントやレトルト、下段右には離乳食のストックや容器……とそれぞれのアイテムの場所を決め、取り出しをスムーズにしています。

　下段のバスケットの中身はメイクボックスでさらに仕分けを。メイクボックスを2個並べて置くとバスケットにぴったり収まり、ムダな隙間ができません。

↓Yさん

1
重なるブリ材角型バスケット・中
約幅35×奥行37×高さ16cm
価格：1990円

2
ポリプロピレンメイクボックス・1/2
約幅15×奥行22×高8.6cm
価格：290円

サッと引き出して取り出せます

「入れ替える」モノは全部バスケットで管理してキープ。

買い物ついでに、ついつい手を出しがちなおやつですが、ラタンバスケットの中サイズを活用して、「溢れない程度の分量をキープする」というルールを作ればお財布にも身体にもやさしいはず。また、フタを追加すれば中身が見えないのでカウンターに置きっぱなしでも気になりません。ちなみに、わが家ではラタンバスケット大をおむつ入れに使っています。パッケージから出してストックしているので、在庫数がすぐ分かってオススメです。

↓gomarimomoさん

1
重なるラタン
長方形バスケット・中
約幅36×奥行26×
高さ16cm
価格：2290円

2
重なるラタン
長方形バスケット・大
約幅36×奥行26×
高さ24cm
価格：2990円

小さなカップはスタンドで仕切れば割れにくい。

ケースの中に小さい食器類を入れる際は、ぜひスチール仕切板を加えてみて。器同士のぶつかりを防げるので割れにくく、ケース内で食器がごちゃごちゃになるのも防ぐことができます。

↓大木さん

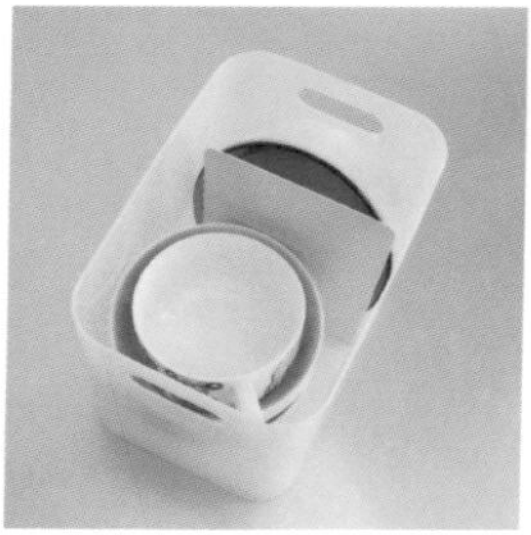

スチール仕切板 中
幅12×奥行12×高さ17.5cm
価格：450円

頑丈なワイヤーバスケットにまとめれば取り出しラクラク！

ティータイムに使うモノはかさばりがち。コーヒー豆や紅茶は、中身がわかるようラベリングして、ワイヤーバスケットにまとめると在庫管理がしやすいうえ、頑丈なワイヤーの収納ならラクに取り出せます。↓渡邉さん

ステンレスワイヤーバスケット2
約幅37×奥行26×高さ8cm
価格：1490円

トレーで仕切れば冷蔵庫はすっきり片づきます。

冷蔵庫内を、棚ごとにジャンルを決めて保存すると食材の管理がしやすくなります。また、同じタイミングで使う食材はトレーにまとめると便利です。味噌や出汁に使うものを整理ボックスにIN。ボックスごと引き出せば、そのまま調理に取りかかれるため、調理の時短に役立ちそうです。

↓gomarimomoさん

ポリプロピレン
整理ボックス3
約幅17×奥行25.5×
高さ5cm
価格：250円

かさばる軽食類は置く場所を決めてラタンバスケットへ。

ちゃちゃっと作れるインスタント類は、家族が多いと在庫管理が大変ですよね。高さ約16cmのラタンバスケットの中サイズなら、カップ麺や即席スープがぴったり収まり、余分な買い足し防止にもつながります。

↓大木さん

重なるラタン
長方形バスケット・中
約幅36×奥行26×高さ16cm
価格：2290円

缶詰やビン類、箱モノはポリプロピレンストッカーにIN。

コンパクトな保管庫にはポリプロピレンストッカーが便利。ラップ・ホイルといった箱モノや缶詰などの常備品は棚ごとにラベリングして収納を。家族にもモノの定位置が伝わりやすく迷子になることもありません。

↓大木さん

ポリプロピレンストッカー
4段・キャスター付
約幅18×奥行40×高さ83cm
価格：3990円

クリップで吊るしてラクに乾かす！

無印良品の超定番商品であるワイヤークリップは、家の隅々まで大活躍してくれます。わが家でもいろいろな場所で使っていますが、レンジフードに引っ掛けておくと、布巾や牛乳パックなどを乾かしたいときにとても便利です。一見、ステンレス製の洗濯ばさみですが、引っ掛けられるだけで使い勝手が倍増しますね。また、レンジフードにはダイヤル式キッチンタイマーをペタリ。ダイヤル式で簡単に時間設定ができる点がお気に入りです。

↓Aさん

挟んで吊るすだけで
設置もラク♪

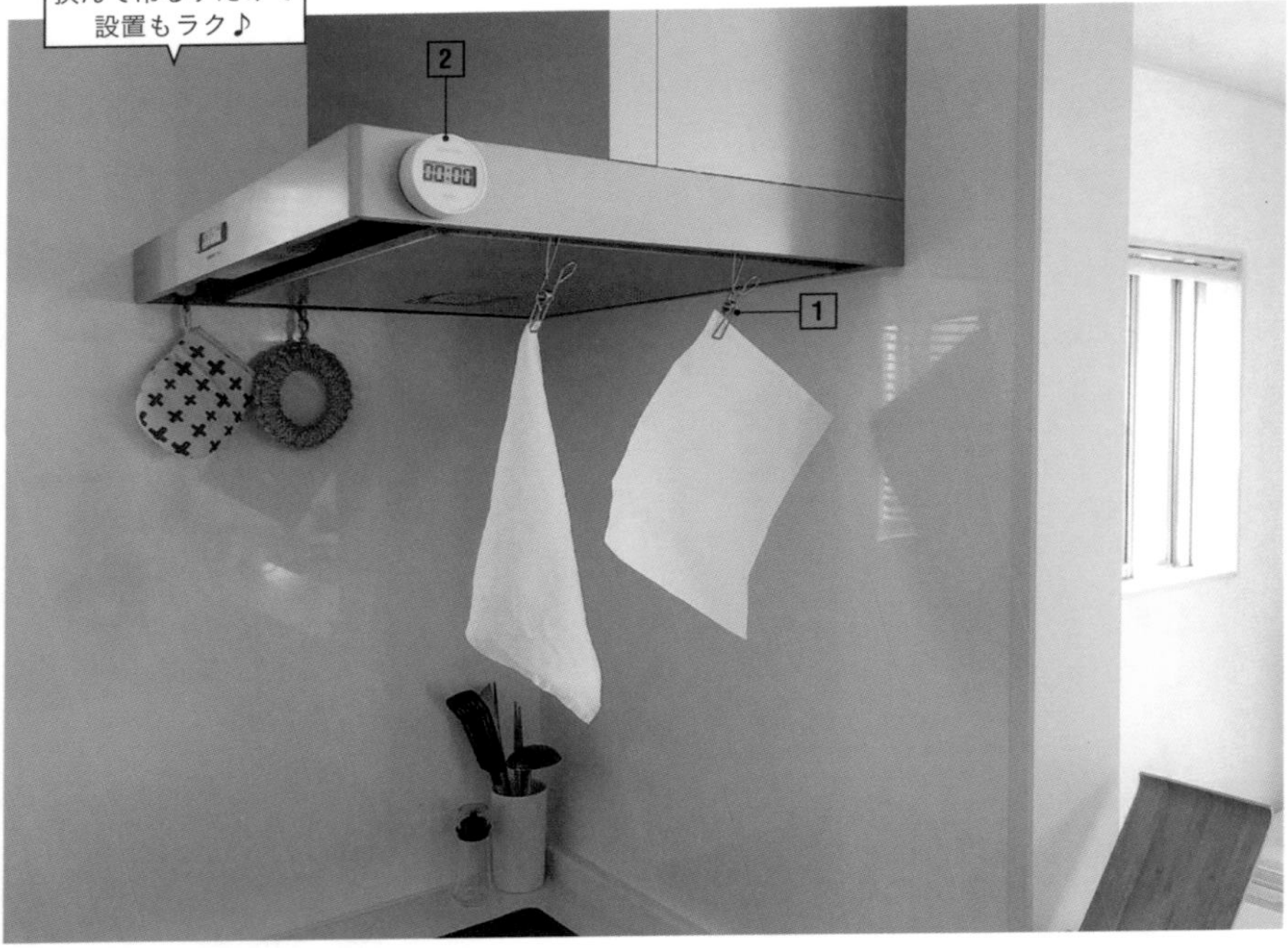

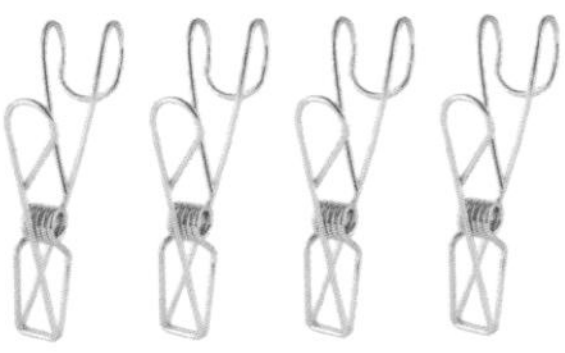

1
ステンレス
ひっかけるワイヤークリップ
4個入
約幅2×奥行5.5×高さ9.5cm
価格：490円

2
ダイヤル式
キッチンタイマー
TD-393
価格：1990円

詰め込みすぎず余白を残して収納すれば取り出しもスムーズ。

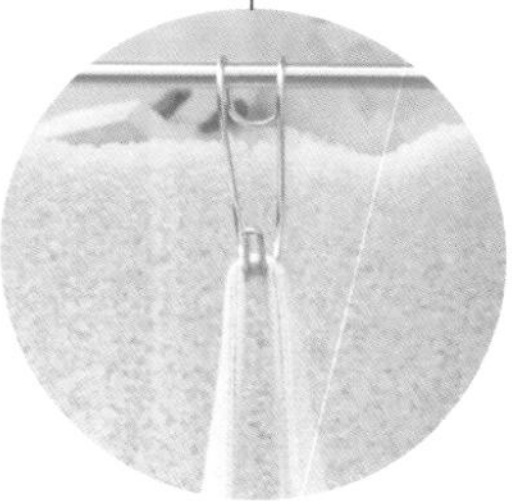

使い慣れた2種類の布巾と常温野菜をラック脇に。調理台からクルリと振り向いた所にあるからちょうどいいんです。隙間があるとついついモノを詰め込んでしまいがちですが、あえてモノ同士の間隔をあけていると、取り出しやすくて戻しやすく、自然と片づきます。キレイに収納するには余白もポイントです。↓Kさん

ステンレス横ブレしにくいフック・大 2個入
約直径1.5×2.5cm
価格：490円

限りなくオープンな収納が、片づく部屋のコツなんです。

掃除用具や買い物バッグなど、よく使うモノは吊り下げて収納します。棚や床に直置きしないことで、掃除の手間も減らせちゃいます。吊り下げ収納なら壁に付けられる家具シリーズにお任せ。見た目もナチュラルでどこに設置しても浮きません。また頑丈なので、バックやエプロンなどはもちろん、少し重さがある掃除用具を掛けても安定感があるので安心して収納しておけます。↓Mさん

壁に付けられる
家具フック
オーク材
価格：990円

外から見えない吊り戸棚はラベリングしてわかりやすく。

吊り戸棚は横幅が広く、そのまま小物を放り込むとまったく整理ができません。うちの吊り戸棚も幅があるものの、仕切りはなし。

そこへわかりやすく収納するには、ファイルボックスが使いやすいです。ファイルボックスに入れる物を書いて、収納場所を決めることで簡単に整理ができます。しかも立てて置くことができるので、何を入れたか、ひと目でわかります。比較的軽い乾物や未開封の粉もの、乾麺などを収納しています。紙製のボックスなので、万が一落下しても、危険が少ないのも安心です。

↓ぴょこぴょこぴさん

1 ワンタッチで組み立てられる
ダンボールファイルボックス・5枚組
A4用
価格：890円

ケトルの隣に置いて複数のティーパックをストック。

小物収納ボックスは、省スペースにサッと収納棚が作れます。引き出しの中に位置を変えられる仕切り板が付いているので便利ですよ。わが家ではお茶タイムに必要なアイテムを入れています。

↓shiroiro.homeさん

ポリプロピレン小物収納ボックス3段
約幅11×奥行24.5×高さ32cm
価格：2290円

お菓子をキャリーケースにIN！食べたい場所にすぐ持ち運べます。

私はブリ材バスケットのひとつにポリプロピレン収納キャリーボックス・ワイドを2つ並べて、お菓子収納にしています。持ち手が付いているので食べたいときはひょいっとそのままリビングへ。

↓Yさん

ポリプロピレン収納キャリーボックス・ワイド
約幅15×奥行32×高さ8cm
価格：1090円

バスケットに日保ちのする食材をまとめて収納。

食品のストック方法はかなりざっくり収納ですが、管理できるバスケット数に抑えて、見通しのよい状態にしておくことを心がけています。

収納には無印良品のブリ材バスケットを使用しています。手編みのブリ材が使われているので通気性がよく、日保ちのする食材を保存するのに使っています。リビングでも浮かないように収納している木製のリンゴ棚は、ブリ材と統一感があってお気に入りです。

収納はレトルト食品、缶詰、調味料、乾物の4種類に分けています。レトルト食品と缶詰は非常食も兼ねているので、定期的に消費する必要があります。そのため、期限が来たらボックスから出して見えるようにしています。

→DAHLIA★さん

1

重なるブリ材
長方形バスケット・大
約幅37×奥行26×高さ24cm
価格：1990円

2

ブリ材・
長方形バスケット用フタ
約幅37×奥行26×高さ2cm
価格：490円

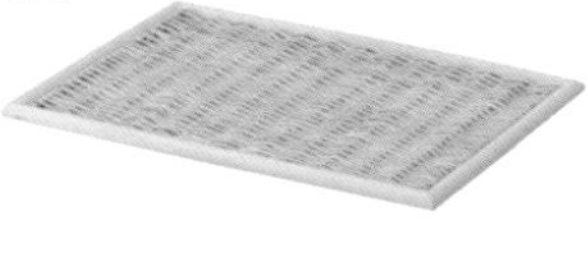

ラップなどのストックはファイルボックスにまとめて。

パントリーにシェルフを使っている人にオススメなのが、無印良品のファイルボックスの活用です。ラップやホイルといった補充の必要がある消耗品がぴったりおさまります。ダンボールの素材ですが頑丈なので、たゆまず長く使える点もうれしいポイントです。パントリーには常備品の食材や万能調味料など保管するモノの種類が多いので、ファイルボックスで定位置を決めると在庫管理がしやすいです。

↓Uさん

ワンタッチで組み立てられる
ダンボールスタンド
ファイルボックス・5枚組
約幅10×奥行28×高さ32cm
価格：890円

よく使う常温保存の調味料は丸ごと出せるバスケットに収納。

手入れのしやすいステンレスはキッチン向き。メッシュで風通しがいいから、湿気の多い場所でも活躍してくれます。わが家では、醤油や乾物などよく使う調味料をまとめて収納しています。商品パッケージのままだと生活感の出やすい調味料ですが、無骨なステンレス製のバスケットに収納することでスタイリッシュな印象に早変わり。取っ手がついているので、奥のモノも取り出しやすいです。

↓Kさん

ステンレスワイヤー
バスケット4
約幅37×奥行26×高さ18cm
価格：1990円

ラタンバスケットなら中身が見えず収納できる！

キッチンで使うアイテムの収納には、ラタンバスケットを重宝しています。手編みのあたたかみのあるデザインで置いておくだけで気分が上がります。

なおかつ、造りが頑丈なので、ある程度重いモノを入れておいても安心です。そのうえ、取っ手も付いているので、出し入れするときもしやすく、とても便利です。深さがあるので、なかでごちゃつかないために、ボックスを入れて収納しています。

↓安藤さん

重なるラタン
角型バスケット・大
約幅35×奥行36×高さ24ｃｍ
価格：3990円

横に置けるボトルで冷蔵庫の省スペース化。

無印良品のアクリル冷水筒は水出しお茶パック入れ付きで、取り出しやすく、なおかつ横向きに置けるのが気に入って使っています！ 限られた冷蔵庫のスペースの中でも、臨機応変に向きを変えて入れて置けるのでのでかなり愛用しています。

また容量もたっぷり入るので、ひんぱんに作り直さなくていいのが助かっています。そのうえ、とても持ちやすいのも魅力です。

↓かもめさん

横置きできる
ストレーナー付き冷水筒
冷水専用約2L
価格：990円
※写真は旧仕様の製品です

フチが付いている木製トレーは1日中大活躍！

木製 角型トレーは全部で3種類のサイズがありますが、わが家で愛用しているのは配膳に便利な約幅27×奥行19×高さ2㎝のモノ。朝食や夕食時の配膳に使えるのはもちろん、ティータイム時におやつやコーヒーを乗せるなど、使わない日はないくらい、毎日の中で出番が多いアイテムなんです。

タモ材の木目、色合いはとてもナチュラルで、何を乗せても様になるのがポイント。しっかりとした厚みがあるので耐久性も高くタフに使えます。

また、フチが付いているので、何かをこぼしてしまっても安心。テーブルを汚してしまう回数も減りました。食べ物や飲み物をこぼしがちな子ども用のトレーとして活用するのもオススメです。

↓Aさん

夕食時の配膳にはもちろんティータイムにも便利

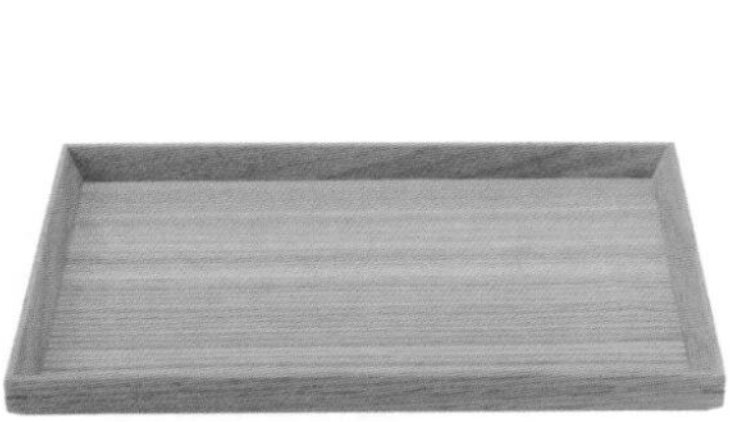

木製 角型トレー
約幅27×奥行19×高さ2cm
価格：1490円

隙間にちょうどよく入るスリムな**ゴミ箱**がすごい。

ゴミ箱はできるだけ目立たせたくないアイテムですよね。シンプルな色と形、だけど収納力がある……そんなワガママな願いをすべて叶えてくれたのが、ポリプロピレンフタが選べるダストボックスでした。

ホワイトグレーのカラーは、目立ちすぎることがなく、狭い場所にも入りやすい形状なので隙間をちょうどよく埋めてくれます。また、いちばんの特徴はフタを縦か横か、好みの向きで取り付けられるということ。置く場所に合う形で使用できるので助かっています。

↓あゆみさん

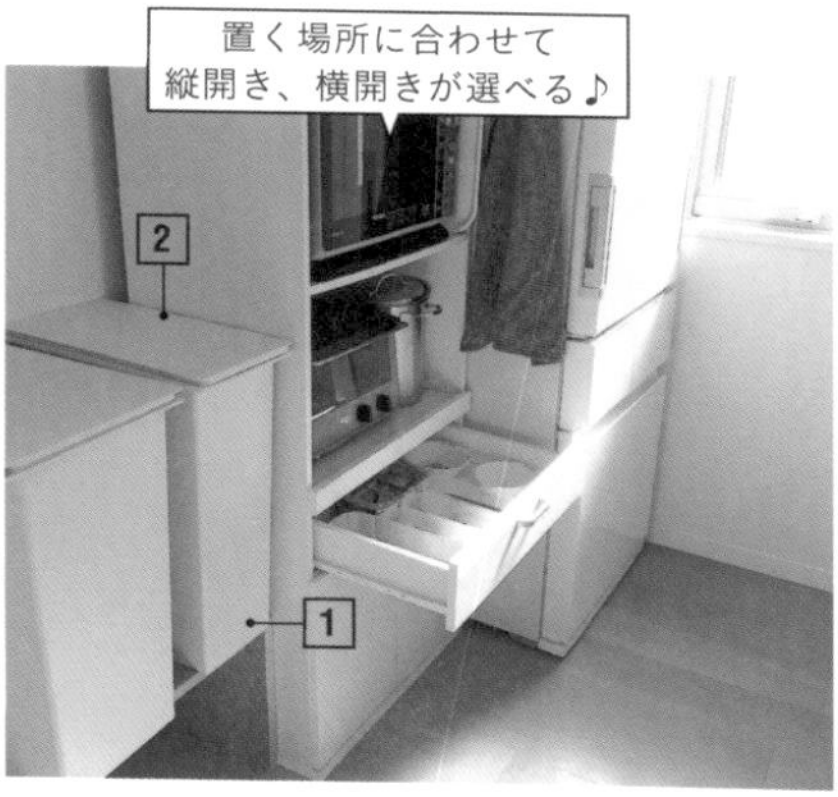
置く場所に合わせて
縦開き、横開きが選べる♪
2
1

1 ポリプロピレン
フタが選べるダストボックス・大（30L袋用）
袋止付・約幅19×奥行41×高さ54cm
価格：1790円

2 ポリプロピレン
フタが選べるダストボックス用フタ・縦開き用
約幅20.5×奥行42×高さ3cm
価格：690円

重量のある**調味料**は**トレー**で引き出しやすく。

小分け容器への注ぎ足し用ストックは、見える所で在庫管理するとムダ買いを防ぐことができます。重めの調味料でもサッと引き出せて、液ダレしてもサクッと洗えるトレーを使うのがポイント。

↓藤田さん

ポリプロピレン整理ボックス4
約幅11.5×奥行34×高さ5cm
価格：220円

よく使う調味料を壁に飾れば**カフェ風**に見せられる。

壁に付けられる家具シリーズのデッドスペースも、調味料をバランスよくおくとカフェ風な印象に。モノとモノの間をあけ、高さや置く順番を意識して飾るつもりで並べると生活感が薄れます。

↓ponsukeさん

壁に付けられる家具箱
オーク材突板・幅44×奥行15.5×高さ19cm
価格：3990円

掃除用具は食洗機下に全部まとめて。

食洗機の下にある引き出しって、ちょっと使いづらいですよね。わが家では、ここにキッチン掃除用具をまとめて収納しています。これでキッチン周りの掃除もグンとラクになりますよ。

除湿剤や漂白剤、ハンドクリームなどはそのまま置いてありますが、スポンジの予備やブラシ、排水口ネットなどの小物は、無印良品のメイクボックスに入れてあります。これは重ねて置けるのがいいんです。

無印良品の容器はシンプルで美しいデザイン。どれを組み合わせても違和感なく美しく収納できます。必要になったらすぐに買い足せるのもいいですよね。もちろん、ちょっと汚れでも遠慮なくじゃぶじゃぶ洗えるので、キレイに保ちやすいのが◎。↓ぴょこぴょこぴさん

1

掃除用具をボックスごとに収納しています

シンク下にはメイクボックス

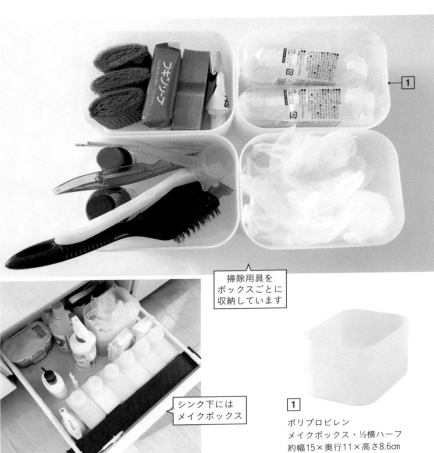

1

ポリプロピレン
メイクボックス・½横ハーフ
約幅15×奥行11×高さ8.6㎝
価格：250円

壁に付ける家具でキッチンを使いやすく!

わが家のキッチンには、オーク材の壁に付けられる家具・箱を取り付けました。石膏ボードの壁なら、誰でも簡単に取り付けられます。目線の高さに付けることで、サッと拭けて、掃除がしやすくなりました。

冷蔵庫の壁には無印良品のマグネットシリーズを多用しています。ふきんを掛けているのはアルミループタオルハンガー。ここにあると作業台も棚も掃除しやすいです。また、意外と重宝するのがマグネットで取り付けられるキッチンペーパーホルダー。食材をこぼしたときでも、サッと拭き取れますよ。

↓kumiさん

1 壁に付けられる家具箱 オーク材突板
幅44×奥行15.5×高さ19cm
価格：3990円

キッチンの収納棚にはファイルボックスに掃除用具。

キッチンにある浅くて狭い引き出し。位置も低くてすごく使いづらくありませんか？ わたしは先日、ここの使い方を大幅に見直しました。

実は、無印良品の½サイズのファイルボックスがここにピッタリ入ることを発見！ 隙間にはメイクボックスを並べました。替えの洗剤やスポンジ類、お掃除用品などを収納できて得した感じです。

ただサイズが合わず、奥に100均の突っ張り棒を入れることで解決しました。これで出し入れもスムーズになって掃除もしやすくなります。

↓Hさん

1
再生ポリプロピレン入りファイルボックス・スタンダードタイプ・½ ホワイトグレー
約幅10×奥行32×高さ12cm
価格：390円

2
ポリプロピレンメイクボックス・½横ハーフ
約幅15×奥行11×高さ8.6cm
価格：250円

水筒を隅々まで洗えるからスポンジは柄付きがポイント!

水筒やコップといった細くて長い食器を洗うときに、私が愛用しているのが柄付きスポンジ。柄が短いものだと洗うときに手があたってしまい不便でしたが、フレームの部分が長いこのスポンジならボトルの奥まで届いて隅々までキレイに洗えます。柄のフレーム部分のデザインがシンプルだから手入れもしやすく清潔に保ちやすいです。

　用途によって挟むスポンジを替えられるのも便利でうれしいポイント。取り替える方法もスポンジをフレームに挟むだけと簡単です。↓かのんさん

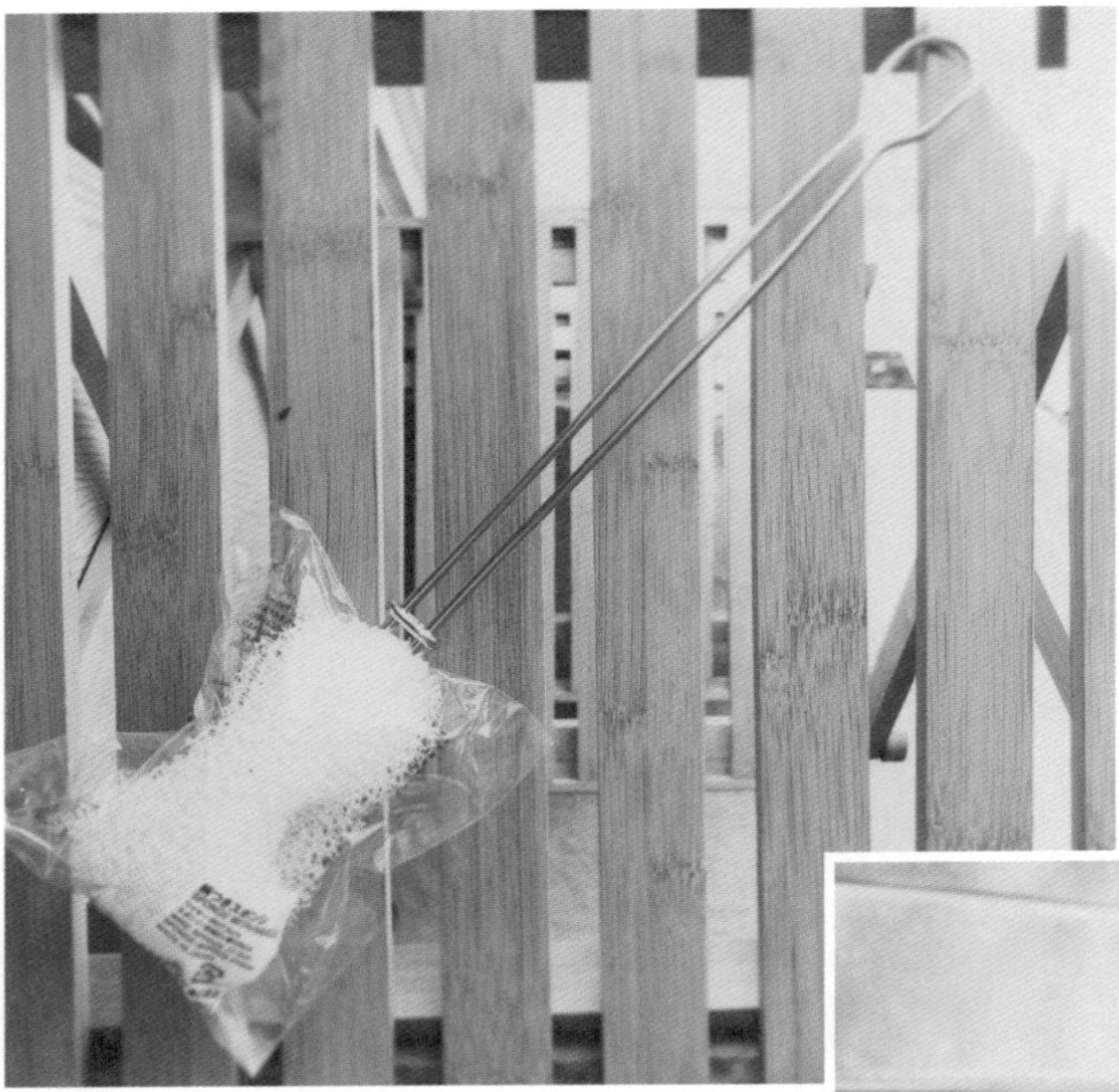

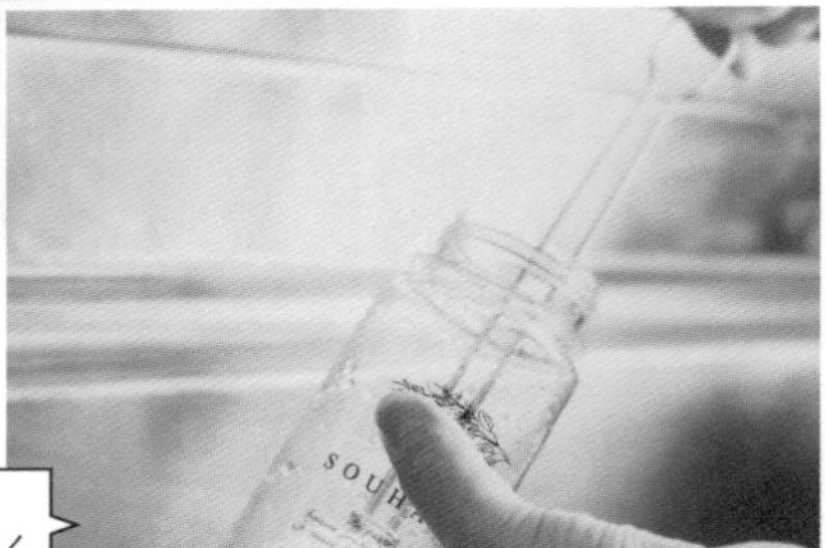

柄つきスポンジ
フレーム部：約27.5cm
価格：690円

コンパクトな形状で手の平にピタッとフィットする！

無印良品が大好きという理由から、軽い気持ちで買ってみたたわしでしたが、いざ使いはじめるとその活用しやすさにびっくり！ 形がコンパクトなので、女性の手にもピタッとフィットしやすく、とても握りやすいんです。硬さもほどよくて、洗いやすさも抜群でした。

150円と価格がとてもリーズナブルなのもうれしい点。形状はいたってシンプルですが、余計な装飾がないのも気に入っています。わが家では野菜専用たわしとしてキッチンに君臨しています。

↓ユキコさん

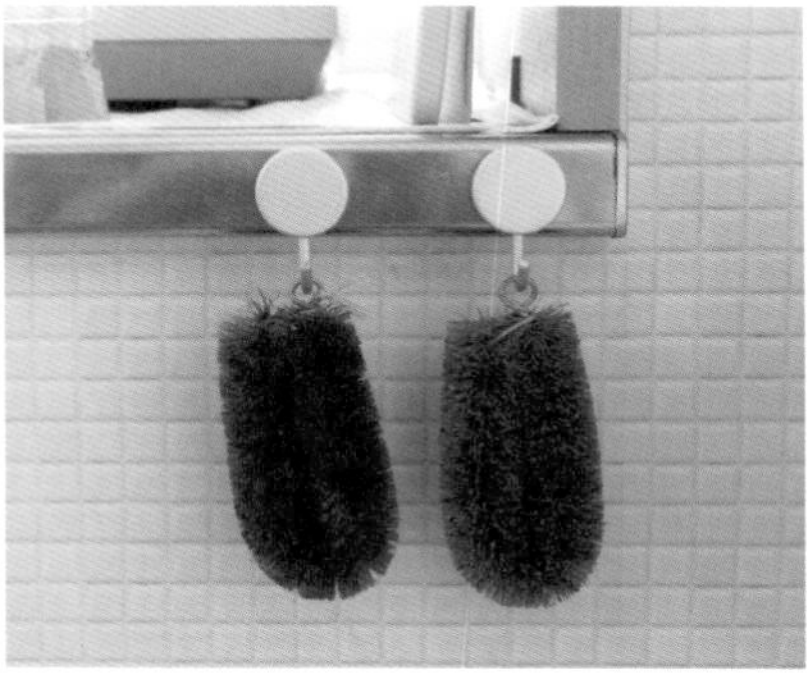

たわし
約幅5×奥行11×
高さ3cm
価格：150円

シンク近くに
ぶら下げて愛用中

和え物は保存容器で混ぜれば洗い物が激減して助かる。

今まで作り置きを保存していた無印良品の密閉保存容器。ボウルで和え物をしてからこの保存容器に移していました。しかしボウルを洗うのも移し替えるのも手間なので、このまま保存容器で和えてみました。ボウルを使う頻度が格段に減ったので、所有個数を見直すこともできそうです。和えたらフタをして冷蔵庫で保存をすれば完了です。

　容器のサイズも大中小など6種類あってスペースを圧迫しにくいのも便利ですね。電子レンジにかけることができるし、透明で中身が見えやすいし、とても重宝しています。

→DAHLIA★さん

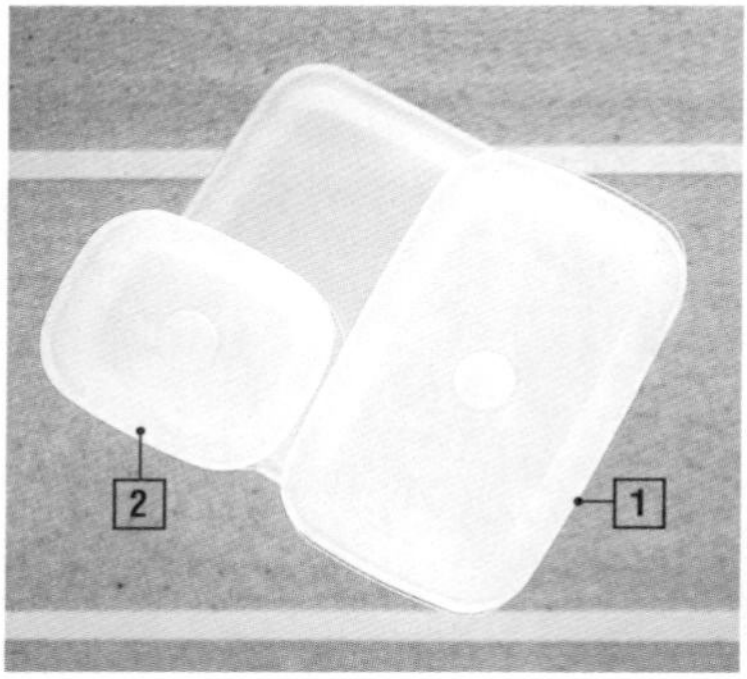

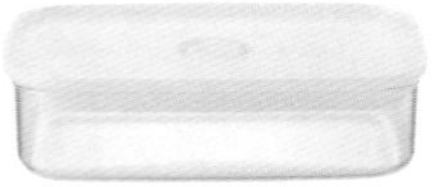

1 フタをしたまま
電子レンジで使える
バルブ付き
密閉保存容器　中
約幅12×奥行20×
高さ5.5cm
価格：890円

2 フタをしたまま
電子レンジで使える
バルブ付き
密閉保存容器　小
約幅9.5×奥行12.5×
高さ5.5cm
価格：690円

白磁丼はご飯ものにも麺ものにも幅広い料理に使えます。

無印良品の白磁丼は、シンプルな丼ぶり。コロンとした小ぶりなデザインなのに、盛り付けをするとちょうどよい量になるんです。何を盛っても映えるので、ご飯もの、麺ものと活躍の幅もかなり広い！

実はうっすらと青みがかっている色もお気に入り。余計な飾りがないツルンとした質感なので、洗いものも楽です。木製角型トレーも愛用していますが、色味も大きさも、白磁丼と相性も抜群！

↓ちいさなおうちさん

1
白磁丼・小
約直径13.5×高さ7cm
価格：690円

2
木製　角型トレー
約幅27×奥行19×高さ2cm
価格：1490円

お気に入りのトレーで朝食もおしゃれにまとまる。

最近は、マイペースに手づかみ食べする息子のとなりで、隙を見ながら私もしっかり朝ごはんを食べています。木製トレーを使ってちょっとした朝食が楽しみ。木の素材感も気に入って使っています。

↓kumiさん

木製　角型トレー
約幅27×奥行19×高さ2cm
価格：1490円

並べるだけで様になる密封ビンは洗いやすさも優秀。

シリアルとコーヒーカプセルは、中身が見えるソーダガラス密封ビンに。袋のままだと取り出しにくかったシリアルも密封でき、湿気たことはありません。出しっぱなしでも様になります。

↓Aさん

ソーダガラス密封ビン
約750mℓ
価格：790円
※写真は旧仕様の商品です

Category ー キッチン収納

簡単水出汁を冷水筒でつくる時短テクニック。

朝は忙しく、家族の朝食に時間がかけられない人は多いのではないでしょうか。かく言う私も、休日以外は出汁を取る暇もなく、休日だけこの方法を駆使して出汁を取っています。水出汁《みずだし》ですが、本格的な味が出ますよ。

使うのは無印良品の冷水筒。たくさん水出汁のレシピはあると思いますが、わが家では水1リットルに対して、お好みの具材（煮干し、鰹節、昆布など）をあわせて10〜20グラムくらい（写真右上）、お茶パックに入れて漬けます（写真右下）。具材の量や種類はお好みで問題ありません。水出汁なので、煮干しの下ごしらえの必要もありません。

夜にセットして冷蔵庫に入れておけば（写真左）翌朝にはできあがり。

→mayuru.homeさん

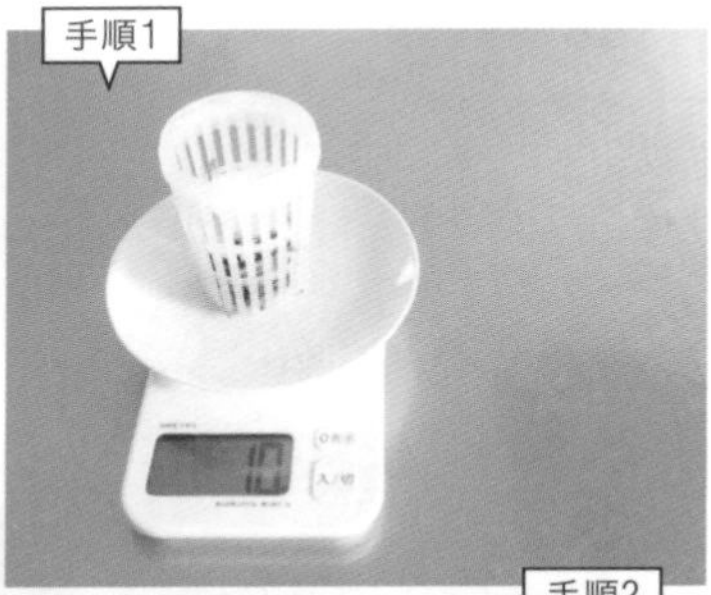

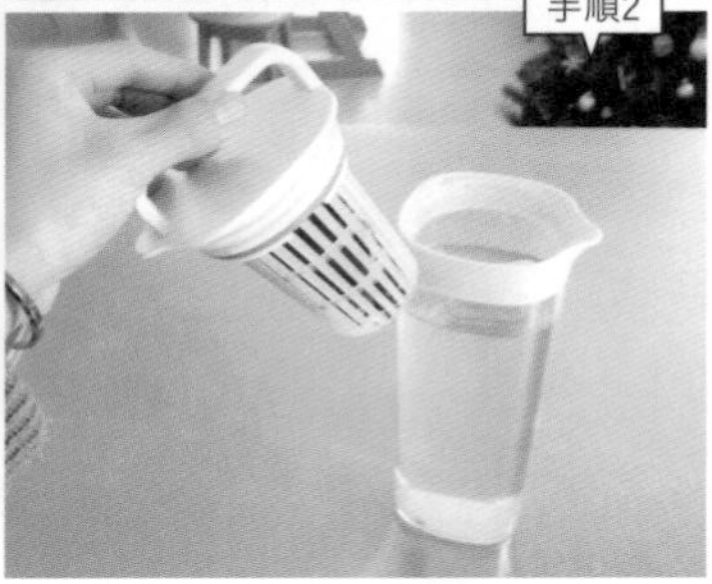

横置きできる
ストレーナー付き冷水筒
冷水専用約1L
価格：890円
※写真は旧仕様の写真です

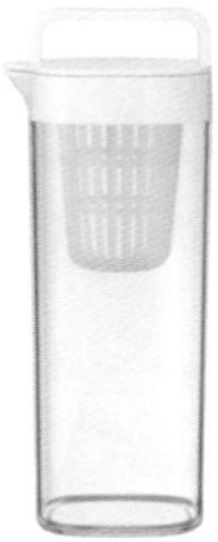

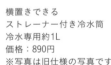

ラベリング用のマステが手放せません。

マステとぴったりのサイズの小さめのテープセットは、いつもキッチン収納に忍ばせています。ジャムや常備菜にパッと貼りたいので、ここに置いています。マステはグレーのモノを愛用中。文字もしっかり読めて、見た目もおしゃれで機能的です。

↓マキさん

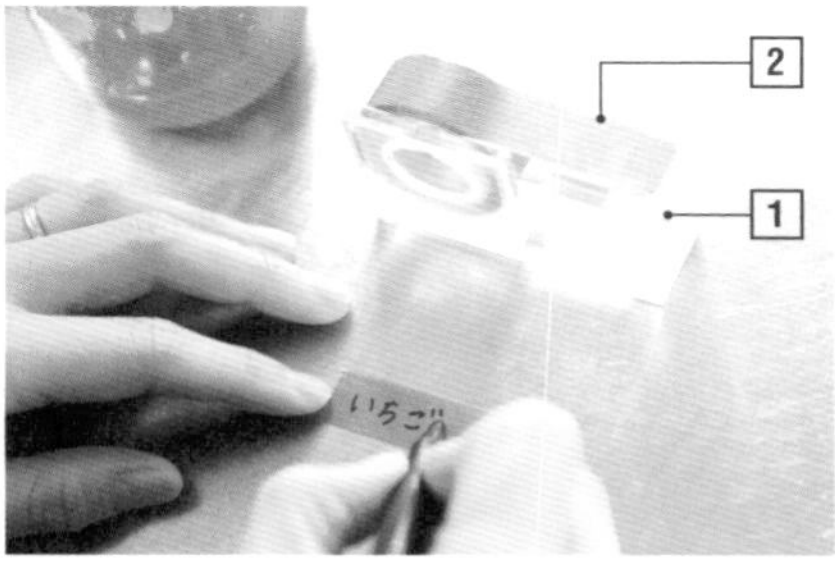

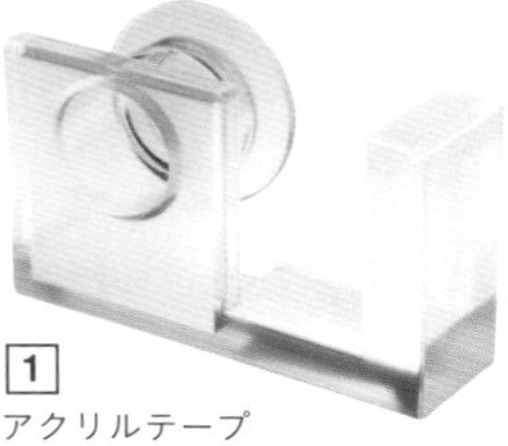

1
アクリルテープ
ディスペンサー
18mm幅対応
価格：190円

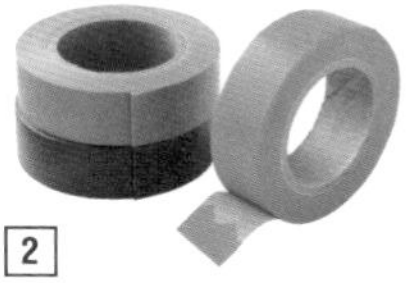

2
マスキングテープ
3本組
（エンジ・ベージュ・グレー）
価格：390円

シンク下にファイルボックスを忍ばせてレシピ本をIN。

リビングに放置しがちなレシピ本ですが、活用するのはキッチンですよね。シンク下の隙間にファイルボックスを忍ばせてレシピ本をしまえば、料理の作り方を移動せずにチェックできます。

↓渡邉さん

ポリプロピレンスタンドファイルボックス・A4用
約幅10×奥行27.6×高さ31.8cm
価格：590円

お気に入りのレシピは抜粋してホルダーにギュッとまとめる。

献立を考えるときに使うレシピを、ポリプロピレンフォト・ハガキホルダー・2段・2L対応にまとめて食器棚に収納しています。1冊で完結するので省スペースで済むんです。

↓尾崎さん

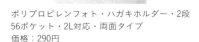

ポリプロピレンフォト・ハガキホルダー・2段
56ポケット・2L対応・両面タイプ
価格：290円

わが家では
レンジフードにかけます!

たっきーママの 料理上手の キッチン雑貨。

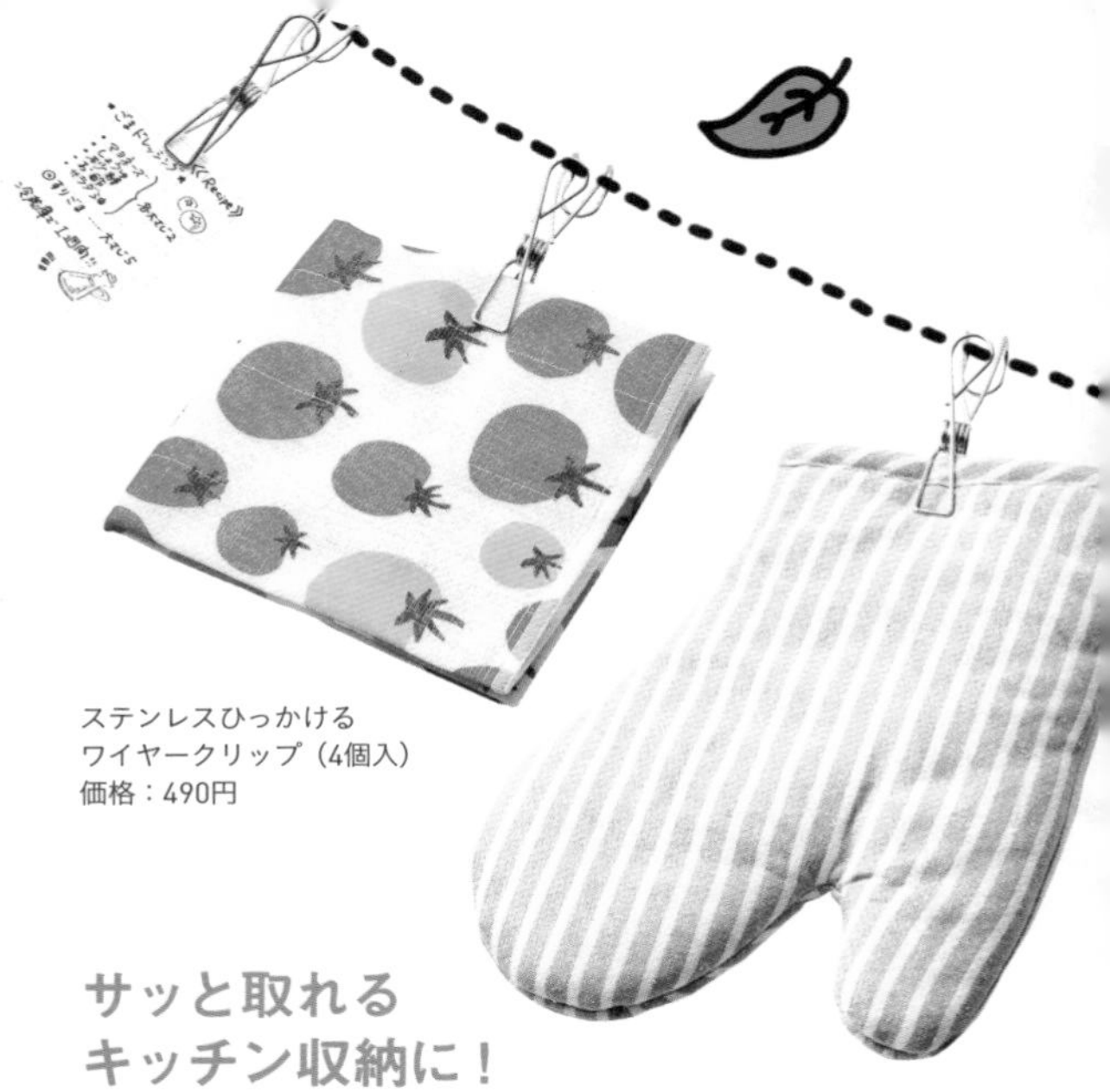

ステンレスひっかける
ワイヤークリップ（4個入）
価格：490円

サッと取れる キッチン収納に！

レンジフードに引っ掛けて、ミトンやふきんを挟んでおけば、サッと使える吊り下げ収納に。「しっかり挟めるので、落ちずにストレスフリーなのもよいです」。プリントしたレシピを挟んでおけば、コンロで調理しながら見られて非常に便利だそう。

木製 角型トレー
（約幅27×奥行19×高さ2cm）
価格：1490円

毎日のごはんやおやつを 乗せるだけでプレート風に！

木製トレーに食事をセットして出すと、まるで定食のようで子どもたちも大喜び。1人分ずつ運べて、配膳もラクです。木製なので、ご飯が美味しそうに見えるのも◎。トレーにこぼしても、ふきんでサッと拭くだけでキレイになります。

カリスマ料理家〝たっきーママ〟こと奥田和美さんに、
日ごろ愛用している無印良品のキッチンアイテムの
数々と、その使い方を教えていただきました！

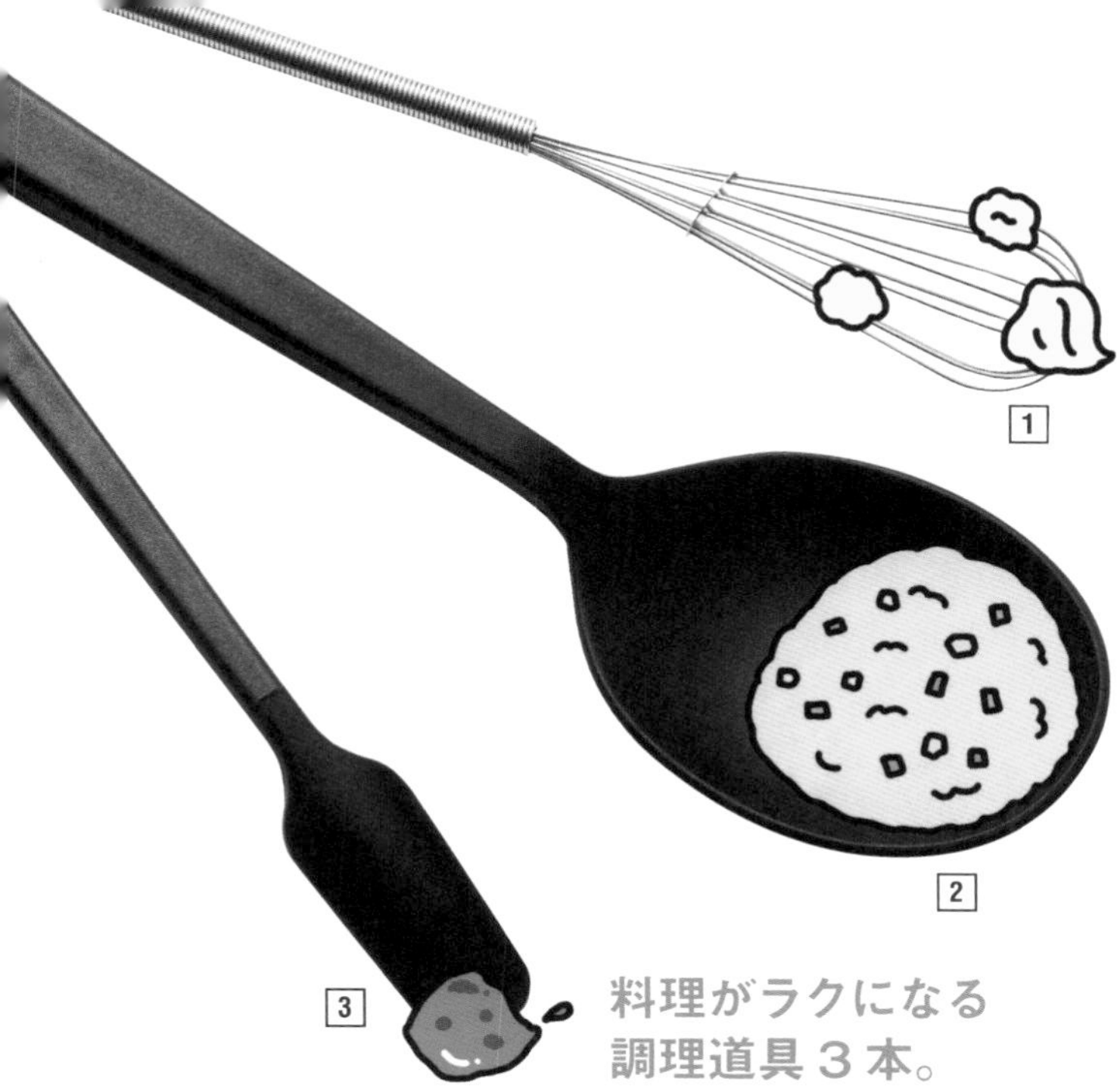

料理がラクになる調理道具３本。

1 ステンレス泡立て・小
価格：390円
2 シリコーン調理スプーン
価格：490円
3 シリコーンジャムスプーン
価格：390円

料理に欠かせない3本セット。泡立ては味噌など固いものを混ぜるのにぴったり。ジャムスプーンはタレなどを掻き出すのに最適で、強度があるのにちゃんとしなるので、3本も持っているそう。調理スプーンは「大きさ、強度、見た目、全てにおいてパーフェクト」と大絶賛。調理や盛り付けでオールマイティに使えます。

味噌など
固めのものを
混ぜやすい！

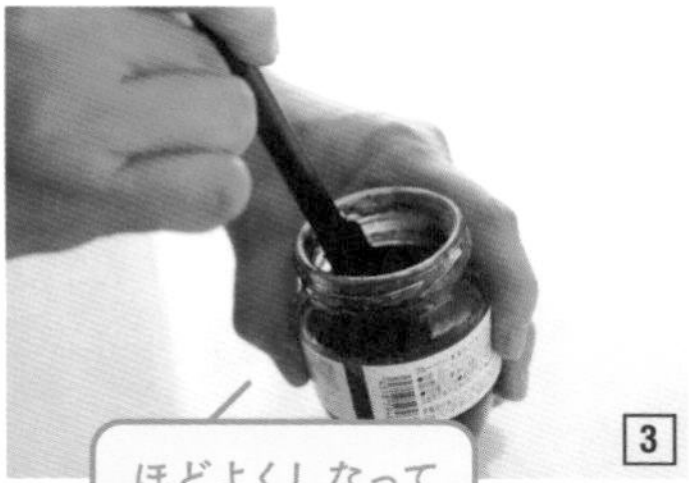

ほどよくしなって
使いやすい

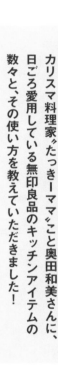

絶妙な角度であくを取りやすい！

柄と網の角度が絶妙で、あくをすくいやすいうえ、熱気がちょうど手にあたらずラクに調理できます。とくに、目が細かいのでお菓子などにシュガーパウダーを振るのに使うとキレイです。洗いやすくお手入れもしやすいです。

ステンレスあくとり
価格：690円

便利な積み重ねて使える保存容器シリーズ

「フタをしたまま」シリーズは、その名の通りレンジ調理OKなので、ラップを使わず保存も温めもそのままできて、とても便利。ホーローは保存しても匂いが付きにくく、密閉度が高いのでカレーなどを入れても匂いが冷蔵庫に漏れにくいのも◎。セットで使っています。

揚げものの冷凍に最高です！

2
蓋が選べる
ホーロー保存容器・大
約幅19×奥行23.5×高さ5cm
価格：1490円

ホーロー保存容器用 シール蓋 大
約幅19.5×奥行24×高さ1cm
価格：350円

再生ポリプロピレン入りファイルボックス・
スタンダードタイプ・ワイド・ホワイトグレー
価格：790円

フライパンやお弁当用の小物が取りやすい収納！

シンク下の収納に3つ並べて、フライパンを立てて収納します。2〜3本入るので、卵焼き器などもここ。ほかにもお菓子作りの小物（絞り口、ピック、マフィンカップなど）や、お弁当用に使う料理道具などを分けて入れています。

さくっと
フライパン類が
取れる!

1

1 フタをしたまま電子レンジで使える
バルブ付き密閉保存容器
（大　価格：1290円／中　価格：890円／
小　価格：690円／深型・大　価格：1490円／
深型・中　価格：990円／深型・小　価格：790円）

大公開

みなさん、無印良品でどんなふうに暮らしてる?

便利な無印良品のアイテムを紹介していただいた皆さんに
暮らしのなかでどんな風に使っているのか、教えてもらいました!
ぜひ暮らしの参考にしてみてください。

インスタグラマー　ぴょこぴょこぴさん

すっきりとシンプルな暮らしをしているぴょこぴょこぴさん。とくに収納と掃除に関する投稿タグは大人気。シンプルなデザインが多い無印良品は、置きっぱなしにできるところがお気に入りだそうです。

ブロガー　DAHLIA★さん

溢れたモノの断捨離をきっかけに、シンプルライフを始めたDAHLIA★さん。無駄がなく必要な分だけを効率的に使える無印良品の製品ひとつひとつが、今の生活にぴったりだそうです。

インスタグラマー　emiyutoさん

4人家族で暮らしています。北欧テイストの部屋で、家族や日々の暮らしのことを発信中。無印良品を活用した掃除・片づけ関連の投稿にぜひご注目を。

インスタグラマー　mayuru.homeさん

家族の誰もがモノの位置を把握できるような仕組みを作っているmayuru.homeさん。無印良品のシンプルなグッズは、出しっぱなしでも気にならないところを好んでいるそうです。

埼玉県在住　渡邉さん

息子と愛犬と暮らす渡邉さんご夫婦。愛犬とも暮らしているので、自由気ままに動くふたりの家族のための部屋づくりには、人一倍気を使います。

インスタグラマー　藤田さん

家の中の家具や収納は「無印良品以外のモノを探すのが難しい」というほどのムジラーで、マネできそうなアイディアが満載です。

インスタグラマー　ta____kurashiさん

「身の丈にあったシンプルな暮らし」をテーマに投稿をしたインスタグラムはまたたく間に人気に。無印良品では主に収納グッズを愛用。とくに小物の収納が便利だそうです。

インスタグラマー　あかねさん

4人家族と愛犬2匹の暮らし。無印良品の収納だけでなく、文房具類も愛用。白を基調とした美しい部屋は、持ちすぎないシンプルな暮らしのお手本として人気を集めています。

ブロガー　ayakoteramotoさん

フルリノベーションした中古マンションに暮らすayakoteramotoさん。無印良品の製品を使った片付け方法は、北欧デザインを意識しているなかでもしっかり家になじむそうです。

インスタグラマー　nikaさん

シンプルなデザインが多い無印良品の製品はnikaさんにとって生活の一部になっています。誰でも簡単にできるような決まりごとをつくり、家族で実践しています。

インスタグラマー　かもめさん

シンプルで素朴なのに、おしゃれな暮らしぶりが人気のかもめさん。無印良品では、定番の収納シリーズのほか、バスグッズなど小物も織り交ぜ、上手に活用中。

インスタグラマー　shiroiro.homeさん

シンプルライフを目標に、無理をしない収納作りや、ラクをしてキレイを保つ家作りを実践。整理収納アドバイザー1級、日本化粧品検定1級。愛用は収納用品。

整理収納アドバイザー　小宮さん

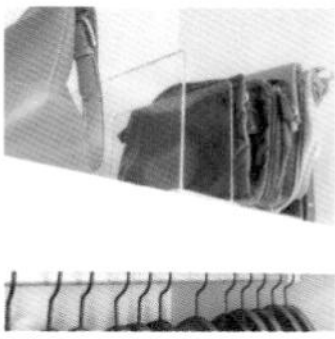

息子・娘の居る小宮家には、家族みんなが生活しても、散らからないような工夫がたくさん。共有スペースに決まりをつけたり、片づけをそれぞれに任せられる「見える化」を。

インスタグラマー　あゆみさん

賃貸アパートで暮らしを楽しんでいるあゆみさん。5歳と1歳、2人の子どもが居ながらも、整理収納が行き届いたすっきりとした部屋を心がけられています。

ブロガー　ちいさなおうちさん

ブログ「ちいさなおうち」で暖かい木材＋モノトーンを生かした空間で、30.5㎡の一軒家で暮らす様子を投稿。無印良品の家具や収納用品を愛用中。

整理収納アドバイザー　littlekokomujiさん

人呼んで「最強ムジラー」こと、ナチュラルと北欧テイストをこよなく愛す、整理収納アドバイザー。著書に「とことん使える! 無印良品」（講談社刊）。

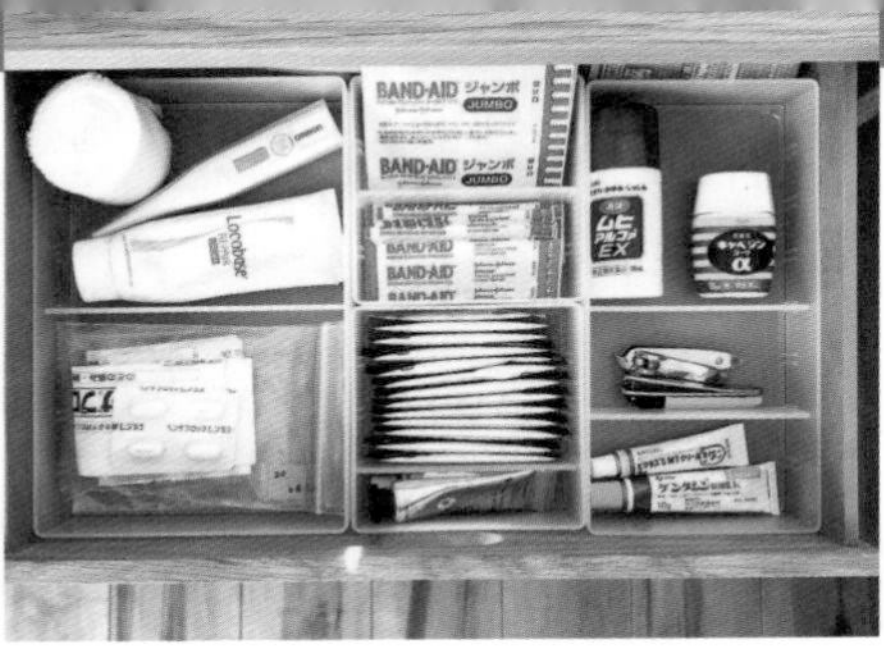

埼玉県在住　sachiさん

北欧テイストのsachiさんの部屋は、各部屋に大型の収納家具をひとつ置くことで、モノを集約。出しておくのは植物や飾るための雑貨だけ。

ブロガー　mujikko-RIEさん

熊本に住む二児の母。無印良品ファンなら一度は見たことがある、大人気「良品生活」を執筆。整理収納アドバイザー、コラムニストとしても活躍。

茨城県在住　Uさん

建築関係者の義両親とご主人が建てた2世帯住宅は、親子の共同作品。「モノ選びの基準はベーシックで、アレンジを楽しめること」。インテリアを変えて日常に変化を。

インスタグラマー　ともあさん

2人の息子、夫と四人家族。建築面積35m²の一軒家で子どもたちとのすっきり暮らしを楽しんでいます。シンプルな部屋作りに馴染む無印良品の収納に注目。

整理収納アドバイザー　大木さん

閑静な住宅街に暮らす大木さんは、ふたりの息子を持つにぎやかなご家庭。整理収納アドバイザーである大木さんが工夫して収納の仕組みをつくっています。

インスタグラマー　yk.apariさん

持たない暮らしを実践するミニマリスト。シンプルなデザインの無印良品は、主に雑貨の収納に大活躍中。必要最小限の物で暮らしています。

ブロガー　阪口ゆうこさん

整えアドバイザーである阪口ゆうこさん。無印良品の掃除グッズは、コンパクトで折り畳みができるところがお気に入りです。家族全員が自分で掃除をできるように。

シンプルライフ研究家　マキさん

大人気ブログ「エコナセイカツ」で、時短や節約のテクニックを紹介。『しない家事』(すばる舎)、『持たない暮らしの愛用品』(宝島社)、『しない料理』(扶桑社) など著書多数。

ブロガー　ユキコさん

夫と子ども2人、犬、猫と暮らす、紅茶好きなシンプリスト。小さな建売住宅で、心地よいシンプルな暮らしを追求中。

東京都在住　gomarimomoさん

都内のマンションでふたりの娘とご主人と同居する4人暮らし。愛猫3匹はリビング周辺を中心に自由に動き回るので、出しっぱなしのモノは少なく、工夫しているそうです。

インスタグラマー　かのんさん

愛猫と、おいしそうなおやつの数々の投稿は見ていてうっとり。無印良品の食品を生かしたアレンジレシピだけでなく、整理収納のコツなど丁寧な暮らしにまつわる投稿がいっぱい。

料理家　たっきーママさん

大阪府在住。フードアナリストの資格を持つ。ブログ「たっきーママ@Happy Kitchen」は手軽に作れるおいしいレシピが好評で、たちまち大人気に。

千葉県在住　Kさん

転勤の多いご主人の影響で、モノを厳選して暮らしはじめたKさん。「掃除や整理をしやすい部屋づくり」を心がけ、ご主人も自然と協力してくれるそう。

インスタグラマー　kumiさん

忙しくも充実する日々のなかでkumiさんは家族が快適に暮らせることを考えています。モノが増えたと思ったら断捨離をして片づけにつなげています。

整理収納アドバイザー　尾崎友吏子さん

主婦歴20年、子育て歴18年。働きながら、3人の息子の母として暮らす。モノを減らして家事を効率化する方法をブログ「cozy-nest　小さく整う暮らし」で紹介。

整理収納アドバイザー　おさよさん

2児の母で、住宅リフォーム会社勤務の経験を活かし、家事にまつわるさまざまなアイディアを配信。主に子育て中の母親をたくさんのフォロワーがいる。テレビ・メディア出演多数。

東京都在住　ponsukeさん

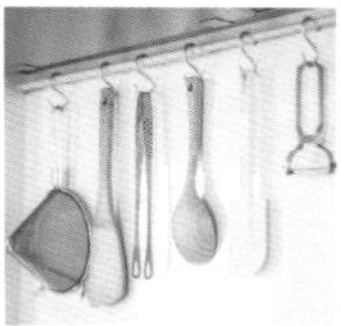

ミニマムなワンルームに住む料理人の泉さん。あちこちにグリーンが飾られ、部屋は白くシンプルです。センスよい雑貨選びの審美眼は、料理の修行で培われたもの。

あとがき

ここまで読んでいただきありがとうございました。
本書ではたくさんの無印良品をお使いの皆さんにご協力いただき、
愛用されているアイテムはもちろん、
収納や片づけアイディアを教えていただきました。

実際に取材に行ってみると、
みなさんのお家にはたくさんの知恵と暮らしへの思いが詰まっていました。

それはただ家をキレイにしたいだけではない。
それぞれの人生への思いとも繋がっているのだと感じました。

私たちの周りには暮らしを豊かにしてくれるアイテムがたくさんあります。

その中から、自分に必要なモノを選び抜き
ぜひ理想のお部屋、そして人生を彩りましょう。

収納や掃除の悩みを抱えている方はたくさんいらっしゃると思います。

そんな方々にこそ、この本を読んでぜひより多くのアイディアをマネして実践してほしいと思っています。

この本を手に取ってくださる皆様の暮らしのヒントに繋がり、どうかお役に立ちますように。

無印良品の
収納・家事 大事典

2024年4月2日　初版第1刷発行

発行者　三輪 浩之

発行所　株式会社エクスナレッジ
〒106-0032　東京都港区六本木7-2-26
https://www.xknowledge.co.jp/

問合せ先　編集　Tel 03-3403-6796　Fax 03-3403-1345
info@xknowledge.co.jp
販売　Tel 03-3403-1321　Fax 03-3403-1829